歴史の中のロシア革命とソ連

塩川伸明

有志舎

歴史の中のロシア革命とソ連

【目次】

はじめに

本書は約百年前に起きたロシア革命によって生まれた「ソ連」という特異な国を歴史的展望の中で考えることを目指したものである。どのような出来事についてであれ、具体的事実経過を踏まえない抽象論は現実離れした空論と化しやすい。それを避けるために対象を歴史的展望の中において考えることが必要だというのは、ごく当たり前の、言わずもがなのことともいえる。だが、ソ連史については、長らく賛否双方からのイデオロギー的・観念的議論が盛んだったために、歴史としての検討が不足しがちだという事情があった。それに加えて、近年では、そもそも「ソ連」という歴史的存在への関心自体が大きく減退し、単純に忘却するか、あるいはおざなりな結論で片付ける傾向が強まり、歴史的展望の中で考える作業は依然としてあまり進展していない。

「ソ連」という国が現存していた時期においては、ロシア革命およびその後のソ連という国の歴史は特定分野の専門家（「ロシア屋」）だけの関心事ではなく、広く社会のあり方について考えようとする多くの人たちにとってそれなりの関心の対象ではあった。そこにおける議論は往々にして観念的なものにとどまり、歴史としてみる視点は十分でなかったが、とにかく種々の議論が提出され、「ロシア屋」とそれ以外の人たちの間での討論も交わされたりしていた。そうした時期が現在から遠ざかるうちに当時の状況に関する記憶も曖昧になり、ソ連を理想視する政治的・イデオロギー的立場がつい最近まで支配的だったかのイメージも流布されているが、それは現実に即していない。そのようなイデオロギーが戦後初期に日本の知識人の間でかなりの影響力を持っていたのは事実だが、そうした状況はその後の数十年の間に種々の変容をこうむってきた。ソ連美化論のイデオロギーが衰退し、ソ連史における各種の汚点が広く認識されるようになったのは、今から半世紀以上前にまでさかのぼる。その後の数十年の間に、無批判なソ連賛美論は次第に影を潜めるようになったが、それとは別に、ソ連という特異な存在への関心は種々の形で持続していた。現実態としてのソ連と区別される「社会主義」理念への漠然たる共感とか、高い理想を掲げた運動の帰結が無残なものとなった理由如何という疑問とか、あるいはその種の理念とは別に、とにかく「二つの超大国のうちの一つ」と見なされていた国への現実政治的関心、もしくは帝政ロシアの文化的伝統とソ連体制の連続・非連続問題その他、多様な角度からの議論が交錯していた。それらのうちには歴史的経緯を十分踏まえない観念的なものも少なくなかったが、そうした限界を超えようとする努力も徐々に蓄積されていた。

ソ連という国が消滅して、それが現在形ではなく過去形のものとなったことは、この主題をますます歴史研究の対象にふさわしいものにしたと考えられてもよいはずだが、実際にはむしろ全般的関心の低下、忘却の方が優勢になった。現に存在するものに比べ過去形となったものについての関心が低いというのは、ある意味では自然なことかもしれない。だが、そこにはいくつかの安易な想定が作用しているように思われてならない。「社会主義」なるものを「歴史の目標地点」であるかに見なす考えがソ連解体によって打撃をこうむり、ソ連が破産した以上はそれと関わるものは一切意味を失ったというような思い込みはその代表例である。実際には、先に述べたようにソ連の理想視はそれよりもずっと前から減退しており、それとは異なる次元でのソ連史への取り組みが専門家たちの間では進んでいた。ところが、そうした事情を知らない人たちの間では、「ソ連史などという分野に取り組むこと自体が時代遅れで、無意味だ」というような暗黙の想定が広がったように見える。それに伴って、ロシア革命やらソ連やら社会主義には何の関心も持てないし、その必要もないという漠然たる感覚が、一九九〇年代初頭以降しばらくの間かなり広い範囲に分かちもたれ、この分野はすっかり流行らないものとなった。

こうした状況がしばらく続いた後、近年になって多少変化の兆しがあるように見える。その一つの契機は、一時期広まった「資本主義勝利」論が色褪せ始め、資本主義およびリベラル・デモクラシーの危機が感じ取られるようになったことにある。かつて「社会主義のない国」とされたアメリカで若い世代の間に「民主的社会主義」への関心が高まりつつあるとか、いくつかの西欧諸国における左派ポピュリズムの動きなどがそれを象徴する。もっとも、それらの動きがどこまで大きなうねりとなるかは未確定だし、またそうした新しい社会主義論においては、かつてのソ連および東欧諸国の「現存した社会主義」への関心は概して乏しい。むしろ、それとは完全に切れた形で「社会主義」が論じられるのが通例である。その背景には、「ソ連型」の社会主義がその目標とは縁遠い失敗例だという認識がある。そのこと自体はある意味で自明であり、争う余地はないが、その「失敗」の理由なり過程なりの歴史的考察を抜きにしては「新しい社会主義」なるものの構想も脆いものになるおそれがある。そう考えるなら、ロシア革命およびソ連の歴史的考察には今日的な意義があるはずである。

そうした中で、二〇一七年にはロシア革命が百周年を迎え、種々の関連行事が催されたり、かなりの数の著作や論考が発表されたりした。そうした刊行物への反響はその後も、多少弱まりながらもある程度持続している。本書に収録した旧稿のうち三本（第1、2、9章）も元来ロシア革命百周年の時期に書かれたものであり、いわばアニヴァーサリー行事の産物である。一般に、「何十周年」とか「何百周年」という時期に、その出来事に関連する議論が高まるのは自然なことだが、それが一過的な「行事」という性格のものにとどまるなら、一時的に高まった関心はそのアニヴァーサリーが過ぎると衰退していくことになりやすい。そうした流行の浮沈に振り回されることなく、せっかくロシア革命百周年前後に現われたいくつかの業績の成果を今後も定着させ、さらに発展させていく必要があるだろう。本書はそうした作業を多少なりとも前進させたいとの希望のもとに準備された。


本書の構成はおよそ以下のようになっている。

第一部では、ロシア革命百周年を機に、この百年という長期的展望の中にロシア革命およびソ連史を位置づけることを試みた。第1章では、ロシア革命の年である一九一七年とその百年後の二〇一七年の間にソ連最後の年である一九九一年をおき、一九一七年と一九九一年の間の表面的な対照性——一方はソ連体制を開始させ、他方は終了させた——にもかかわらず、そこには意外な共通性があるのではないかという問題を提起してみた。一九九一年のソ連解体が「逆方向のボリシェヴィズム」——

方向としては逆向きだが、「目標のためにはいかなる手段も正当化される」という発想で共通する――と言われるのはどうしてか、その後のロシア・旧ソ連諸国がその当時に期待されていたのとは大きく異なる方向に進んでいるように見えるのはどうしてかといった問題を考えようというのがこの章の趣旨である。

続く第2章では、ロシア革命もソ連も遠い過去のものと見なされるようになった二一世紀の「ポスト社会主義」時代にロシア革命やソ連について歴史的に考察することにどういう意味があるのかを考えてみた。先に触れたように、市場経済とリベラル・デモクラシーの絶対的優位への確信が揺らぎ、再び「危機」がささやかれるような時代状況が生じているが、それでも「社会主義」がオールタナティヴたり得ないのは、かつての「社会主義」に関する否定的記憶によるところが大きい。そのこと自体は当然だが、その意味をもう少し丁寧に考えておかないと、「ソ連型」とは異なると称する「新しい」社会主義構想も足をすくわれるおそれがあるのではないか。その意味で、ソ連の歴史は、たとえその帰結がいかに悲惨なものだったにしても、重要な参照事例――「模範」とは到底言えないが、今日のさまざまな運動にとって無縁とは言えない――としての意味を持っているのではないかというのがこの章の問題提起である。

第一部が百年という幅での長期的考察を中心としたのに対し、第二部ではソ連時代の終わり近い時期に焦点を当てた。ソ連史といえば誰しもが真っ先に思い浮かべるのはスターリン時代における極度の暴力的圧政だが、スターリンが世を去った後の数十年間をどう捉えるかについては、まだ十分な議論が積み重ねられていない。いわゆる「後期社会主義」の時代はスターリン時代と完全に断絶したわけではなく、いくつかの重要な連続性を保持していたが、それにしても、絶大な権力を保持していた独裁者が世を去り、露骨な暴力支配の色彩が薄らぐ中で、それまでのステレオタイプではとらえられない特異な状況があらわれた。そうした状況を押さえておくことは、それに続いて起きたペレストロイカからソ連解体へと至る大変動の理解にとって重要な前提条件をなしている。こうした問題に取り組もうとしたのが第二部である。なお、第一部・第三部に比べて、第二部に収録した諸論文は対象をかなりしぼった個別研究論文という色彩が濃く、そのままでは文脈をとりにくいおそれがある。そのことを考慮して、第二部の冒頭に「まえがき」を置いて、対象時期の全般的な概説を行なった。

この「まえがき」での概説をうけて、第3章では「後期社会主義」という時代について人類学的観点を中心に考えてみた。抑圧的体制下におかれた人々の思考および行動について考える場合、権力に屈従し、外面的に「嘘」をつくことを強いられながら、内心ではあるべき「自由」を求めていたというような図式がしばしば描かれる。だが、当時を生きていた人たち自身の自己解剖によれば、嘘か真実か、自由か屈服かという二者択一自体が無効化されるような状況があったのだとされる。そして、そのような状況は当事者によって「自然な」ものと受け取られ、あたかも「永遠に続く」かのように受け止められていたが、その前提が外れると、あっけなく過去のものとなった。第3章で紹介した「後期社会主義」論は、それ自体としてはまだ十分練り上げられたものではなく、種々の批判の余地もある（この点についてはこの章の「追記」で触れた）。ただとにかく外部から安易に当てはめられる図式だけでは尽くされない現実を当事者たちは生きていたのだという認識をもつことは、その体制の深い理解のためにも、またその後の激変の理解のためにも不可欠である。

そのような「後期社会主義」時代が一定期間続いた後、一九八〇年代半ば以降、ゴルバチョフ政権のもとでペレストロイカと総称される大きな変化が始まった。その際、重要なのは、ペレストロイカとは単一の定義で尽くされる事象ではなく、時期によって急激な性格変化を遂げたダイナミックな過程だったということである。初期のペレストロイカはソ連体制の改善による存続ないし再生を目指すものとして始まった。しかし、それは短期間に急激なエスカレートと性格変容を遂げていき、やがて体制そのものの転換、そして国家の解体という新しい局面に突入した。本書の第4章と第5章は、このめまぐるしい過程を大づかみに把握し、ある種の見取り図をつくることを試みた。また第6章では、ペレストロイカと表裏一体をなす冷戦終焉の過程について試論的に考察し、これまたある種の大きな見取り図を出そうと試みた。国内体制であれ国際関係であれ、一定期間試みられた「漸進的手法をもってする革命的変化」——言い換えれば、できるだけ破壊とコストの小さい革命——は最終的に破壊と断絶という帰結に行き着いた。そのことのもたらした後遺症は今日にまで引き続いている。本書は現状分析を課題とするものではなく、あくまでも歴史研究の書だが、現代史という特殊な歴史が今日の現状にも大きな影を落としていることを念頭におきながら議論を進めようと試みた。

本書の最後に位置する第三部には、史学史的関心——歴史研究のあり方自体を対象とする、いわばメタ・レヴェルの考察——に発した文章を収めてある。ここで試みられるのは、ここ数十年の間に積み重ねられてきたロシア・ソ連史研究を歴史学全体の中に位置づける作業である。まず第7章では、日本におけるロシア史研究の流れそれ自体を一個の歴史として――科学史や社会思想史の一環として――観察し、また考察しようと試みた。

第8章はイギリスの高名な歴史家E・H・カーのソ連史研究の歩みを、両大戦間期から戦後期に至る社会思想史的文脈の中で跡づけてみた。カーの思想が形成された両大戦間期は「レッセフェールの終焉」によって特徴付けられ、「市場から計画へ」が合い言葉とされた。これに対し、カーがその生涯を閉じた一九八〇年代前後の時期には、むしろ「計画から市場へ」が合い言葉とされる時代となった（その後も更なる変転が続いている）。そのような文脈を念頭におきつつカーの知的生涯を跡づける作業は、両大戦間期から現代に至る社会思想史全般を独自の形で反映することになるだろう。

第9章は、「アニヴァーサリー・イヤーの歴史」という観点から、ロシア革命がそれぞれの時期にどのように振り返られてきたかを、それ自体、歴史の対象として考えてみた。歴史家はしばしば種々のアニヴァーサリーの機会に、そこで記念される過去の出来事について集中的に議論するが、そのような作業の持つ意味について、いわばメタ・レヴェルで反省することにもなにがしの意味があるのではないかというのが本章の背後にある問題意識である。

以上に述べたように、本書は一つ一つは異なる主題について書かれた論文を集成したものではあるが、それらの間には密接な相互連関がある。読者は各自の関心に従ってどれかの章をピックアップして読むことができるが、ある章を読んで他の章に関心を引かれたならそちらにも向かっていただきたいし、最終的には全体を通読していただけるなら理解が一段と深まるはずである。現代史において大きな位置を占めていながら、専門外の人たちにとって歴史的考察の対象とされることの乏しいソ連という特異な国の歴史に関する関心を少しでも深めることに貢献できるなら、これに過ぎる喜びはない。

二〇一九年一二月（ロシア革命百周年から二年、そして冷戦終焉から三〇年後の機会に）

第一部　ロシア革命と現代

――革命百周年に考える――

第1章　一九一七年と一九九一年——ロシア革命百周年に寄せて

はじめに

二〇一七年はロシア革命百周年の年だった。その機会にこの一〇〇年を大づかみに振り返る著作、講演、シンポジウム等々が多数あらわれたのも当然である。本章のもととなった論文も元来その年に書かれたもので、そうした記念事業の一環をなした。もっとも、一九一七年のロシア革命と現在との間には、ソ連国家が消滅した一九九一年という、もう一つの画期が横たわっている以上、《一九一七年から二〇一七年へ》という流れだけでなく、その間の一九九一年という節目をも重視しないわけにはいかない。外見的にいえば、一九一七年の革命によって生まれた国家が一九九一年に消滅したのである以上[*1]、この二つの年は正反対の意味をもつと捉えるのが常識的である。この二つの年に挟まれた期間を「短い二〇世紀」とする用語法があるのも周知の通りである。[*2] しかし、ここではむしろ二つの年の間にある意外な共通性に注目する観点から、この時代を振り返ってみたい。

1　一九一七年

一九一七年のロシアでは、旧暦の二月と一〇月（新暦ではそれぞれ三月と一一月）に革命が起きた。一口に「ロシア革命」といっても、そこで主要に念頭におかれるのはそのどちらなのか、あるいは両者はひとつながりのものと見るべきなのか、という問題から先ず考えてみよう。

かつては「ロシア革命」という際に「一〇月」（ボリシェヴィキ革命＝社会主義革命）を主要に念頭におき、「二月」はそこへ向かっての序幕と見なすのが常識的だった。もっとも、そこから先についての見方は一様ではなく、大きくいって二通りに分かれる。その一つは、「一〇月」によって生まれたソ連国家が幾多の困難を経ながらも社会主義建設の道を前進したという、かつてのソ連公式見解であり、もう一つは、その後のソ連の歩みは「一〇月」の期待を裏切るものだったという見方である。この二つはソ連史の見方において対照的だが、どちらも社会主義という理念には肯定的であり、ロシア一〇月革命を人類の進歩の里程標と見る点では共通していた。

これとは対照的な見方として、むしろ「二月」（専制の打倒と民主改革の試み）の方を重視する考えもある。この観点からは、「一〇月」は「革命などと呼べるものではなく、陰謀的クーデタに過ぎなかった」とされる。この立場に立つなら、「一〇月」ではなく「二月」こそが希望の始まりであり、「一〇月」はその希望を断ち切った悲劇の始まりということになる。かつてソ連から亡命した、いわゆる白系ロシア人たちや彼らに同情的な欧米の論者たちの間で主流だったのはそういう見方だったし、ソ連最末期のペレストロイカ期にも、それに近い考え方がソ連知識人の間で広まった。今日でも、ロシアの内外を問わず、「一〇月」に対しては否定的な評価の方が多数派になっているだろう。

だが、もし「二月」が希望の始まりで「一〇月」が悲劇の始まりだと考えるなら、どうして前者が後者に道を譲ったのかという問いが浮かぶ。これを少数の陰謀家たちの冒険的クーデタのせいにしたり、「二月」後に生まれた臨時政府の個別的な失策や個人的な弱さに帰する考えもありうる。だが、それは皮相な説明だといわなくてはならない。「一〇月」の勝者となったボリシェヴィキ（後の共産党）が最初のうち、「ソヴェト」（各地に自然発生的に生じた評議会）に代表される民衆運動のなかで少数派だったのは事実だが、夏から秋にかけて彼らが急速に大衆的支持を拡大していったのもまたもう一つの事実である。そうである以上、「一〇月」を単純に「一握りの陰謀家によるクーデタ」と片付けるわけにはいかない。もっとも、そのことをどう評価するかは別問題である。「一〇月」の時点でボリシェヴィキが——左翼エスエルと一時的に同盟しつつ——ソヴェト内多数派となったことを確認するからといって、それが真の民衆革命を体現していたなどというかつての見方に戻る必要はない。ただとにかく、その時点では彼らがそれなりに大衆的支持を確保していたこと、その意味では、それは一種の「民衆的な革命」だった——その後の歩みがその期待をどこまで満たしたかは別として——ということを確認しないわけにはいかない。

この問題は、「二月」に生まれた臨時政府がどのような歩みをたどったのかという問いと表裏一体である。臨時政府はリベラル勢力を中心とし、ある時期以降は穏健社会主義者たちを連立に取り込んだが、彼らは一般原則としては各種の改革を宣言し、ロシアを自由と民主主義の道へと進めようとする姿勢を示した。そこでは、言論・出版・集会の自由、宗教・民族・身分による差別の廃止、信教の自由およびロシア正教会の国家からの分離、女性参政権、司法の独立、普通直接選挙による憲法制定会議の速やかな召集などが宣言されたし、土地改革をはじめとする社会改革も一応予定された。問題は、こうした目標を単なる言葉にとどめることなく現実のものとしようとする上で大きな障害があったという点にある。何よりも、戦争（第一次世界大戦）が現に継続中である以上、憲法制定会議選挙も土地改革も直ちに着手することはできなかった。そして、臨時政府の中軸を担うリベラル勢力は、戦争に反対どころか、英仏同盟国とともに戦争を首尾よく完遂するためにこそ革命を起こしたのだし、臨時政府内に入った穏健社会主義勢力も、連立政府の一員としての立場上、戦争継続――ということは、結局は各種改革の先送り――に賛成せざるをえなかった。これに対して、連立に入っていなかったボリシェヴィキはそのような制約から免れていたため、現実政治的顧慮には一切お構いなしに、即時の平和と土地改革をはじめとする民衆の要求の無条件全面支持をスローガンとして掲げることができた。

そのことは、ボリシェヴィキが大衆的支持を獲得することを助けた反面、彼らが権力を取った後に彼らを拘束し、苦しめることになった。在野勢力である間は、現実的条件に顧慮することなく、いくらでもユートピア的なスローガンを掲げることができるが、いざ政権の座につくなら、そうしたスローガンの実現を妨げる現実的条件にぶつかる。その際、大衆運動というものをあまり重視しない政権なら、あっさりとそれまでのスローガンを投げ捨てて路線転換をするのも容易だろうが、大衆運動を組織して、それに依拠する形で権力を握った勢力の場合は、そう簡単にはいかない。一面では政策を大きく転換しながら、他面ではあたかも転換していないかの言説によって支持基盤の離反を防がねばならない。これは一種の綱渡りであり、そうした言説の欺瞞を指摘する人々が登場してくるのは不可避だが、自己を「民衆の前衛」として正当化しようとする政権は、言論統制や厳しい弾圧によってそうした批判を封じ込めることとなる。看板として掲げた目標とその後の実態のズレが大きければ大きいほど、抑圧も厳しいものとなる。これはロシア革命につきまとった根本的なディレンマである。

このように考えるなら、「二月」を希望の始まり、「一〇月」を悲劇の始まりという風に分断して考えるのは安易に過ぎるということが見えてくる。前者がかきたてた希望はまもなく幻滅にとって代わられ、後者への道を準備したが、後者は後者で自らかきたてた希望を押し殺さざるをえなくなったという意味で、両者の間には逆説的な連続性ないし共通性がある。「一〇月」におけるボリシェヴィズムの勝利は、臨時政府が民主的な手法をとりつつ大衆の熱望（平和と土地）を早期に満たすことができなかったという冷厳な現実、そしてそのことへの大衆の直観的な反応がその背景にあった。臨時政府は最初から挫折を運命づけられていたのか否かは論争的な問題だが、軟弱すぎるリベラルや穏健社会主義者が敗北し、より苛酷な統治を躊躇わないボリシェヴィキが勝利したことには高度の蓋然性があったということは確かである。仮にこの考えに立つなら、「二月」自体がやがて「一〇月」へと至る悲劇と破局の始まりだったということになるし、「二月」が「一〇月」に道を譲ったのは歴史の必然だったということになる。これは、そこにプラスの価値を込めるかマイナスの価値を込めるかという点ではかつてのソ連公式見解と逆であるものの、一種の「一〇月革命必然論」であり、皮肉な意味でボリシェヴィキ史観と共通したところがある。実際、現代ロシアの歴史家たちの間ではそのような観点が広がりつつあるかのようである。*3

臨時政府がその目標を実現しえなかった理由として最も大きいのは先に触れた戦争の問題だが、より広く考えるなら、ロシアにおける社会上層部と下層大衆の間の乖離の大きさ、そしてそれを背景として、民主的改革を目指す前者に対する後者の不信と反感が深かったという事情が古くより指摘されてきた。これをもって、ロシアの「近代化の遅れ」「後進性」「市民社会の未成熟」などのあらわれだと説かれることもよくある。もっとも、「近代化」「先進／後進」「市民社会」とは何を意味するかは、考え出すと切りのない大問題だが、ここでは深入りしないこととして、とりあえずそのような見方がかなりの程度広がっていることを確認した上で、先に進むことにしよう。

では、その後のソ連で「近代化」「後進性の克服」はどのように進んだ――あるいは進まなかった――のか。レーニン、トロツキーをはじめとする革命家たちは近い時期のヨーロッパ革命の到来を願望し、「先進的ヨーロッパ」の援助を得て「後進的ロシア」も社会主義に進むことができると想定していた。だが、その願望は現実化せず、ソ連は一国内で社会主義建設を進めることになった。そのがむしゃらな試みが数多くの悲劇を生んだのは周知のところである。その一方、一九三〇年代以降のソ連が「後進国ロシアの近代化・工業化」を至上命題とし、巨大な人的・物的コストを払いつつ、その目標に向かって突進したことも明らかな事実である。それは効率的な歩みとは程遠く、極度にアンバランスなものだったが、ともかくそうした過程が数十年続いた後のソ連は、農村人口よりも都市人口の方が多くなったという意味で都市型社会に移行し、いびつな産業構造ながらも巨大な工業を持ち、公教育も普及したという意味では、一種独自の「近代化」を成し遂げた。

では、そうした「ソ連型近代化」の中で生まれた、比較的高い教育を受けた都市住民は、今度こそ「市民社会」を形成し、二〇世紀初頭には成し遂げられなかった自由で民主的な社会への移行の主体となる可能性を持つに至ったのだろうか。かつて一部の観察者は、「ソ連型近代化」の産物たる新しい労働者階級がソ連的専制政治を克服する主体となるのではないかとの期待を示したことがあった。[*4] ゴルバチョフのもとでのペレストロイカ（建て直し＝改革）の始まりを、そのような期待を現実化する動きと見る議論もあった。[*5] では、その終着点としてのソ連解体（一九九一年）はボリシェヴィズムの克服を意味したのだろうか？

2　一九九一年

一九九一年末のソ連解体に先立つ数年間は、ゴルバチョフ政権のもとでいわゆるペレストロイカの進行した時期である。もっとも、「ペレストロイカ」という言葉に込められる意味内容は一義的ではなく、「ペレストロイカとはこういうものだ」ということを一概に語ることはできない。ペレストロイカはわずか数年の出来事だったとはいえ、その中で時期を追った変化が極度に大きく、どの局面に着目するかによって全く異なる性格を帯びていたからである。大雑把にいって、初期のペレストロイカは体制内改良として始まったが、やがて「改革」の意味内容は当初の想定を超えて大幅に拡大していった。そうした経緯を念頭におくなら、ペレストロイカを一つのものと見るのではなく、時期や局面によって異なった性格をもった動的で複合的な現象としてみていく必要がある。

経済改革についていえば、最初のうちは「市場」の語へのアレルギーがあり、「商品＝貨幣関係の利用」とか「レーニン的ネップ（新経済政策）の再評価」といった婉曲語法がとられたが、ほんの数年経つうちに、「市場」を肯定的に評価する発想は急速に広まり、ほぼ定着した。また、「私的所有」については「市場」よりも抵抗が大きかったが、ペレストロイカ後期には、一定の留保付きながら「私有化」論も受容される傾向が強まった。ということは、「市場社会主義」という域を超えて、ほとんど資本主義化というに等しい発想が広まったということである。その上での論争点としては、全面的私有化かそれとも留保と限定をつけた私有化か――いわば純粋資本主義か混合体制か――という選択が問題となり、なかなか結論が出されない中間的状況が続いたが、ともかく広い意味で「市場」「私有化」を目指すという限りではかなり広い合意が生まれつつあった。[*6]

しかし、それがそのまま現実の政策や経済実態に反映したわけではない。ここにおける主要な困難は、よくいわれる「保守派官僚」の抵抗というよりも、むしろ経済改革の副産物が大衆的抵抗を招かざるをえないという点にあった。それまで行政的に固定されていた価格が大半の物資について市場均衡点よりも大幅に低いものだった以上、価格改革は大幅な物価上昇を意味するが、そのことは当然ながら大衆の反撥を招く。企業経営合理化に伴う失業発生の可能性とか、私的経済活動容認に伴う所得格差拡大なども同様である。また、経済システムの構造的改革というものは短中期的に効果をあげるものではなく、むしろ初歩的な改革着手は経済実態の一時的悪化をもたらすのが常である。政治家はそのことを大衆に率直に告げることを避け、あたかも経済改革を行なえばすぐにでも生活水準が向上するかの幻想を広めた——これはいわゆる「保守派」と「改革派」とを問わない——が、そうした約束と現実の乖離も大衆の経済改革への幻滅と不満を生むもととなった。ここに横たわっているのは、経済改革が必ずしも大衆の短期的利益と結びつくわけではないこと、そして「民主化」と「市場経済化」の間には——両者をほぼ同じことのように見なす通念にもかかわらず——大きな緊張関係があるというディレンマである。

政治改革についていうなら、リベラル・デモクラシーの諸原則——権力分立、複数政党制、自由選挙、言論の自由、基本的人権の尊重等々——は、かつてのソ連では「ブルジョア民主主義」とあしらわれていたものだが、驚くほど急速に受容されるようになった。ややさかのぼるなら、ブレジネフ期のソ連には、あまり目立たない形で体制内改革を考える潮流が徐々に育っていたが、そうした体制内改革論の重要な柱として、「ブルジョア民主主義」の諸要素の——はじめのうちは限定と留保付きで、そして時間とともに留保抜きでの——吸収と受容があった。ペレストロイカ初期におそる

「社会主義的な意見のプルラリズム（多元主義）」とか「社会主義的法治国家」という言葉のもとに提唱され始めた政治改革論は、急速に修飾語抜きの「プルラリズム」「法治国家」論へと転じた。

しかし、抽象的な原則の受容とその現実的定着は別個の問題であり、政治改革の開始はかえって紛争続発や犯罪急増といった社会的混乱を招いた。そのことは「強い腕」（権威を持った剛腕のリーダー）への願望を広げ、民主主義への過渡段階としての権威主義必然論が説かれたりするようになった。その代表的な論者たる政治学者ミグラニャンは、経済改革と政治改革の同時推進は不可能だと指摘して、とりあえず権威主義のもとで市場経済化を進めることが必要だと主張した。「民主化」論全盛期の一九八九年当時、「民主化を急ぐよりも先ず権威主義を」という主張は、少なくとも表向きはあまり賛同を受けず、どちらかといえば孤立した声だったが、後のエリツィンからプーチンに至る政治の現実を先取りしていたかに見えるところがある。

このように見てくるなら、ペレストロイカ初期と区別されるペレストロイカ後期においては、抽象的な原則レヴェルでは「革命的」ともいうべき変化が進行し、ほとんど全面的な体制転換——国有企業を主とする指令経済から私有化を伴う市場経済へ、「ソヴェト民主主義」からリベラル・デモクラシーへ、また本章では立ち入ることができないが、従来の集権的で形骸化した連邦制から緩やかな主権国家同盟へという転換[*7]——が進み始めたかに見える。だが、問題はそうした抽象的原則論ではなく、むしろ具体的な移行の困難性にあった。政治面・経済面のどちらにおいても、改革の果実よりも先に負の副産物——物価上昇と物不足激化、社会的紛争の増大等々の「痛み」——が現われ、社会的混乱が深まる中で、政治闘争も激化した。
ペレストロイカ末期の政治闘争には複合的な要素があるが、あまり注目されていない論点として社会民主主義の評価があった。従来のソ連の伝統的考えによれば、社会民主主義とは社会主義の看板を掲げつつそれを「裏切る」ものであり、およそ社会主義ならざるものとされてきたが、ペレストロイカ末期における改革論の実質的な方向性は、《共産主義から社会民主主義への転化》ともいうべき性格をもっていた。この論点がその重要性のわりに広い注目を集めなかったのは、その推進者たちが正統派からの「裏切り」の非難を避けるため、そうした方向転換をあまり明確に公言しなかったからである。彼らは遅い時期まで「社会主義」的理念への忠誠――またレーニン個人への尊敬――を公言していたが、それは事実上、レーニンの名を掲げつつレーニン主義から遠ざかろうとする試みであり、明言しない形での体制転換――骨格において資本主義とリベラル・デモクラシーを受容しつつ、それを「社会主義的な」ニュアンスの政策で補完する――となりつつあった。[*8]
このような秘かな社会民主主義化路線は、一方において、「それも社会主義のうちにとどまっており、旧体制から決別しきっていない」とする急進派、他方において「社会主義から事実上離脱しようとしており、理念の裏切りだ」とするイデオロギー的保守派の双方から批判され、両極の挟み撃ちの中で支持基盤を狭められ、政治力を落としていった。そのことをドラマティックに示したのは、一九九一年八月のクーデタおよびそれと戦って勝利したエリツィン・ロシア政権の「対抗クーデタ」である。この過程で勝者となったエリツィンおよびいわゆる「急進改革派」は、社会主義の全面否定――

ここでいう「社会主義」には社会民主主義も含まれ、その否定はいわゆる市場原理主義の採用を意味する――とソヴェト体制の革命的打倒の道へと歩み出した。このような急進派の優勢化は、政治の手法として合意形成を重視する漸進路線の否定を意味した。

ペレストロイカ末期にしばしば使われた言葉として、「逆向きのボリシェヴィズム」というものがある。かつてのボリシェヴィキは資本主義を否定して社会主義へと歩もうとしたのに対し、当時の「急進改革派」は社会主義を否定して資本主義へと歩もうとするという意味で方向性は逆向きだが、合意形成や法的手続きを軽視して革命的突撃の手法に訴える限りでは共通しているという趣旨である。もともとソ連では「ボリシェヴィキ」「ボリシェヴィズム」の語は長らく誇るべき肯定的シンボルとされてきたが、その末期においては、むしろこの言葉に批判的含意がこめられるようになり、しかもその言葉が体制破壊を目論む急進派に向けられるようになったというのはこの時期の特殊性を象徴している。

以上の過程を振り返るなら、一九一七年の二月から一〇月に至る過程とペレストロイカ開始から一九九一年末のソ連解体に至る過程の間には、ある種の共通性があることに気づかされる。一九一七年の二月革命が「希望の始まり」であるかに見えながら、むしろ混乱の始まりでもあり、急進革命と破局へと道を譲ったのと同じように、ペレストロイカの開始および拡大もある時期までは「希望の始まり」であるかに見えたが、まもなく混乱の始まりへと性格を転じ、各地における急進派の台頭を生み落として、最終的には「逆向きのボリシェヴィズム」の勝利と、それを背景とした国家解体という破局に行き着いた。[*9] ゴルバチョフ流の漸進路線はまどろっこしいものとして退けられ、熟議や法的手続きよりも決断と実行が何よりも重要だとして「上からの改革」を強行しようとするボリシェヴィキ的発想のエリツィンが勝者となった。

このように論じるからといって、一九一七年と一九九一年とが全く同じだと主張するわけではない。社会主義化と脱社会主義が逆方向なのはもちろんだが、差異はそれだけではない。ソヴェト政権七〇年の間に上から推し進められた「ソ連型近代化」は、種々の犠牲と矛盾を伴いながらもソ連社会の性格を農村型から都市型へと変貌させた。その間に、工業労働者も、高等教育を受けた知識人も、かつてとは比べものにならないほど増大した。ペレストロイカ下の各種改革がある時期まで比較的整然と進み、大衆の政治的活性化を伴ったこと、そこにおいて知識人たちの自由で活発な議論の高揚が大きな役割を果たしたことは「ソ連型近代化」の成果だったようにも見える。だが、そのような高揚は長続きせず、最終的に一九九一年一二月に起きたのは、大衆の政治的活性化後退局面における権力闘争としての国家解体だった。そこには一九一七年一〇月の破局との意外な類似性がある。それが「必然」だったのか否か、またその理由は「近代化」の不足なのか、それとも「近代化」しさえすればこの種の悲劇と破局は避けられるという想定自体に問題があったのか等々は、今後検討すべき問題として残っている。

3　その後

社会主義体制からの離脱と体制移行は、常識的に市場経済化と民主化といわれる。欧米の多くの論者がそれを当然視しただけでなく、ソ連・東欧諸国で体制転換を担った当事者たちも市場経済化と民主化を同一視し、双方を一体のものとして推進するかに論じるのが常だった。しかし、実際には経済改革と政治改革の間には深刻なディレンマがあり、そこから「権威主義必然論」などがあらわれたことは先に見たとおりである。これに加えて、最終局面で「逆向きのボリシェヴィズム」が勝利したことは、リベラル・デモクラシーの定着を著しく困難にした。冷戦終焉は、その時点ではあたかも「民主主義の勝利」であるかに見えたが、後になってみれば、「一九八九年の真の勝者は民主主義ではなく資本主義である」と指摘されるようになった。[*10]

もっとも、リベラル・デモクラシーは現代世界では一種の「錦の御旗」であり、それを正面から否定することは滅多になされない。その代わりに優勢となっているのは、制度上はリベラル・デモクラシーの外観を温存しつつ、運用においてそれを実質上形骸化させて、いわば「非リベラルな民主主義」のもと、上から国家資本主義的政策を推し進めるという傾向である。このような流れは、ロシアをはじめとする旧ソ連諸国で広く見られる。マスコミなどでの解説では、リベラル・デモクラシーの形骸化と権威主義的統治への傾斜はプーチンとともに突然始まったかに見られがちだが、実際には、ソ連解体決定を「逆向きのボリシェヴィズム」の手法で進めたエリツィンの時期からリベラル・デモクラシーの後退は始まっている。エリツィンとプーチンの違いは、前者が民主的で後者が権威主義的だという点にあるのではなく、エリツィン時代には経済の極度の不振および安定与党の不在により、名目上持っているはずの強大な大統領権限をエリツィンが実効的に行使することができなかったのに対し、プーチン時代にはその条件が整備されるようになったという差異によるところが大きい。

このような《権威主義的統治手法と上からの資本主義化の組み合わせ》という傾向はロシア以外の旧ソ連諸国にも広く見られる。だが、問題は旧ソ連諸国だけにはとどまらない。体制転換前後の時期には、ソ連と中東欧諸国の間に一線を引いて、前者は「後進的」で「古代的《アーカイック》」な性格をもつから民主化が定着しにくいが後者には「ヨーロッパ的な市民社会」があるから民主化が進展しやすいといった二分法がかなりの範囲で広められた。中東欧諸国およびバルト三国がEU・NATOに受け入れられた背景にも、そのような見方が作用していた。中でも、ポーランドとハンガリーは「改革の先頭走者」と見なされ、中東欧諸国中で最も市民社会が成熟しているという見方が広められた。だが、近年では、まさにそのポーランドとハンガリーで、《政治的リベラリズムからの脱走》ともいうべき状況が目立つようになっている。

それればかりではない。西ヨーロッパ、アメリカ、日本など、従来「民主主義の定着した国」と見なされてきたいわゆる先進諸国でも、それぞれに形は異なるが，政党政治の基盤融解、ポピュリズムの台頭、リベラル知識人を嘲弄する反知性主義の横行といった傾向が進行し、「民主主義の危機」がささやかれている。[*11]そこにおいて一つの「台風の目」となっているポピュリズム現象は、自分たちこそが「民衆」を代表しているとの独善的確信をもとに「エリート」を攻撃し、政治的リベラリズムとは縁遠いが一種独自の「民主主義」のあらわれでもあるといった特徴をもっているが、そこにはボリシェヴィズムとの意外な共通性——「民衆」の名において、その敵を排撃し、法的手続きを軽視する——がある。歴史的なボリシェヴィズムそれ自体はとうの昔に捨て去られ、忘れられて久しい。だが、広い意味でそれと意外な共通性を持つ現象が現代世界で大きな位置を占めているというのは何を意味するのだろうか？

注

＊1　正確にいえば、一九一七年から二一年にかけて各地で形成された複数のソヴェト国家の同盟として「ソヴェト社会主義共和国連邦（ソ連）」が結成されたのは一九二二年のことであり、その意味では、ソ連の誕生は一九一七年ではなく一九二二年ということになる。しかし、一七年に生まれたソヴェト国家の延長上にソ連があることも明らかであり、大まかな歴史の流れをつかむ際にはソ連が一九一七年に生まれたという言い方をして差し支えない。

＊2　エリック・ホブズボーム『20世紀の歴史——極端な時代』上・下（三省堂、一九九六年、ちくま学芸文庫、二〇一八年）。この本は「短い二〇世紀」の始点を、第一次世界大戦の始まった一九一四年としているが、第一次大戦とロシア革命は密接に関係しているし、ホブズボーム自身が一九一七年生まれであることから、彼自身の生きた時代はその年に始まるという感覚がその時代区分の底に流れている。

＊3　池田嘉郎『ロシア革命——破局の八ヶ月』（岩波新書、二〇一七年）——同じ著者の「総説　ロシア革命とは何

だったのか」（松戸清裕・浅岡善治・池田嘉郎・宇山智彦・中嶋毅・松井康浩編『ロシア革命とソ連の世紀』第一巻、岩波書店、二〇一七年、所収）も参照――は、現代ロシアの歴史学の動向を取り込みつつ、新しいロシア革命像を提示しようとした意欲的な著作だが、臨時政府の行き詰まりと敗北、それに代わるボリシェヴィキの勝利へと至る過程を一種の必然と捉えており、その点に関する限り、実は伝統的なロシア革命観（ボリシェヴィキ史観）と――もちろん価値評価は異なるが――意外に似通ったところがある。

＊4　たとえば、アイザック・ドイッチャー『スターリン』Ⅱ（みすず書房、一九六四年）の第一四、一五章など。

＊5　モーシェ・レヴィン『歴史としてのゴルバチョフ』（平凡社、一九八八年）。

＊6　かつてもてはやされた見解によれば、いわゆる「五〇〇日」計画（シャターリン＝ヤヴリンスキー案）だけが市場経済化を目指したものであり、それに同調しない人たちは旧来のシステムを維持しようとする「保守派」だ――そしてゴルバチョフは後者に屈服して、市場経済化を放棄した――と解説された。しかし、「五〇〇日」計画をめぐる論争はどちらかというと政治的な論争であり、純粋な経済論争――市場経済に賛成か反対か――だったわけではない。この問題は別個の考察を必要とするが、ここでは、一九九〇年頃には大枠としての「市場経済化」に公然と異を唱える議論は極小になっていたことを確認しておきたい。

＊7　連邦制再編の問題はあまりにも巨大なので、ここで立ち入ることはできない。一点だけ述べておくなら、最末期における同盟条約案は「ソヴェト」も「社会主義」もない「主権国家同盟」という構想になっており、その基本性格は「コンフェデレーション的な国家」とされるようになっていた。

＊8　ゴルバチョフ自身とその側近を区別していうなら、補佐官のシャフナザーロフやチェルニャーエフは比較的早い時期から社会民主主義路線に立っていた。ゴルバチョフ自身は遅い時期までその公言を躊躇い、一九九一年七月の党中央委員会総会提出の新党綱領草案ではじめてその態度を明らかにしたが、これは八月クーデタの一ヶ月前のことであり、その実現に取り組むだけの時間は残されていなかった。この問題については、本書第4章の他、塩川伸明『冷

戦終焉20年――何が、どのようにして終わったのか』（勁草書房、二〇一〇年）を参照。より本格的には近刊拙著で論じる予定である。

＊9　和田春樹『私の見たペレストロイカ』（岩波新書、一九八七年）は、ペレストロイカ初期にソ連の知識人たちがいだいていた希望をヴィヴィッドに描いている。その時点では、その後のペレストロイカ拡大も混乱も予期されていなかった。同じ著者の『ペレストロイカ――成果と危機』（岩波新書、一九九〇年）は、前著とは打って変わった状況を描こうとしたものだが、むしろ著者自身の混乱を表出したものとなっている。

＊10　マーク・マゾワー『暗黒の大陸――ヨーロッパの20世紀』未来社、二〇一五年、四九五頁。

＊11　スティーブン・レビツキー、ダニエル・ジブラット『民主主義の死に方――二極化する政治が招く独裁への道』新潮社、二〇一八年、ヤシャ・モンク『民主主義を救え』岩波書店、二〇一九年など。

第2章　ポスト社会主義の時代にロシア革命とソ連を考える

はじめに

二〇一七年はロシア革命一〇〇周年にあたったため、いくつかの関連著作が著わされたり、シンポジウムがもたれたりした。[*1] もっとも、その多くはロシア史という分野の「業界関係者」によるものであり、それ以外の人たちの広い関心を引くことはあまりなかったように見える。ソ連という国が過去のものとなった以上、それも無理からぬことかもしれない。

ソ連という国に関する虚像が失墜し、その実態が暴かれるようになったのは一九九一年のソ連解体よりもずっと古く、スターリン批判とハンガリー事件（一九五六年）、チェコスロヴァキアへの軍事介入（一九六八年）、ソルジェニツィンの国外追放（一九七四年）、アフガニスタン介入（一九七九年）、ポーランド「連帯」運動および戒厳令（一九八〇－八一年）など、数十年におよぶ歴史をもっている。ソ連末期のゴルバチョフ時代におけるいわゆるペレストロイカ（建て直し＝改革）は「社会主義刷新」をもたらすのではないかとの期待を一時的に広めたが、それも束の間、体制の刷新どころか国家そのものの破壊に行き着いた。それに伴って、社会主義の改革可能性への期待も雲散霧消し、およそありとあらゆる意味での「社会主義的なもの」への全面的な否定論とネオリベラル的な意味での「自由主義勝利論」(市場原理主義)が制覇するかに見える状況が生まれた。そうした中では、ロシア革命もソ連も社会主義もおよそ関心の外にあるという人が多数をなしているのは驚くに値しない。

もっとも、ソ連消滅から三〇年近い年月が過ぎて一時期の「資本主義勝利論」が翳りを見せ、ネオリベラリズム批判も高まっている現在、一部の知識人たちの間では、社会主義再考の気運もないわけではない(二〇一六年アメリカ大統領選挙における「トランプ旋風」と並ぶもう一つの特異現象だった「サンダーズ旋風」も思い起こされる)。しかし、その際、ロシア革命とソ連に注意が向けられることは滅多にない。「あれはまるで駄目だということがはっきりしたもので、われわれとは何の関係もない」といった感じの態度が主流になっている。確かに、ソ連社会に種々の矛盾がつきまとい、それが最終的に体制と国家の解体に至ったのは紛れもない事実である。だが、結論があまりにも明白であるために、そこに至る経過の立ち入った究明はかえっておろそかになってしまう傾向がありはしないだろうか。

社会主義・マルクス主義・革命などといった一連のテーマについて新しく考え直そうとする論者の多くは、「ソ連型社会主義は駄目だった」という結論を自明の前提とするあまり、「どのような意味で駄目であり、最期を迎えたのか」を考え直す作業抜きに、「われわれはあれとは違うんだ」と自己主張する傾向があるように思われる。だが、その点を安易に片づけるなら、「あれとは違うんだ」という際の「あれ」の中身を十分理解せず、気づかないうちに「あれ」と似た問題をかかえてしまうといったことがあるのではないか。そのことを思うなら、「あれとは違うんだ」という主張を裏付けるためにも、「あれ」の中身についてもっと立ち入った認識を持つことが必要ではないかと思われる。

1 「新たな革命」論?

ロシア革命やソ連は駄目だったが、それとは全く無縁な形で社会主義や革命の意義を考えることができると論じる人が提出する論拠はいくつかのタイプに分けられる。簡単に例示してみよう。

まず、かなりの範囲に広がっている発想として、「悪いのはマルクス主義ではなく、ロシア・マルクス主義だ」というものがある。ロシアにおけるマルクス主義の祖とされるプレハーノフの哲学が客観主義的な傾斜を帯びていたことはつとに指摘されてきた。また、ソ連体制下で固定化された教義としての「マルクス=レーニン主義」については、既に批判し尽くされている。だが、考えてみれば当たり前のことだが、一口にマルクス主義といってもどの国にもさまざまな潮流があり、時代による変化もあった。二〇世紀初頭のロシアにおける哲学論争は「ロシア・マルクス主義」に関するステレオタイプ的なイメージの枠をはみ出す多様性を持っていたし、ソ連時代とりわけスターリン時代には公認イデオロギーの拘束が強まったとはいえ、それさえも多義的な解釈の余地およびそれと関連するさまざまな論争性から免れてはいなかった。[*2] そうした多面的な諸相に関する詳しい検討抜きに、「ロシア・マルクス主義だから駄目で、西欧や日本のマルクス主義はそれよりも上等だから、その問題性から免れている」と想定するのは安易というべきだろう。

「悪いのは革命自体ではなく、特定のタイプの革命（あるいは、でき損なった革命）であり、ロシア革命は後者に当たる」という考えもある。古典的にはアナキストによるボリシェヴィキ革命批判がその典型であり、この種の議論はロシア革命そのものとともに古い。日本でも、戦前に既に「アナ・ボル論争」のあったことが思い起こされる。

これとは別だが、ハンナ・アレントはアメリカ革命を高く評価する一方、フランス革命を失敗した革命と位置づけた。[*3] ロシア革命がしばしばフランス革命の後継者と見なされてきた――その背後には、「ブルジョア革命」から「プロレタリア革命」へという発展段階図式があった――ことを思うなら、フランス革命へのネガティヴな評価はロシア革命についての同様の評価を含意するものととることができる。

もっとも、彼女のロシア革命評価にはやや両義的なところがある。『革命について』の末尾には、一八七一年のパリ・コミューン、一九〇五年と一七年のロシア革命時の「ソヴェト（評議会）」、一九一八年ドイツ革命におけるレーテ、一九五六年のハンガリー革命などの例を挙げて、それらに共通して現われた「評議会」を「自由の空間」「真の共和国」として高く評価した個所がある。それらはどれも長期間持続はしなかったが、それは革命政党によって押しつぶされたからだと論じられている。[*4] この個所を重視するなら、彼女はロシア革命のある局面については高く評価した上で、それが後に押しつぶされたという点に問題を見ているかのようである。ここに列挙された種々の大衆運動と類似した性格をもつ後代の例として、一九六八年の「プラハの春」、一九八〇－八一年のポーランドの「連帯」運動、一九八九年の東欧諸国における市民運動、二〇一一年前後の「アラブの春」等々を付け加える人もいるだろう。[*5] また、今ではあまり思い出す人もいないが、ペレストロイカ最盛期（およそ一九八九－九〇年前後）のソ連にも、ある程度類似の状況があった。[*6] そして、そうした運動のさなかにおいては、公共の事柄に関心をいだく人々の自発性の高揚が見られたというのは、多くの観察者の認めるところである。

このような事例が歴史上数多く観察されるというのは確かに興味深いことだが、それと同時に、そのいずれもが、いわば一時的な煌めきのようなものであり、しばらくすると退潮していったという事実も見過ごすわけにはいかない。アレントはそれを革命政党による解体に帰する――なお、彼女によれば、それは「革命政党がその他すべての政党と共有している基本的確信」によるのであり、ボリシェヴィキ＝共産党だけの特異性によるわけではないという――のだが、では、どうしてさまざまな評議会運動がみな政党によって押しつぶされたのかという疑問が浮かぶ。「自由の空間」「真の共和国」の一時的な煌めきは果たして持続的なものとなり得るのか。この深刻な問いに答えるのは容易なことではないが、少なくともロシア革命時のソヴェトがレーニンと共産党によって押しつぶされたという説明だけですべてが片付くわけでないことは確かである。

いま触れた論点と関係して、「ロシア革命はよかったのだが、その後、革命の理想が裏切られ、堕落した」とする見方も、これまでに無数の論者によって提起されてきた。その最も有名な先駆がトロツキーであることはいうまでもない。[*7] その後、この系譜を引く広義の「新左翼」——今では「新しい」とはいえないが、一九五〇―七〇年代に各国で共産党主流を批判して登場した諸潮流——の論者たちの間では、ソ連をどのように規定すべきかをめぐって種々の論争が半世紀以上にわたって展開されてきた。ソ連は堕落し、歪曲されたとはいえ、それでも「労働者国家」としての性格を保持していると見るか、それともむしろ「国家資本主義」と化したと見なすか等々である。

ソ連を「堕落した労働者国家」と規定するか「国家資本主義」と規定するかというのは、今となってはどうでもいいスコラ論争に見える。それでも今日なお一部に「国家資本主義」論を主張する人たちがいるのは、この規定をとるならソ連と「社会主義」は無縁ということになり、そこで起きた無数の惨禍について考える必要性から「社会主義」は免除されるという意識があるように思われる。だが、これは困難な問いからの逃避ではないだろうか。

ソ連で実現した「社会主義」なるものが当初の理想から大幅に逸脱していたことは明らかである。だが、考えてみれば、およそ何らかの理想を掲げた運動がその意図とは裏腹の帰結をもたらすというのはごくありふれた現象である。それが「逸脱」「堕落」「後退」「歪曲」だというなら、ではどうして当初の理想主義的運動がそのような「逸脱」「歪曲」を生んだのかが問われなければならない。その作業抜きに、「あれは偽物だから、われわれとは関係ない」と考えるのは安易に過ぎるだろう。たとえていえば、初期キリスト教の理念と「魔女狩り」や宗教戦争などが直接結びついているわけではなく、後者を前者の必然的帰結ということはできないにしても、だからといって後者は前者にとって何の関係もない「逸脱」だから忘れ去ってもよいとする発想が安易なのと同様である。*8

2 ソ連史再考

前節では、何らかの意味で社会主義・マルクス主義・革命などに新たな意義を認めようとする論者がロシア革命およびソ連と自己を切り離すことの安易さを指摘した。では、ロシア革命とソ連は——それがいかに悲惨な帰結を伴ったにしても——社会主義や革命について考える上でどのような意味で参照事例たりうるのか。包括的に論じるのは大変な作業だが、とりあえずいくつかの重要な点について触れてみたい。

先ず確認しておかねばならないのは、ロシア一〇月革命はともかくもある程度以上の民衆の支持を集めた革命だったという点である。これはある時期までは自明のことと見なされていたが、最近ではそのことへの反動として、これを全面的に否定する発想が広まっている。ロシア一〇月革命は一握りの陰謀家たちによるクーデタであり、民衆とは何のつながりもなかった、というわけである。そのような見方が広まるにはそれなりの理由があり、かつての一〇月革命賛美論に戻る必要はないが、これはあまりにも大雑把な議論であり、歴史の実相に迫るものではない。

一〇月革命の勝者となったボリシェヴィキ（後の共産党）が二月革命直後の時点で大衆運動内の少

数派であり、その主導権をとるには程遠かったのは事実である。だが、彼らはその後、急速に支持を伸ばし、一〇月の第二回全国ソヴェト大会では、同盟者たる左翼エスエル党とともに多数派を制するに至った。トロツキーが「反革命からソヴェト大会を守る」という名目のもとに武装蜂起を起こし、「ソヴェト大会が権力を握った」かの体裁をとることができたのは、そうした事情に基づいている。

その背景を考えるなら、二月革命後のロシア臨時政府――リベラルが主導権をとり、ある時期以降、穏健社会主義者を連立内に取り込んでいた――が自ら掲げた一連の改革を実現することができず、一種の手詰まり状況に陥っていたという事実がある。何よりも戦争（第一次世界大戦）が継続中であり、そうである以上、憲法制定会議選挙にも土地改革にも手を付けることができず、各種改革の実現は先送りせざるをえないという状況があった。そうした中で、連立政府に入っていなかったボリシェヴィキはフリーハンドを持つことができ、即時の平和と土地改革といったラディカルなスローガンを掲げることで、改革実施の遅滞に苛立っていた大衆の支持を集めることができた。

もっとも、これはことの半面でしかない。現実政治的条件に顧慮することなく、ひたすらラディカルなスローガンを掲げることは、革命運動の高揚局面においては大衆の支持調達に貢献する反面、いったん政権の座についた後にはかえって制約要因となり、統治者となった元革命家たちを苦しめることとなる。革命後の権力闘争におけるスターリンの勝利は、単なる権謀術数のおかげだけでなく、彼が統治者としての役割に徹することができたという事実にも負っていた。その統治が極度に苛酷なものだったことは今では誰の目にも明らかだが、それは邪悪な一個人のせいだけではなく、革命政権が直面したディレンマ――高度な理想を掲げた勢力が政権の座についたとき、その直線的な実現を妨げる客観的な困難にぶつかる――の産物でもあった。このディレンマは、社会変革について考える人誰もが真剣に向き合わねばならない難問である。

第二に、ソ連体制は――少なくともその公的な表明としては――民主主義を否定したわけではなく、それどころか「高次の民主主義」達成という自己意識をいだいていたということを思い起こす必要がある。昨今では、社会主義とりわけそのソ連ヴァージョンは民主主義とおよそ対極的なものだという理解が広まっている。結果的に生起した現実自体に即していえば、ソ連の政治と社会が民主主義と程遠かったのは確かである。だが、当事者の自己意識に即していうなら、彼らは「自由主義」には否定的であっても、「民主主義」を価値として否定したことは一度もなく、それどころか「ブルジョア民主主義よりも百万倍も民主的」な社会をつくろうと志向していた。それはある時期以降は空疎な建前論と化したが、少なくとも当初においてはそれなりにその実現のための努力が――それが現実化しえたかどうかは別として――払われていた。また初期の熱狂が退潮して儀礼化が進行した後の時期においても、建前が完全に無意味化したわけではなく、多少なりとも現実を建前と合致させようとする試みは末期まで続けられた[*9]。

問題は、「民主主義」を目標として掲げるか否かではなく、たとえ目標としたとしても、それをどのように実現するかにあった。これは、実はソ連に限らず、およそ「民主主義」一般につきまとうディレンマと関係している。人民（デモス）による支配としての「民主主義」は、あるときには形骸化して意味を失い、あるときはデマゴギー・衆愚主義・ファシズムなどを生むもとともなる（昨今の世界で問題となっているポピュリズム現象もこれと関係する）。ソ連は民主主義を目指さなかったのではなく、「ブルジョア民主主義よりも百万倍も民主的」な政治を目指しつつ、それとは裏腹な現実に行き着いた。このことは、「われわれはソ連とは違って民主的な社会主義を目指す」と考える人たちにとって、対岸の火事ではないはずである。

特に重要なのは、制度としてのリベラル・デモクラシーが世界的に広まった今日、「形式的な制度だけでは足りない。より実質的な民衆の参加や、それを担う主体の形成が重要だ」と考える「ラディカル・デモクラシー」論が実は「ソヴェト民主主義」と類似した特徴をもっているということである。「ソヴェト民主主義」の「ブルジョア民主主義」批判は、後者が形式にとどまり、実質を伴わないという点に向けられていたが、そうした「形式のみの民主制」批判は、それだけとってみれば今日でもしばしば聞かれる議論と似ている。もともと労働者・農民・兵士評議会としてのソヴェトには直接民主主義的な性格があり、そこでは代議員と民衆の一体性が強調され、代議員は「代表」というよりは「代理」と見なされていた。そのような性格をもっていた独自の「民主主義」がどうして当初の目標と似ても似つかないものに至ったのか――これは、「民主主義の活性化」を志向する人たちにとって無縁でない問いのはずである。

第三点として、ソ連最末期における体制転換とそこにおける「軟着陸」の難しさという問題に触れておきたい。ソ連時代末期には、その行き詰まりおよび危機は共産党および国家の指導者たちを含めて広く認識されており、そこからどのように脱出するかが課題となっていた。ゴルバチョフ政権下で進行したペレストロイカは、最初のうちは体制内的な部分的改良と想定されていたが、数年を経過するうちに、その域を大きく超えて、事実上の体制転換——経済面では市場経済化、政治面ではリベラル・デモクラシーの原則的受容——へと向かいつつあった。問題は、破局を伴うことなしにそれを実現することができるかどうかにあった。[*10]

ペレストロイカ後期に少なからぬ人々が願望していたのは、指令経済から市場経済への「軟着陸」であり、そこにおいては、たとえば（西）ドイツの「社会的市場経済」とか北欧型の福祉国家がしばしば引き合いに出されていた。そうした願望が実現しなかったのは惜しい可能性を失ったのか、それとも、もともと非現実的な夢想だったのかは議論の分かれるところである。いずれにしろ、当時が世界的にネオリベラリズムの全盛期であり、社会民主主義的な市場介入さえも「社会主義のにおいがする」として全面否定する風潮の強い時代だったことは、この過程に大きく作用した。そのことは、市場原理主義の勝利を「自由と民主主義の勝利」として賛美する言説を広める結果となった。

振り返っていうなら、ソ連解体はただ単に旧来の体制が倒れたというだけではなく、「軟着陸」が成功せず、国家の解体、社会秩序の解体とカオス化、経済の一挙的崩落などといった破局を伴うハードランディングだった。ただ単に悪しき旧体制が倒れただけなら、それは当然のことであり、「めでたしめでたし」となってもよいはずだが、「どのように倒れたのか」およびそのコストを問題とする観点からいうなら、転換に伴う破壊の極度の大きさは、そこに住む人々にとって耐え難い後遺症を残した。[*11] ここで一九一七年のロシア革命を思い起こすなら、多くの矛盾にとりまとわれていた帝政の崩壊自体は多くの人が歓迎するところだったにしても、それに伴う破壊があまりにも大きかったことがその後の悲劇をもたらした。それと同様に、一九九一年のソ連解体も、あまりにも大きな破壊を伴う革命だったという事実を忘れることはできない。

その後のロシアは、大ざっぱにいうなら、リベラル・デモクラシーの制度を外形的に取り入れつつも実質的にはそれを形骸化させて、権威主義的な統治手法で「上からの資本主義化」を進めている。これが外部世界の多くの人にとって、あまり感心しない傾向と見なされているのは自然だが、その際、見落とされているのは、「民主的な社会主義」「自由と人権の尊重」などの目標がこの国と無縁だったわけではなく、一時期それなりに熱心に模索された後に挫折したという事情である。それは特定の個人（たとえばプーチン）が悪者だといって片付けられる問題ではなく、「ソ連体制はどのようにして倒れたのか」——つまり、軟着陸ではなくハードランディングとなったのはどうしてであり、そこからどのような帰結がもたらされたのか——というプロセスの問題と切り離すことはできない。

こう考えるなら、現代世界で自由・民主主義・公正・人権などといった価値と「新しい社会主義」を結びつけようと考えている人たちにとって、末期のソ連は、「それを目指さなかったから無縁」というものではなく、むしろ「それを目指しつつも挫折した」事例として、他人事でない意味をもつはずである。

3　ポスト・ポスト冷戦期における「社会主義」

ソ連消滅から四半世紀余を経た今日、今や「ポスト冷戦」ではなく「ポスト・ポスト冷戦」期ともいうべき時代に突入した観があり、一時期わが世を謳歌した「資本主義勝利」論に代わって、再度の「資本主義の危機」が訪れているかのようである。それでいながら、積極的オールタナティヴは見えておらず、一種の閉塞状況の中で各国で排外主義やポピュリズムの高まりが観察される。かつて有力なオールタナティヴと見なされていた社会主義に関する負の記憶が強烈であり、期待や希望を集めることができない点にその一つの要因があるとするなら、「社会主義の退場」という事実自体が現状を規定する一つの契機だということになる。もっとも、いくつかの国では「新しい左派」の胎動や復調があるとも伝えられ、「左派ポピュリズム」に注目する考えもあるが、その有意味性や今後の可能性はいまだ定かでない[*12]。このような現状を念頭におきつつ歴史に戻っていうなら、ロシア一〇月革命を主導したボリシェヴィキは、「社会主義」を標榜すると同時に、ポピュリズム的な特徴をもった運動でもあった。一九一七年のロシア革命は、それ自体としてはもはや遠い過去となったが、ポピュリズムの広がりと「新しい左派」の部分的胎動という現代的状況を思うとき、そこにはなにがしかの共通性があるかのようでもある。

とはいえ、現代世界について考える上でソ連史研究が具体的にどのように貢献しうるかという問いに答えるのはそう簡単なことではない。専門のロシア・ソ連史研究者たちの間では、ここ数十年の間に、かつてのイデオロギー論争から距離をおいた研究が積み重ねられて、かなりの成果をあげているが、その大半は禁欲的な実証研究に徹しており、それが現代の社会と政治についてどのような含意を持つかという問題にはあまり踏み込もうとしておらず、そのため専門外の読者の関心を引きつけるものとならないという傾向がある。「社会主義」や「革命」についての理論的・思想的考察とロシア・ソ連の歴史に関する実証分析は、ある時期までは大なり小なり密接な相互関係を持つものと意識されてきたが、今ではお互いに没交渉であり、一方に関心をもつ人は他方についてはほとんど何の関心もいだかないという関係になっている。

特定の国・時代に関する歴史研究と、より広い人間と社会に関する思想的考察とが次元を異にする以上、両者が直結しないのはある程度まで自然なことであり、かつてのようにロシア革命とソ連が人類史全般の——肯定的にせよ否定的にせよ——重要指標だと想定されていた方がおかしかったのかもしれない。それにしても、ある種の理想を掲げて突進した人々——その影響は特定国を越えて世界各国に及んだ——のたどった歩みというものは、たとえその帰結がどんなに無残だったとしても、類似の理想に関心をいだく人たちにとって無縁のものではないはずである。ソ連の歴史からどのような含意を引き出すかの本格的考察は本書の枠をはみ出す大問題だが、本章はそのような方向に向けてささやかな一歩を踏み出そうと試みたものである。

注

＊1　代表的な著作を列挙する（刊行年は特記しない限り、みな二〇一七年）。松戸清裕・浅岡善治・池田嘉郎・宇山智彦・中嶋毅・松井康浩編『ロシア革命とソ連の世紀』全五巻、岩波書店、『現代思想』一〇月号（特集ロシア革命一〇〇年）、和田春樹・塩川伸明・宇山智彦・池田嘉郎・長縄宣博・松里公孝「ロシア革命百周年記念討論会」『ロシア史研究』第九九号、桑野隆『二〇世紀ロシア思想史――宗教・革命・言語』岩波現代全書、松戸清裕『ソ連という実験』筑摩選書、池田嘉郎『ロシア革命――破局の八ヶ月』岩波新書、亀山郁夫・沼野充義『ロシア革命100年の謎』河出書房新社、富田武『日本人記者の観た赤いロシア』岩波現代全書、和田春樹『ロシア革命――ペトログラード、一九一七年二月』作品社、二〇一八年。私自身もいくつかの関連する小文を書いた（本章もその一つであり、本書第1章、第9章もそうである）。

＊2　ロシアにおけるマルクス主義の多様性を同時代西欧哲学との比較の視座で論じたものとして、佐藤正則「革命と哲学」塩川伸明・小松久男・沼野充義編『ユーラシア世界』第三巻（記憶とユートピア）、東京大学出版会、二〇一二年、同「ボリシェヴィキにおける人間観の変革」『現代思想』二〇一七年一〇月号。ロシア帝国末期からソ連時代を通して、そこにおける思想・哲学の多様な諸相を跡づけた概説として、桑野隆、前掲書がある。歴史学の分野では、一九三〇年代後半にそれまで失墜していた「ブルジョア歴史家」たちが復権する一方、「マルクス主義歴史家」たちの間で亀裂が深まるという特異な形で論争が展開された。立石洋子『国民統合と歴史学――スターリン期ソ連における「国民史」論争』学術出版会、二〇一一年。自然科学における多面的な展開（ルィセンコのようなエセ科学だけがすべてを尽くしていたわけではない）については、市川浩編『科学の参謀本部――ロシア／ソ連邦科学アカデミーに関する国際共同研究』北海道大学出版会、二〇一六年、金山浩司「拡張主義的科学観を涵養したソヴィエト連邦」『現代思想』二〇一七年一〇月号、同『神なき国の科学思想：ソヴィエト連邦における物理哲学論争』（東海大学出版会、二〇一八年）などがある。その他、諸領域全般にわたって、前出『ロシア革命とソ連の世紀』の第四巻（人

間と文化の革新）所収の諸論文参照。

＊3　ハンナ・アレント『革命について』ちくま学芸文庫、一九九五年。なお、その二つの柱のうちアメリカ革命論については、それがどうしてアメリカ史研究で受け入れられていないかを論じた中野勝郎「『革命について』とアメリカ革命史研究」、またフランス革命論については、フランス史の立場から批判的に検討した松本礼二「アーレント革命論への疑問——フランス革命と「社会問題」の理解を中心に」がある（いずれも、川崎修・萩原能久・出岡直也編『アーレントと二〇世紀の経験』慶応義塾大学出版会、二〇一七年に収録）。

＊4　ハンナ・アレント『革命について』四〇七－四四三頁。また、アレント『人間の条件』ちくま学芸文庫、一九九四年、三四三－三四八頁も参照。

＊5　ハーバーマスが「市民社会」論の文脈で一九八九年東欧革命に触れたのもその一例である。ユルゲン・ハーバーマス『公共性の構造転換——市民社会の一カテゴリーについての探求』一九九〇年新版への序言、未来社、第二版、一九九四年、同『遅ればせの革命』岩波書店、一九九二年、クレイグ・キャルホーン編『ハーバマスと公共圏』未来社、一九九九年など参照。なお、「市民社会」論者はしばしばポーランドの「連帯」運動を典型として挙げるが、それは外からの見方であり、当のポーランド国内では一九八〇年代末の体制転換を「市民革命」とする議論はほとんど見られないという指摘がある。小森田秋夫「権力・市場・企業管理と労働組合」『社会体制と法』第一二号（二〇一一年）二七頁の注28。

＊6　後注10でも触れるが、あまりにも目まぐるしかったペレストロイカの全体像を把握するのは容易ではない。ここでは、その全盛期には「市民的覚醒」ともいうべき現象が見られたこと、しかしそれは長期間持続することなく飽和感や疲労にとって代わられたことという二点を確認しておきたい。一九九一年末のソ連解体は大衆運動高揚の産物ではなく、むしろ運動後退局面における権力闘争の産物だった。

＊7　古典的には、レフ・トロツキー『裏切られた革命』岩波文庫、一九九二年（原著は一九三六年）。ドイッチャー

の見解はこれと完全に同じではないが、大きな意味ではこれと近い。アイザック・ドイッチャー『スターリン』ⅠⅡ（みすず書房、一九六三―六四年）、『武装せる予言者　トロツキー』『武力なき予言者　トロツキー』『追放された予言者　トロツキー』新潮社、一九六四―六九年（新版、新評論、一九九一年）など。他方、イギリスを代表するソ連史研究者E・H・カーはある程度ドイッチャーに近い面を持ってはいるが、「裏切られた革命」史観を共有してはいない。この点については本書第8章参照。

＊8　「社会主義」概念の諸相、その理念と実態の関係などについて、塩川伸明『現存した社会主義――リヴァイアサンの素顔』勁草書房、一九九九年、特にその序章、および『冷戦終焉20年――何が、どのようにして終わったのか』勁草書房、二〇一〇年、特に第Ⅱ章を参照。

＊9　ソ連における「民主主義」に関する新しい研究として、河本和子『ソ連の民主主義と家族――連邦家族基本法制定過程、1948-1968』有信堂、二〇一二年、松戸清裕、前掲書、松戸「ソヴェト民主主義という実験」『現代思想』二〇一七年一〇月号などがある。

＊10　ペレストロイカはあまりにも目まぐるしい過程だったため、そこで何が起きたのかを丁寧に振り返る作業はほとんどなされておらず、「体制内改革」として始まったペレストロイカが末期には事実上の「体制転換」へと性格転換を遂げていたこともあまり認識されていない。とりあえず本書第4章を参照。より本格的には近刊の拙著で論じる予定。

＊11　ある論者は、ソ連という国がいろんな欠陥や悪業をかかえていたことは議論の余地がないが、それを打ち倒したのは同等のものというよりも、もっと悪いものだった、コレラに勝ったのはペストだったのだ、と書いている。Дмитрий Быков. Холеру победила чума. О последствиях распада Советского Союза. в кн. //Аркадий Дубнов. Почему распался СССР. Вспоминают руководители союзных республик. M., 2019, c. 11-12. これは一種の極論であり、そのまま賛同することはできない。ただ、旧体制の害悪の指摘だけで満足する議論は、「コレラ」がなくなったことだけに注

目して、それに代わるものが何だったかを等閑視することになりかねない。

＊12　アメリカにおける「サンダーズ現象」の他、スペイン、ギリシア、フランス、イギリスなどの例がしばしば挙げられている。理論的考察としては、シャンタル・ムフ『左派ポピュリズムのために』明石書店、二〇一九年参照。日本でも、本章初出後の新しい動向として、二〇一九年参議院選挙で登場した山本太郎の「れいわ新選組」がしばしば「左派ポピュリズム」と呼ばれている。もっとも、こうした動きをどう評価すべきについては諸説あり、論争が進行中である。

第二部　後期社会主義・ペレストロイカ・冷戦終焉

第二部へのまえがき

第一部がロシア革命以後の百年という長期的視点からの議論だったのに対し、第二部では、ソ連史のうちの比較的遅い時期に焦点を当てる。主たるテーマは、後期社会主義、ペレストロイカ（建て直し＝改革）、そのエスカレートと性格変容、冷戦終焉、そしてソ連国家解体という一連の動きである。各章はそれぞれ個別の主題を扱っているが、その前に当該時期の全体的な流れを概観しておくことが読者の便であろうと考えて、このまえがきを置くこととした。

「後期社会主義」という概念はまだ十分熟してはおらず、一部の専門家以外にはあまりなじみのない言葉だろう。そもそもどの時点をもって「後期」の始まりとするかについても明確な一致はない。一つの重要な画期がスターリンの死去（一九五三年）およびフルシチョフによるスターリン批判（一九五六年）にあるという点は比較的分かりやすい。もっとも、このときの変化は皮相なものに過ぎず、ソ連体制の「本質」を変えるものではなかったと指摘する議論も少なくない。それはそれで当っており、スターリン批判の前と後とに完全な断絶があるということはできない。それにしても、それまで神格化されていた独裁者が世を去り、その威信が引きずり落とされたことの意味は無視することのできない重さを持っている。これ以降、政治経済体制の骨格およびそれを護持するための言論統制という基本性格は変わらなかったにしても、直接的な国家暴力発動の度合いは明らかに低下した。その意味で、スターリン死去およびスターリン批判を「後期社会主義」の始まりとみることには相応の根拠がある。

問題を複雑にするのは、スターリン批判を行なったフルシチョフには微妙な両義性があり、彼の統治にはスターリン時代との連続性と非連続性の両面があったという点である。そもそも彼自身がスターリンのもとで自己形成して高い地位へと出世した古参幹部の一人であり、後の世代のようにスターリン以後の時代に育ったわけではない。彼のスターリン批判は「個人崇拝」と過度の専横という側面に焦点を絞るもので、体制全体の骨格に切り込むものではなかった。「共産主義の理念に照らして許されざる逸脱」への批判は共産主義イデオロギーの相対化を含むものではなく、それどころかイデオロギーはある意味でそれまで以上に重視された。スターリンの時代においては、公式イデオロギーは盛んに宣伝され、国民に上から注入されたとはいえ、現実の政策はそこから乖離することが稀でなく、理念とイデオロギーは時として空疎な建前と化す傾向があった。これに対してフルシチョフはむしろ共産主義的理念を実地に現実化しようと試みて、ある意味では壮大な——結果的には明らかに非現実的な——一連の政策を打ち出した。社会主義段階から共産主義段階への前進が近い時期に実現するとの想定の下、生産力においてアメリカに「追いつき、追い越す」というスローガンとか、一時期弱まっていた反宗教政策の再強化とか、民族政策における「民族融合」の重視、農民の住宅付属地制限、「寄食者」取り締まり、労働と教育の一体化を志向した教育政策等々である。そうした政策が大衆動員・キャンペーン方式で進められた点にも、スターリン時代との連続性を見て取ることができる。

このようなフルシチョフの一連の新機軸が行き詰まった後に登場したブレジネフ政権は、スターリン批判にブレーキをかけた保守性で特徴づけられることが多い。確かに、声高なスターリン批判は抑制されるようになった。もっとも、だからといって露骨なスターリン賛美に戻るわけでもないという曖昧さが、その時代を特徴づけた。不十分ながらもいったんはスターリン批判を経た後の時代であり、時間の経過とともに、政治家の思惑とは別に否応なしにスターリン時代から隔たった社会的現実が登場してきた。スターリンおよび彼の名と結びついたイデオロギー的シンボルは、決して疑うことの許されないものとして神棚にまつられる一方、それを強いて現実化しようとはしないという儀礼性が特徴となった。

ブレジネフ期のソ連——それに続くアンドロポフ、チェルネンコの短期政権をこれに加えるなら二〇年以上に及ぶ——は、眼に見える激変は乏しかったが、比較的長い時間だっただけに、その間に目立たない漸次的変化が積み重なっていた。この時期は、他国での局地的戦争・軍事紛争への関与や介入は別として、本格戦争への直接的関与がなかった上、国内的にも相対的安定の長期的継続が特徴となった。この国は二〇世紀前半を通じて、日露戦争と第一革命(一九〇五年)、第一次世界大戦、一九一七年の二つの革命、内戦と干渉戦、「上からの革命」、大テロル、独ソ戦、冷戦開始と絶え間ない大変動の繰り返しに特徴づけられてきたが、そうした過去と対比するとき、長期にわたる平和と安定の持続は、社会の深部における眼に見えない変化を累積させた。その意味で、後に「停滞の時代」といわれるブレジネフ期が実は秘かにその後の変動を準備していたという側面も否定できない。

ブレジネフ時代の一つの大きな特徴は、官僚の地位の安定化である。ソ連は「官僚国家」だとの一般的通念に反し、スターリンおよびフルシチョフの時代の官僚は極めて不安定な存在だったが、ブレジネフは彼らの地位を保障し、彼らにソヴェト時代ではじめての長期的安定をもたらした。もちろん、安定と停滞は表裏一体であり、官僚の地位安定は腐敗蔓延、規律弛緩を伴った。だが、それは他面からみれば、統制の空洞化・儀礼化による事実上自由な空間の拡大を意味した。これはさしあたっては官僚にとっての「自由化」だが、その反射的効果としての規律弛緩、逸脱の黙認がその下に波及していくことにより、全社会的にみても事実上「自由な」空間が広がることになった。

そのような中で、イデオロギーの儀礼化が一段と進行した。これは「後期社会主義」の重要な特徴である。イデオロギーの儀礼化、「真の信者《トルー・ビリーヴァー》」の減少、そして体制と国民の間の暗黙の「社会契約」などといった傾向はブレジネフ期に特に顕著となった。その意味で、「後期社会主義」はスターリンの死去とスターリン批判によって最初の一歩を踏みだした後、ブレジネフ期に至って頂点に達したということができる。

こうした「後期社会主義」の特徴はソ連だけにはとどまらず、東欧諸国にも形を変えながら波及した。一九六八年のチェコスロヴァキアにおける「プラハの春」と呼ばれる大規模な改革運動が軍事介入によって挫折させられ、また同時期のポーランドで政治的引き締めに伴って多くの知識人が出国して以降、それらの国における「社会主義改革」への期待は大きく後退した。「改革された社会主義」への希望を失いながら、それ以外の変革の展望もつかめない中で、現状をシニカルに受け入れるしかないとする精神態度が広がった。これもまた、ブレジネフ統治下のソ連と相通じる「後期社会主義」の一局面ということができる。以上、「後期社会主義」論の背景について簡単に解説したが、この問題をアレクセイ・ユルチャクという特異な文化人類学者の作品に即して論じたのが本書の第3章である。

これに続く第4・5・6章は、一九八〇年代末から九一年にかけてのペレストロイカ・冷戦終焉・ソ連解体という大変動を取り上げる。比較的短い期間ではあるが小刻みな変化が大きいことから、この過程は時期的にも論点の面でもやや細かく分けて考える必要がある。論点に即していうなら、大づかみにいって三つの領域が挙げられる。第一に政治経済体制の変動、第二に国際面における緊張緩和と冷戦の終焉、そして第三に多民族連邦国家の構造変化である。この三つのいずれも、初期に目指された部分的改良の動きはわずか数年間のうちに大きく異なる性格のものに転じた。第一点については体制の改善による再生の試みから体制転換へ、第二点については東西両陣営の接近と和解による分断克服の試みから一方的な壊走へ、そして第三点についてはその分権的再編の試みから国家解体へ、ということになる。

これら三領域における変化は相互にからみあいながら進行したとはいえ、論理的には区別されるべき動きであり、具体的過程としても必ずしも同調することなく別個のリズムで進行したから、分析的にはそれらを区別した上で相互連関を問う作業が必要になる。ところが、これらがあまりにも目まぐるしい過程だったことは、その分析を極度に困難なものとしており、実際、そうした試みはこれまで至って乏しかった。「ソ連崩壊」という曖昧な言葉遣いは、上記諸契機のうちのどれを念頭におくのかを明確にすることなく、それらを十把一からげに指す形で使われがちである。難しい問題である以上、一挙に総合的な結論にたどり着くわけにはいかないが、ともかくこれら三者はそれぞれに性質を異にし、変動過程にもズレがあったということを確認する必要がある。とりあえずそれぞれの問題領域、時期、立役者、大衆の関与について簡単に考えるなら以下のようになる。[*1]

まず政治経済体制の改良から体制転換＝脱社会主義への移行は国内問題に関わり、時期的には一九八九－九〇年をピークとしていた。立役者はゴルバチョフおよびその周辺であり、エリツィンおよびその支持勢力も有力な対抗馬だったが、両者の対抗関係は実質的な方向性を異にするというよりも、ほぼ同じ方向を目指す中での主導権争いという性格が濃かった。また、この過程では各種の大衆運動が高揚し、政治家たちへの圧力となった。第二に、冷戦終焉は国際政治に関わり、その時期的なピークは一九八八－九〇年にあった。立役者は、一方におけるレーガンおよびブッシュ（父）、他方におけるゴルバチョフであり、エリツィンはほとんど関与していない。なお、国際政治というものは主に政治エリートによって担われるものであり、大衆の直接的関与は小さかった。第三に、連邦制再編の試みの国家解体への転化は国内政治の基本前提ないし外枠に関わるが、これは一九九一年末という短期間の出来事であり、その立役者はエリツィンおよびウクライナのクラフチュークであって、ゴルバチョフは排除された。なお、一時高揚していた大衆運動はこの頃までにピークを過ぎており、ソ連国家の解体決定は大衆の関与なしになされた。このように見るなら、三つの領域における変動はそれぞれに性格も時期的なピークも異にしていたことが明らかとなる。

もう一つ注目しておかなくてはならないのは、当初は一体であるかに見えた政治経済体制改革が次第に内部矛盾を見せて、分岐しだしたという点である。既存社会主義が独自の形で政治体制と経済体制を一体化させていたことから、その改革は政治面と経済面の双方で進むと考えられ、ある時期までは政治改革と経済改革の両者を求める動きが渾然一体とした形で高揚した。しかし、一九八九－九〇年頃に改革が現実的に着手されるようになると両者の緊張関係が立ち現われた。もともと市場型経済改革は短期的に実を結ぶものではなく、物価上昇、社会福祉削減、所得格差拡大などの副作用を伴い、直接的な意味で大衆の願望を満たすわけではないから、「民主化」と経済改革を同時並行とする期待には幻想の要素があった。しかも、それが経済グローバル化、ネオリベラル的経済政策の主流化という世界的趨勢の中で進行した以上、「上からの資本主義化」の強行はリベラル・デモクラシーの定着と親和的ではなかった。それでも、ペレストロイカによって解き放たれた市民運動が高まっている間は「民主化」が合言葉であり続けたが、時間の経過とともに市民運動の高揚は飽和感覚や疲労感にとって代わられた。一九九一年八月のクーデタ時にはこれに対抗する市民の動きが一時的に活性化したが、それもまもなく後退し、年末のソ連解体決定は大衆不在の状況下の権力闘争の産物だった。

同様の変化は東欧諸国においても進行した。一九八九年秋－年末の東ドイツで高揚した市民運動の参加者たちの多くは西への「吸収合併」を受動的に待ち望むのではなく、東としての独自改革を進めてから「対等合併」するという道を思い描いていたが、一九九〇年初頭以降の現実の急速な展開は、一刻も早い統一という願望が「対等合併」論を押し流す結果となった。九〇年一〇月のドイツ統一は古い社会主義体制――ソ連型、また東ドイツ型――の敗北を意味しただけでなく、八九年秋に高まった東ドイツの市民運動やそれに期待を寄せた西ドイツの一部知識人にとっての敗北でもあった（この過程について詳しくは第6章参照）。ポーランドの場合、一九八九年六月の議会選挙における「連帯」系勢力の大勝は「市民社会の勝利」という観測を西欧知識人（ハーバーマスら）の間に広めたが、その「連帯」系勢力は政権を獲得して一年も経たないうちに内部分裂をあらわにして、国民の政治的関心低下（アパシー）を招いた。他の各国を含め、市民運動や「民主化」の成果は、一挙に無になったとまでは言えないにしても、相対的に背後に退いた。政治的自由への渇望が大衆を突き動かすような状態は滅多に長続きしないというトクヴィルの指摘も思い起こされる。[*2]

その後の経過を含めて長期の展望でいうなら、経済改革と政治改革のうち前者（資本主義化）が前面に出る一方、後者の目標とされたリベラル・デモクラシーは制度的には一応取り入れられつつも実質的にはあまり尊重されないという流れが強まっていくこととなった。一九九〇年代初頭に盛んに唱えられた「市民社会の再生」論や「民主化」論は二一世紀初頭までにすっかり退潮し、むしろ権威主義体制の再来ともいうべき現象が注目されるようになってきた。こうした流れは個々にはそれぞれの国・時期ごとの要因があり、そうした問題に立ち入るのは本書の課題を超えるが、とにかく市場経済化と「民主化」の乖離という問題状況は早い段階から伏在していた。ロシアについていえば、プーチン時代になって盛んに取り沙汰されるようになった権威主義化傾向は実際にはエリツィン期に始まっていた。また近年、右翼ナショナリスト政権による権威主義化が盛んに指摘されるポーランドとハンガリーの両国はかつて「改革の先頭走者」「市民社会が最も成熟している」と見なされていた。こうした事実は、「脱社会主義化」「市場経済化」が必ずしもリベラル・デモクラシー化の進展を伴うものでないことを物語っている。

先に、ソ連末期の大変動を三つの契機に分けて概説したが、本書の構成との関係でいうなら、第一の政治経済体制改革とりわけその政治的側面について主に論じたのが第4章であり、第5章は国内の体制転換と国際面の冷戦終焉の両方に関わって近年の研究動向について整理した。そして第6章では第二の冷戦終焉過程について試論的に考えてみた。なお、第三の多民族連邦国家解体については近刊の別著『国家の解体——ペレストロイカとソ連の最後（仮題）』で詳しく論じる予定なので、本書では主題的に論じることはしない。

注

＊1　以下の段落は著者の旧稿「ロシア革命百周年を前にして」（『学士會会報』九二一号、二〇一六年一一月）を部分的に下敷きにしたところがある。また、三つの契機の区別という発想については、当時アメリカの駐ソ大使だったマトロックの回想的著作（Jack Matlock, Jr., *Autopsy on an Empire: The American Ambassador's Account of the*

Collpase of the Soviet Union, Random House, 1995）から示唆を得た。

＊2　Alexis de Tocqueville, *The Old Regime and the French Revolution*, (tr. by Stuart Gilbert), Gloucester: Mass., 1978, p. 168（トクヴィル『アンシアン・レジームと革命』講談社学術文庫、一九九七年、三六九頁）。塩川伸明『現存した社会主義――リヴァイアサンの素顔』勁草書房、一九九九年、五三九－五四〇頁も参照。

第3章　「後期社会主義」という時代――政治人類学的試論

1　ソ連社会への人類学的接近の試み

ソ連という国がイデオロギーが顕著な役割を果たす社会だったことは、こと改めて確認するまでもない周知の事項に属する。その際、そのイデオロギーのどこがどのように間違っていたのかを論じるのが神学的な態度だとするなら、イデオロギーの正誤を論じるのではなく、その社会的機能を観察するのは宗教社会学もしくは文化人類学的な態度ということになるだろう。

かつてソ連という国が現存していた時代に、欧米のソ連研究は初期の神学的研究から宗教社会学ないし人類学的な研究へと次第に進みつつあった。つまり、「いかに間違っているか」を論証するというよりも、そこに存在する――今から見るなら「存在した」――のはどのような社会であるのかの解明を課題とする研究が徐々に増大し始めていたのである。ところが、ソ連解体前後の時期には再びイデオロギーの誤りを断罪する神学的アプローチが優越するようになり、人類学的視点が後退してしまったように見える。

ソ連という存在が過去のものとなってから四半世紀以上の歳月を隔てた今日、改めて人類学的な視点からの考察が可能になりつつあるのではないか。本章はこのような観点に立ったささやかな問題提起の試みである。

2　後期ソ連社会の特徴

(1)　儀礼化とシンクレティズム

ソ連におけるイデオロギーの儀礼化はスターリン期においても既にある程度進行していたが、フルシチョフ期におけるイデオロギーの一時的再高揚とその挫折を経て、ブレジネフ期ともなると儀礼化が一段と進んだ。「儀礼化」というと、本来生命力を持っていたものが空洞化し、無意味化したというような消極的イメージを与えるかもしれない。しかし、およそ儀礼というものが宗教の重要要素であることを思えば、この現象を宗教社会学ないし文化人類学上の興味深いテーマとして捉え直すことができるはずである。

それというのも、社会主義イデオロギーの儀礼化は、伝統文化との一種独自なシンクレティズム（混合）現象をもたらしたと考えられるからである。「シンクレティズム」とは、キリスト教や仏教のような世界宗教が各地に広められる際に、それぞれの地域に存在していた民間宗教との秘かな混合・

折衷・癒着が生じたことを指す概念だが、それと同じように、社会主義もまた、伝統的なものを徹底的に破壊し、変革するという建前にもかかわらず、ある時期以降はむしろ伝統的なものを自己のうちに取り込み、癒着するようになっていた。こうしたシンクレティズムへの着目は、現存した社会主義をリアルに分析する上で欠かせない視点である。

儀礼化は別の観点からいうなら、「真の信者（true believer）」の衰退ということもできる。「真の信者《トルー・ビリーヴァー》」とは、アメリカの特異な思想家エリック・ホッファーが提起した概念だが、何らかの宗教なり理念なりを上辺だけでなく心底から信じ、その実現のために熱狂的に献身するような人々を指す。彼らの心性および行動様式は、一面からいえば真摯で、人の心を打つものをもつが、他面ではその真剣さゆえに独善主義や狂信、他者への憎悪と不寛容などを伴いやすく、「正しい理想のためには、いかなる犠牲もやむをえぬものとして肯定される」といった発想をもたらしやすい。革命運動への献身がそのような帰結を伴ったことは広く指摘されている。[*1] このような「真の信者《トルー・ビリーヴァー》」が共産主義の歴史の中で大きな役割を果たしたことも周知の通りである。もっとも、純度の高い「真の信者《トルー・ビリーヴァー》」的態度がそのまま持続することは困難であり、時間の経過とともにそのような存在は趨勢として徐々に減少していったというのも反面の事実である。だからといって、完全に消滅したというわけではなく、間欠的な再高揚も見られたという点もこのイデオロギーの特徴だが、とにかく後期社会主義の時代にはその役割が大きく低下していたことは否めない。そしてその反面として、シンクレティズムに基づく「文化としての社会主義」が日常生活における行動様式として定着していったと考えることができ

る。＊2

こうした観点から見るとき、一見したところ硬直したイデオロギーと強度の統制のみから成り立っているように見えた社会主義体制も、その中に生きていた人々にとっては、公的建前や制度を与件とした上で、それに同調したり、それを利用したり、網をすり抜けたり等々の行動様式を身につけさせるものだったということができる。確かに、公的場面で繰り返し唱えられる体制イデオロギーやスローガンを正面から否定することは大多数の人にとって思いもよらないことであり、確信を持った反体制的信念の持ち主――ソルジェニツィンのような――はごく少数だった。これは、ただ単に脅迫によってイデオロギーの受容を強いられていたというだけでなく、社会主義イデオロギーの理想主義的性格が「建前としては結構なことだ」という感覚を大多数の人にもたせていたためでもあった。

余談になるが、よく指摘されるように、日本社会は組織（大企業や官庁など）の建前への同調圧力の強い社会であり、組織の構成員はその建前に対して儀礼的に忠実であることを要求される。そうした儀礼への忠誠顕示は「面倒くさい」と受けとめられることも多いが、それを正面から否定する人は滅多にいない。儀礼的な忠誠は、ある特定の場面で然るべき形で発揮することが要求される反面、その場面を離れれば、より自由に振る舞うことが許される。「裃を脱いだ」場面ではくつろぐことができるし、上司の目の届かないところで組織の悪口を言うのもありふれている。つまり、公的な場面で絶対に建前を否定しないということと、それ以外の場面での相対的に自由な言動とは両立する。だからこそ、組織の建前を「窮屈だ」と感じる人も、そこから飛び出したり、それを転覆したりしようとはせずに、それなりに生きていくことができる。このようなあり方は、実は、ソ連社会に生きていた人々の行動様式と似たところがあるのではないだろうか。

(2) 一種独自な「社会契約」の存在

ともあれ、後期ソ連社会においてはイデオロギーによる大衆の掌握はかなりの程度衰退しつつあったが、そうした中でブレジネフ政権は国民の受動的黙従を消費主義的に買い取る方向に進んだ。そして、経済が成長している間は——成長率の趨勢的低下や品質の問題などをかかえながらではあるが——ともかくある程度の生活改善によってこれを達成することができた。この点に注目するなら、政権と国民のあいだにある種の「社会契約」があったとする見方が成り立つ。つまり、政権は国民に最低限の生活保障およびその水準の漸次的向上を約束し、国民はそれと引き換えに政権への黙従を約束するという「契約」が暗黙裡に成り立っていたということである（これはソ連内部の見方ではなく、当時のアメリカのソ連政治研究者たちによって提示された見方である[*3]）。

当時のソ連が政治的安定を誇っていたのはKGBによる統制の緻密化だけですべてが説明できるわけではなく、こうした「社会契約」がそれなりの安定を保証していたという側面を見落とすことはできない。後のソ連解体前後の時期には、社会意識が急激に変動し、「もともと国民と権力のあいだに合意や契約など一切なかった、国民はただひたすら暴力的に抑圧されていたのだ」という考えが広まるようになるが、それは一面的であり、当時においてはそれなりの統合があったと見る方が歴史解釈としては妥当である。[*4]

もっとも、この「社会契約」がいくつかの重大な弱点をかかえていたことも見落とすことはできない。もともと大衆の側における各種の不満の存在を前提した慰撫に過ぎなかったから、それほど積極的な統合でなかったことは当然の前提である。不満の要因として、政治的自由の欠如はいうまでもない。生活水準向上にしても、量的にはともかく消費財の品質・ヴァラエティーの面で大きな限界をかかえていた。こうした限界に由来する不満は、国民が過去（戦時中の極度の窮乏）との比較を意識しているあいだは目立たなかったが、経済復興が進んで最低水準を超えた欲求を持つようになり、また欧米諸国との比較を意識するようになると、とめようもなく拡大した。先進資本主義諸国とのあいだの情報流通は党・国家の統制下におかれていたとはいえ、ポスト・スターリン期になるとかつてほど強い抑圧手段をとれなくなり、また「デタント」政策遂行上の必要もあって、ある程度統制を緩めざるを得なかったが、その結果、徐々に流入した外部世界に関する情報は国民のあいだに「西側」への憧れを広め、体制への不満を昂進させた。

さらに、経済が成長し続けなければ国防工業の維持・拡大と消費生活水準の向上を両立させることはできないが、一九七〇年代に徐々に進行しつつあった成長率の低下は、「大砲もバターも」という欲張った目標の実現を次第に困難なものとしつつあり、政権が「社会契約」をどこまで履行できるかに疑問が募りつつあった。イデオロギー的動員が脆くなっていた状況のもとでは、これは政権の正統性を揺るがせかねない深刻な問題となった。

もっとも、産油国であるソ連は一九七〇年代の国際的な石油価格上昇によって大きな経済的利益を獲得することができ、そのおかげで長期的経済衰退の趨勢を覆い隠すことができた。その結果、ソヴェト版「社会契約」は、ぎりぎりいっぱいブレジネフ末期あたりまでは、まだ何とか機能することができた。これが非常に脆いものだったことは、一九八〇年代半ばの石油価格低下を契機に表面化した。このことは、ペレストロイカ以降に体制があれほども脆く崩れたことの背景をなす。社会契約がいっさい欠如していて一貫して崩壊に瀕していたということではなく、ある時期に成り立っていた社会契約が次第に掘り崩され、末期には非常に脆くなっていたということである。[*5]

3　ユルチャクの著作『なくなるまでは永遠だった』をめぐって

ここで、一つの興味深い著作を紹介することにしたい。アレクセイ・ユルチャクの『なくなるまでは永遠だった』という本である。[*6] 本書の内容を一言でいうなら、ソヴェト体制下――とりわけその後期――に生きていた人々の日常感覚の文化人類学的な描写ということになるだろう。本書の著者ユルチャクはブレジネフ期のソ連で青少年時代を過ごし（つまり、自ら本書の研究対象の一員でもある）、ソ連末期の一九九〇年にアメリカに渡って人類学者となった。その後、アメリカの学者としてロシアを訪問して、フィールドワークを行なって本書を書いたというわけである。[*7]

(1)　方法論的観点

ユルチャクの出発点は、ソ連における種々の言説が真実か虚偽か、また人々はそれを信じていた（プロパガンダにより信じ込まされていた）のか、それとも虚偽と考えていた（抵抗したにせよ、あきらめていたにせよ）のか、という設問そのものを無効とするところにある。一言で言って、真／偽二分論への批判ということである。

その理論的前提には、言語使用に関する一般論――ジョン・オースティンの言語行為論――がある。その要点は、確認的発話（constative utterances）と遂行的発話（performative utterances）の区別にある。[*8] 前者は「これは何々だ」というタイプの言明で、真か偽かを定めることができる。これに対し、後者はたとえば「私はこれを何々と名付ける」というようなタイプの言明で、これは真偽の問題ではない。このような区別を前提するとき、ソヴェト社会の人々が公式イデオロギーに沿った言葉を発話するのは、確認的《コンスタティヴ》な意味で何かを指していたのではなく、遂行的《パフォーマティヴ》な意味で、「私は常軌を逸した人間ではなく、この社会に属するまともな人間ですよ」ということを言明していたのである。それは態度表明であり、そういうものである以上、その真偽を問題にすることにはそもそも意味がない。

ソヴェト社会に住む普通の人々にとって、イデオロギー的な建前を否定することは思いもよらなかったが、それは具体的な行動を特定するものではなかった。儀礼としての受容は、それを「真実」と受け取っていたことを示すわけではないが、かといって、「嘘」だという意識とも違う。抽象的なお題目としては結構なことであり、否定すべきことではないが、それが現実そのものではないということは誰もが知っている。

このように真偽を問題にしない「普通の」人にとっては、熱心な「真の信者《トルー・ビリーヴァー》」（公式イデオロギーを真と信じる）も、確信的な反体制派（それを偽と断じる）も、ともに異様なものと受け取られ、「われわれの仲間」ではないと見なされる（この指摘は、後述の「身内」論につながる）。

(2) 公的言説を遂行的《パフォーマティヴ》なものとして受容することの意義

確認的《コンスタティヴ》な意味抜きに、とにかく遂行的《パフォーマティヴ》にお題目を確認することには、一体どういう意味があるだろうか。それは、発話者が「風変わりではない、まともな人間」だということを自他ともに確認することができるということである。いったんそのような確認がなされれば、その後は、お題目から直接には規定され得ない領域で各自にとって有意味な活動を行なうことができる、というのがユルチャクの指摘である。なお、ここで著者は、アメリカのいくつかの私立大学では、教授になるために一定の誓約をすることが要請されることを引き合いに出している。教授になってから異論を唱える人もいるが、そのような発言をするためにも先ずもって誓約をせねばならない。この誓約は遂行的《パフォーマティヴ》の一種であり、確認的《コンスタティヴ》な言明をするために必要な前提でもある。ソ連における権威的言明はこれと同等であり、その社会の「正常な」成員であることを証立てる行為だ、と著者は述べている（pp. 24-25; 邦訳三〇－三一頁）。これは前述の日本社会における組織的建前への忠誠と似たところがあるかもしれない。

ソ連の場合の特殊性は、共産党やコムソモール（青年共産同盟）の集会を主宰する人々がその発話の遂行的《パフォーマティヴ》な性格をよく自覚している点にある。しかし、儀礼的行為が無意味だというのではない。むしろ、儀礼の形態の遂行的《パフォーマティヴ》な再生産こそが、多様な意味の創出を可能にするのである（p. 25; 邦訳三一－三二頁）。たとえば、コムソモール活動家は「純粋の形式」に属する活動と「実質的に有意味な」活動を区別し、後者を進めるために前者の受容はやむをえないと考えていたが、その際、両者は対立するものではなく、容易に区別できるものでもなかった。彼らは無意味な形式主義には辟易していたが、共産主義の理念そのものは信じていたし、集団的エトスや共通善への配慮には真剣にコミットしていた。社会主義の良き側面への参加のためには儀礼の形式も尊重しないわけにはいかないという感覚が彼らの特徴だった（pp. 93-96; 邦訳一二二－一二六頁）。

(3) 独自の「身内《スヴァイー》」感覚

ユルチャクは、後期ソヴェト社会の多くの若者の間に共有されていた「身内（svoi/свои）」感覚というものを重視している。もっとも、ここでいう「身内（スヴァイー）」意識は、単純に「お上」と対置されるものではない。しばしば部外者が行ないがちな二分法として、《お上＝国家＝奴ら vs われわれ＝身内》という対置があるが、それとは異なり、ここでの「われわれ」は活動家と異論派のどちらとも区別されるものだったというのが著者の主張である。外観的にいえば活動家と異論派は正反対のようだが、どちらも言説の確認的《コンスタティヴ》な次元を重視する点で共通する（前者は公的言説を真実だとし、後者はそれを虚偽とする）。これに対し、「普通の」人々から見れば、その両方が「奴ら」であり、そういうことを問題にしない人たちが「われわれ＝身内」だというわけである（pp. 102-104; 邦訳一三六－一三八頁）。

若い世代の間には熱心な活動家は少なく、稀にそうした人がいると、誠実な原則主義者なのか、愚かな自動機械なのか、シニカルな出世主義者なのかといぶかられた。末端のコムソモール・オルグは、活動家よりもむしろ「普通の」人たちの方に近い存在だったのである。そして、「普通の」人にとっては、異論派もまた縁遠い存在と感じられる。ソルジェニツィンやハヴェルは「嘘」を告発するが、そういう発想自体が無意味と感じられていたのである（pp. 104-107; 邦訳一四〇－一四二頁）。[*9]

そのようなコムソモール・オルグがコムソモール費を徴収するときには、払うのが高貴な義務だからとして説得するのではなく、「仲間同士なんだから、私を困らせないでちょうだい」といって払ってもらうのが普通のあり方だった。コムソモール費を払わず、公的儀礼に加わらないということは、仲間を困らせるという意味で「まともな」人のすることではないという感覚があったのである（pp. 108-109; 邦訳一四三－一四五頁）。

もう一つの例として、コムソモール員の知識や熱意を確かめる「レーニン試験」というものがあったが、ここでは先ず、試験対象者が「まともな人」かどうかが問題となった。いったん「まともな人」と見なされさえすれば、後は形式的な試験で合格にするというやり方が一般的だった（p. 110; 邦訳一四七頁）。

ここでいう「まともな人」とは、権威的な言語を知っており、それを必要な場面で発することができることを要件とする。これに対し、原則的な理由でそれを拒否するような人は罰せられる。一つの特徴的な事例を紹介しよう。あるコムソモール員（大学で古典教育を受けた）が神学校でラテン語の教師となる勧誘を受け、その人をコムソモールから除名するかどうかが問題となった。コムソモール委員会は当初、語学教師になるだけなら聖職者になるのとは違うし、古典教育を生かすことができると考えて、好意的だった。ところが、面接に際して、そのコムソモール員が傲慢な態度をとったため、急速に悪感情が高まり、「祖国への裏切り」とか「もしＣＩＡから勧誘されたらどうするのか」という言葉が飛び交った。これらの言葉の確認的《コンスタティヴ》な意味は空虚なものだったが、真剣な声でこれらの言葉を発しているうちに、われしらずその言葉に過剰同調するようになってしまった。ここで第一義的に問題だったのは、コムソモールから除名するかどうかよりも、「身内」の一員と見なすかどうかだった（pp. 112-113; 邦訳一五〇－一五一頁）。

「普通の生活」とは、過度に活動家的でもなければ過度に異論派的でもなく、相対的に自由で、面白く、イデオロギー的抑圧だけに尽きないものだ、と著者はいう。権威的言説と儀礼を集団的に実践することによって、それだけでは蔽い尽くされない領域において有意味な仕事をすることができるようになるのである。コムソモール委員会はその一例である。委員会の人事は友人たちを引き入れる形で構成され、委員会は友達づきあいの場となっていた。「委員会の用件がある」という口実で職場を早退し、委員会では形式的ルーチンを短時間ですませた後、お喋りや娯楽で時間を過ごすことができる、というわけである（pp. 118-120; 邦訳一五六－一五九頁）。

メーデーや革命記念日のパレードへの参加も同様である。それは、みんなで参加することで「身内」の感覚を強める効果を持つ。スローガンの中身に関わりなく、同じスローガンをみんなで叫ぶことによる連帯感の確認こそが重要であり、晴れがましい感覚と高揚感が特徴となる（pp. 121-122; 邦訳一六〇－一六二頁）。こうして、外観的には体制イデオロギーへの同調――強制されてにせよ、洗脳されてにせよ――と見える行為が、実は、単に遂行的《パフォーマティヴ》な意味を持つにとどまり、それ以外の領域におけるより有意味な活動の前提を形づくっていた。それは体制内的・体制同調的行動だが、同時に、それに尽くされない領域を拓く可能性を伴っていたのである。

(4)「西側」文化への態度

体制イデオロギーからの公然たる逸脱が許されないにしても、事実上それをはみ出すものが容認されていたことは、短波放送への政権の両義的な態度に示される。戦後期にラジオ技術・生産は急速に拡大した。妨害電波の存在がよく指摘されるが、それはロシア語（あるいは他のソ連諸民族言語や東欧諸国言語）のものに向けられていたのであり（典型的にはラジオ・リバティ）、外国語での放送は妨害されなかった。そのため、多くの人々が英語放送などを熱心に聞くことができた。特に、西側のジャズ番組は多くの熱狂的なファンをもっていた（pp. 175-181; 邦訳二三七－二四六頁）。

流入した西側の文化的シンボルの流行は、必ずしもソヴェト的価値観と背反するわけではない。むしろそれは後期ソヴェト文化の構成要素となっていた。一九八〇年代末に外国への旅行が自由化された時、人々がショックを受けたのは、西側の現実が「ありふれた」ものであり、想像していたほど輝いていなかったことだった（これはもっと前に出国した作家ワシーリー・アクショーノフが経験したことでもある）。[*10] つまり、「西側」文化は既にソヴェト人たちの日常生活の中に「ありふれた」ものとして浸透していたのである（pp. 202-206; 邦訳二八四－二八六頁）。

そのことを示す面白い事例がある（図1参照）。ウクライナ・コムソモール・ニコラーエフ州組織の内部文書（一九八五年一月一〇日付）である。この文書には、有害なロックグループ三八団体――ロックに通じていない筆者にはあまりよく分からないが、とにかくピンク・フロイド、セックス・ピストルズ、フリオ・イグレシアス等々の名が見える――が列挙されている（ついでながら、一つ一つのグループについて、「暴力」「宗教的蒙昧」「エロチズム」「セックス」などと、いちいち几帳面に理由が挙げられているのも笑える）。一見すると極度に厳しい統制を意味するかのようだが、ユルチャクによれば、こうした指令は、事細かい具体的列挙をすることで、逆に、「ここに列挙されていないものは許容される」という受けとめ方を可能にしたのだという（pp. 213-216; 邦訳二九四－二九九頁）。統制が統制でありながら、同時に非統制空間の余地を逆に示すことになったのである。

もう一つの面白い事例として、一九八〇年代に活動していたＡＶＩＡというロック・グループが挙

КОПИЯ ВЕРНА...

Приложение к письму
от 10 января 1985 года

Пролетарии всех стран, соединяйтесь!
ВСЕСОЮЗНЫЙ ЛЕНИНСКИЙ КОММУНИСТИЧЕСКИЙ СОЮЗ МОЛОДЕЖИ
НИКОЛАЕВСКИЙ ОБЛАСТНОЙ КОМИТЕТ ЛКСМ УКРАИНЫ

Для служебного пользования
Секретарям ГК, РК ЛКСМ Украины

Направляем примерный перечень зарубежных музыкальных групп и исполнителей, в репертуаре которых содержатся идейно вредные произведения, а также список тарифицированных вокально-инструментальных ансамблей СССР.

Рекомендуем использовать эти сведения для усиления контроля за деятельностью дискотек.

Данной информацией необходимо обеспечить все ВИА и молодежные дискотеки района.

Секретарь обкома
комсомола П. Гришин

Примерный перечень зарубежных музыкальных групп и исполнителей, в репертуаре которых содержатся идейно вредные произведения

Название коллектива	Что пропагандирует
1. Секс Пистолз	— панк, насилие
2. Б-52	— панк, насилие
3. Меднесс	— панк, насилие
4. КЛЭШ	— панк, насилие
5. Стрэнглэрс	— панк, насилие
6. Кисс	— неофашизм, панк, насилие
7. Крокус	— насилие, культ сильной личности
8. Стикс	— насилие, вандализм
9. Айрон Мейден	— насилие, религиозное мракобесие
10. Джудас Прист	— антикоммунизм, расизм
11. Ай Си Ди Си	— неофашизм, насилие
12. Спаркс Спаркс	— неофашизм, расизм
13. Блек Сабат	— насилие, религиозное мракобесие
14. Элис Купер	— насилие, вандализм
15. Назарет	— насилие, религиозный мистицизм, садизм
16. Скорпион	— насилие
17. Чингиз Хан	— антикоммунизм, национализм
18. Уфо	— насилие
19. Пинк Флойд (1983)	— извращение внешней политики СССР («Агрессия СССР в Афганистане»)
20. Толкинхедз	— миф о советской военной угрозе
21. Перрон	— эротизм
22. Боханнон	— эротизм
23. Оринnджинелз	— секс
24. Донна Саммер	— эротизм
25. Тина Тернер	— секс
26. Джаниор Энглиш (Регги)	— секс
27. Кенед Хит	— гомосексуализм
28. Манич Мешин	— эротизм
29. Рамонэ	— панк
30. Бан Хейлен	— антисоветская пропаганда
31. Хулио Иглесиос	— неофашизм
32. Язоо	— панк, насилие
33. Данич Мод	— панк, насилие
34. Вилидж Пипл	— насилие
35. Тен Си Си (10cc)	— неофашизм
36. Стоджис	— насилие
37. Бойз	— панк, насилие
38. Блонди	— панк, насилие

«ВЕРНО»
зав. общим отделом
обкома комсомола Е. Пряжинская

FIGURE 6.2. The approximate list of foreign musical groups and artists whose repertoires contain ideologically harmful compositions (1985). From *Novaia Gazeta*, July 26, 2003.

図 1　ウクライナ・コムソモール・ニコラーエフ州組織の内部文書
（1985 年 1 月 10 日付）

げられている。ユルチャクはこのグループのマネージャーをやっていて、聴衆の反応を観察した経験があるとのことなので、この団体に関する記述は一種の参与観察である。このロック・グループは、ソヴェトの公式宣伝文句と極端なまでに過剰同調した歌詞を叫ぶというスタイルをとっていた。それは心からの信奉なのか、それとも皮肉なパロディによってそれを馬鹿にしているのか、どちらとも解釈可能だった。ユルチャクが客席を観察したところ、ある観客は共産主義への献身に感心し、別の観客――スターリン時代に収容所体験を持っていた――は共産主義への痛烈な風刺に感心していたという（pp. 253-254; 邦訳三五八－三六一頁）。つまり、当のソヴェトの人々が、同じものを両様に解釈していたということである。

(5) パロディ

イデオロギーを正面から否定することを避けながら、その権威を事実上掘り崩す行為の代表例はパロディとアネクドート（風刺的な小咄）である。アネクドートのことは比較的よく知られているので、ここではパロディについて、いくつかの事例を紹介してみたい。

まず最初の例は図2に掲げたものである。これは、誕生日の祝いについての指令という奇妙な文書だが、その形式・文体は、著名人の死亡記事のパロディになっている。通常の死亡記事は、「何年何月何日、ソ連の○○界は大きな打撃をこうむった。誰それが世を去ったのである」という文句で始まるが、このパロディは、冒頭の決まり文句の末尾が「誰それがこの世に現われた（生まれた）」とな

CHAPTER 7

СССР
Министерство цветной металлургии
СОЮЗАЛЮМИНИЙ
Всесоюзный научно-исследовательский и проектный институт

[NAME OF INSTITUTE]

УКАЗАНИЕ

12 августа 1983 г. № 001

ЛЕНИНГРАД

18 августа 1953 года цветная металлургия СССР потерпела большую утрату. Пришел в жизнь вдохновитель и мистификатор, бессменный руководитель засолочного пункта и директор Василе-островской канатной дороги, отчим эстонского попса, герой монгольского эпоса [ANDREI'S NAME]

Эта дата розовыми буквами вписана в биографию [INSTITUTE]

В ознаменование этого выдающегося события УКАЗЫВАЮ рабочим коллективам и отдельным гражданам на соблюдение производственной дисциплины и соблюдение тишины после 23 часов. Приступить к поздравлению в виде подношений, объятий, приподаний, похлопываний, поцелуев и перетягивания каната.

Вр.И.о.секретаря
всего комитета [NAME]

FIGURE 7.2. Directive produced by Andrei's Komsomol committee for his thirtieth birthday (1983).

図２　パロディ「誕生日の祝いについての指令」

っている。その後、死亡記事に酷似した表現をとった冗談の文句が延々と続き、最後には、「贈り物をし、抱き合い、……キスをして、綱引きをするように」という指示で締めくくられている。こういったパロディは権威的言説の記述的な意味を受け入れているわけでもなければ、それを拒否しているわけでもなく、それを創造的に変型したものだ、というわけである（pp. 259-264; 邦訳一六〇－一六二頁）。

これと似た例として、プリゴフという非公認詩人のつくった弔辞集（ソ連解体後に出版可能となった）がある。そこには、プーシキンとかドストエフスキーとかいった人たちについて、ソヴェト政権がその死を悼むという形の弔辞のパロディが多数収められている。たとえば、同志プーシキンはプレイボーイ、大酒飲みとして永遠に記憶に残るだろう、といった具合である。さらに、自分自身について、「ソ連共産党中央委員会とソ連最高会議は深い悲しみをもって、一九八〇年六月三〇日に彼が生きていることをお知らせする」というふざけたものもある（p. 267; 邦訳三六六－三六九頁）。余談になるが、ソ連時代、有名人（政治家・経済指導者・文化人など）の死亡記事は、外部のソ連研究者にとって重要な資料だった。文章自体は紋切り型で、ヴァラエティーがほとんどないが、どの範囲の新聞に、どの程度大きな扱いで載るか、どういう人が弔辞に署名するかなどによって、死んだ人の社会的地位や関係者の相互関係を推測する手がかりとなったからである。そういうわけで、当時のソ連研究者は熱心に各種死亡記事を読んでいたが、そうした経験をもつ者にとって、その巧妙なパロディを読むと、深い感慨にひたらずにはいられなくなる。

FIGURE 7.4. The envelope of the letter sent to Inna by her friend in July 1982. Handwriting on the left reads: "Let us strike kitsch with PRAVDA!"

図３　封筒の表に書かれたパロディ

もう一つの事例は次のようなものである（図3参照）。これはある手紙の封筒だが、切手の下に、活字体の手書きで、Вдарим ПРАВДОЙ по пошлостям!（プラウダでキッチュを打とう！）とある。この言葉はスローガン風であり、プラウダを新聞の名ととれば権威的言説と完全に一致する。他面、プラウダを「真実」の意にとれば打倒すべきなのはまさにこの切手（『プラウダ』紙創刊七〇周年）のようなキッチュだという体制批判的な意味にとることもできる。こうした両義性のおかげで、このような文句を隠すこともせずに、封書の表に——しかも、書き手の住所氏名付きで——堂々と書くことができたというわけである（pp. 270-271; 邦訳三九二－三九三頁）。

ユルチャクの著作は、ポストモダン的ジャーゴンが多用されているために、やや読み取りにくいところがあるが、「現代思想」的方法を駆使して後期ソヴェト社会を人類学的観点から活写した試みとして興味深いものがある。

4 結びに代えて

書物のタイトルに示されるように、後期ソヴェト社会（基本的にブレジネフ期）に生きていた人たちは、それが「永遠に続く」かのように受け止めていた。しかし、それは公的言説を遂行的《パフォーマティヴ》に繰り返すことを意味するにとどまり、確認的《コンスタティヴ》に「真実」と見なすことを含んでいなかったから、いったんそれが崩れると、驚くほど早く、消滅という現実を受容した。つまり、ソ連解体は、それが起きる直前までは予想もできないことだったが、いざ起きてみると、驚くに値しない、当たり前のことと映った。

この説明は巧妙だが、「変化が起きる前夜」（ブレジネフ期）と「起きた後」（ソ連解体後）の間の時期（ペレストロイカ期）の過程を十分説明していないという弱点がある。ペレストロイカ期には、少し前まで決して許容されるはずがないと思われていた言説が許容されるようになり、公的場面にあふれ出した。しかし、その段階ではまだソ連という国は存続しており、そのような変化も、ソ連共産党書記長（ゴルバチョフ）によって引き起こされたものだった。つまり、もはや本書の描く「後期ソヴェト社会」ではないが、まだ「ソ連以後」にもなっていない、そういう特異な時期があった。この時期における目まぐるしい変化をどのように捉えるか、これが残された大きな課題となるだろう。[*11] それは筆者自身の課題でもある。

（追記）

本章ではユルチャク著の紹介が大きな位置を占めているが、それは、初出論文の執筆時点（二〇一一年）ではユルチャクが日本でまだあまり広く知られておらず、注7に挙げた少数の言及くらいしかなかったという事情による。その後の変化には目覚ましいものがある。ユルチャク本人が二〇一三年に来日して、幅広い研究者たちと交流の機会を持ったこと（但し、私自身は体調不良のため欠席）の刺激もあったし、半谷史郎によるロシア語増補版の訳業も二〇一七年に世に出た。そうした中で、ユルチャクの仕事を何らかの形で咀嚼したり援用したりした議論として、乗松亨平『ロシアあるいは対立の亡霊――「第二世界」のポストモダン』講談社選書メチエ、二〇一五年（同書についての私の書評的エッセイは、http://www7b.biglobe.ne.jp/~shiokawa/notes2013-/Norimatsu.pdf）、高橋沙奈美『ソヴィエト・ロシアの聖なる景観――社会主義体制下の宗教文化財、ツーリズム、ナショナリズム』北海道大学出版会、二〇一八年、座談会（河本和子・野部公一・半谷史郎・松井康浩・松戸清裕）「後期社会主義の諸問題」『ロシア史研究』第一〇一号（二〇一八年四月）、福田宏「紅い刑事ドラマとチェコスロヴァキアの社会主義――テレビによる同時代史の構築」（越野剛・高山陽子編『紅い戦争のメモリースケープ――旧ソ連・東欧・中国・ベトナム』北海道大学出版会、二〇一九年、所収）等々が相次いで出た。邦訳書への丁寧な書評も、金山浩司のものと松戸清裕のものがあいついで公表された（それぞれ『ロシア・ユーラシアの経済と社会』二〇一九年三月号、『ロシア史研究』第一〇三号、二〇一九年七月）。高橋沙奈美の前掲書への松井康浩の書評（『ロシア史研究』第一〇三号、二〇一九年七月）も一種独自のユルチャク批判となっている。

これらの文献の続出により、ユルチャク的な観点は、この時期のソ連社会を研究する人たちの間ではかなりの程度常識化した。その結果、今ではそれほどの衝撃力はないという受け止め方や、その限界や欠点を指摘する批判的論及も現われるようになってきた。もっとも、種々の批判を含めて活発な議論が交わされていること自体、同書が一つの画期をなし、一種の「古典」となっていることを物語る。この旧稿をあえて本書に収録したのは、そうした現状を踏まえて、この作品の意義と限界を改めて考えてみたいという意図による。

今の時点でユルチャク著を改めて振り返るなら、そこにはいくつかの意義と限界があったことが見えてくる。意義としては、先ず何よりも、ソ連史研究を特殊な専門領域に閉じ込めるのではなく、他の人文社会系諸分野との対話に拓いたという点が大きい。具体的にいえば、文化人類学的観点およびポストモダニズム的理論の導入がその最大の功績と言えるだろう。また、ソ連に限らず東欧諸国にも適用可能性があるということは福田宏の前掲論文に示されている。多様かつ豊富な具体例を挙げながら論を進めている点も本書の大きな特徴であり、後期社会主義のもとでの人々の生き方や感覚をリアルに理解する上で有用性が高い。もっとも、事例の多彩性は、ややとりとめがないのではないかとか、各事例の間の論理的連関の不明確さといった問題にもつながる。

本書のもう一つの特徴は、「真の信者」でも「異論派」でもない「身内（スヴァイー）の世界を描いた点にある。ある時期までの欧米のソ連論は、往々にして「上からの統制」と「それに抵抗する異論派」という二項対置に走りがちだったが、そのどちらにもおさまりきらない人々の行動様式や感覚を幅広く描き出した点も本書の大きな意義ということができる。

そのような意義をもつ反面、いくつかの問題点もないわけではない。ユルチャクのとっている人類学的手法は実証史学とは相性の悪いところがあり、歴史学の観点からは――また、おそらく社会学の観点からも――種々の批判を出す余地がある。事例の代表性に関する検討の欠如はその最たるものである。直感に依拠しすぎていること、議論が多岐にわたり、あちこちの個所で述べられていることとの整合性があまり明白でないこと、時期区分の曖昧さなどもしばしば指摘されている。時期区分の問題と関係して、「後期社会主義」概念自体の曖昧さも、前掲座談会で多くの出席者によって論じられている。私見では、「後期社会主義」概念はブレジネフ期に最もよく適合し、フルシチョフ期およびゴルバチョフ初期については条件付きで当てはまる――ゴルバチョフ後期には様相が大きく転換した――といえるのではないかと思われる。

意義の一つとして挙げた「身内」論にしても、ある時期まで優勢だった「統制vs反逆」二項対置への反論に力点をおきすぎたために、「異論派」の役割を軽視したり、一般の人たちと「異論派」の間の秘かな連続性の要素を見落としているのではないかとの批判もありうる（松井康浩は特にこの面を重視している）。

以上、いくつかの特徴について触れてみた。ユルチャク著のこのような意義と限界を踏まえつつ「後期社会主義」論を彫琢していく課題は後続研究者に残されている。本章はそのためのささやかな礎石を築こうと試みたものである。

注

＊1　E・ホッファー『大衆』紀伊國屋書店、一九六一年（『大衆運動』と改題して再版、一九六九年、原著は一九五一年刊行）。ソ連史におけるイデオロギーの役割の変遷――「真の信者」の趨勢的減少および間欠的復活――については、塩川伸明『現存した社会主義――リヴァイアサンの素顔』勁草書房、一九九九年、一八六－一九〇頁参照。

＊2　このパラグラフで簡単に述べたことに関し、より詳しくは塩川『現存した社会主義』第Ⅲ章参照。

＊3　かつての「社会契約」テーゼの簡潔なまとめとして、Linda J. Cook, *The Soviet Social Contract and Why It Failed: Welfare Policy and Workers' Politics from Brezhnev to Gorbachev*, Harvard University Press, 1993, chap. 1参照。

＊4　国民の体制への統合や不満の度合いについて精密に測定するのは至難だが、一つの重要なデータとしてソ連解体

後に明らかにされた新資料によると、大規模な暴動の件数はブレジネフ期に入って大きく減少していた。Источник, 1995, № 6, c. 146-153. また、もう一つの資料として、一九七〇年代にソ連を出国してアメリカに移住した人々を対象とした大規模な社会学調査によれば、国を捨てて出国した人たちのあいだでさえ、ソヴェト体制への評価は全面的に否定的なものばかりではなかったことが示されている。特に、無料の医療・教育などについては評価が高く、また大規模重工業企業などについては国有化を是とする考えがかなり広まっていた。James R. Miller (ed.), *Politics, Work, and Daily Life in the USSR*, Cambridge University Press, 1987.

*5　以上、この項目で述べた点につき、塩川伸明『冷戦終焉20年——何が、どのようにして終わったのか』勁草書房、二〇一〇年、五九－六三頁参照。

*6　Alexei Yurchak, *Everything Was Forever, Until It Was No More: The Last Soviet Generation*, Princeton University, 2006. 本章初出論文よりも後に、ロシア語増補版に基づく邦訳『最後のソ連時代——ブレジネフからペレストロイカまで』みすず書房、二〇一七年が刊行された。ロシア語増補版は英語版に比べてかなり手が加えられているため、英語版と直対応しない個所が少なくない。本章は元来英語版に基づいて執筆されたので英語版の頁数と邦訳の頁数を並記するが、両者がピッタリ対応しない場合もあることを断わっておく。

*7　なお、早い時期にユルチャク著に論及した例として、大杉高司「〈アイロニー〉の翻訳——ポスト・ユートピアが人類学に教えること」（石塚道子・田沼幸子・冨山一郎編『ポスト・ユートピアの人類学』人文書院、二〇〇八年所収）における言及、また『国家学会雑誌』第一二三巻第一＝二号（二〇一〇年）における松井康浩の紹介がある。その後については章末の「追記」参照。

*8　J・L・オースティン『言語と行為——いかにして言葉でものごとを行うか』講談社学術文庫、二〇一九年。

*9　この個所で、dissidentstvuiushchie/ диссидентствующие という面白い表現が使われている。強いて訳すなら、「異論派している」とでもなるだろうか。本物の異論派より薄められているが、やはり奇妙な存在と感じられ、「普通

でない」と受け止められるという感覚のようである（p. 107; 邦訳一四二頁）。

＊10　ワシーリー・アクショーノフ（一九三二－二〇〇九年）は、一九六〇年代にスターリン批判後の新世代を代表する若手作家として活躍したが、一九八〇年に出国した。代表作に『星の切符』などがある。

＊11　ロシア語増補版に基づく邦訳書の「結論」の章ではペレストロイカ期に関する記述がある程度補われているが、ペレストロイカ初期から後期へと至る推転について掘り下げた分析はない。この問題については本書の他の各章でも論じるが、より本格的には別の機会を期す。

第4章　ペレストロイカからソ連解体へ――過程と帰結

はじめに

「大きな物語の終焉」が言われるようになって久しい。だが、かつて絶大な影響力を振るっていた「大きな物語」に代わって、別の種類の「大きな物語」が暗黙のうちに影響力を振るっているように思われてならない。その主要な柱を概括するなら、次のようになる。①「社会主義は（もしくは、ソ連型社会主義は）誤った理論に立脚していた。その必然的結果として、それは崩壊した」。②「ソ連は冷戦において西側ないしアメリカに敗北した」。③「社会主義経済は市場経済に比べ非効率であり、貧窮しかもたらさず、そのために大衆の不満を招いて崩壊した」。④「人民の自由を求める運動の高まりが市民社会を形成し、これが専制的政治体制を打倒した」。⑤「ソ連は諸民族の牢獄であり、解放を求める諸民族の運動によって打倒された」。

これら一連の命題はそれぞれに当たっている面をもっており、これらの命題の正反対を説こうするのは現実離れしている。しかし、同時に、これらはあまりにも巨視的な議論（「大きな物語」）であるため、やや立ち入って考えてみると、現実の歴史がそう簡単に一つの図式に沿って動くものだろうかという疑念を引き起こす。実際、上記①から⑤のどれについても、その枠に収まりきらない事実を見出すのは、多少実態に通じた研究者にとってそれ程困難なことではない。しかし、では「大きな物語」を否定しさえすればそれでよいかというと、そうも言い切れない。「大きな物語」を否定しようとするあまり、個々の細かい話にひたすら集中するなら、少数の専門家以外には分かりにくい「重箱の隅をつつく」議論になってしまう。ここで必要なのは、「大きな物語」でもなければ、断片的な個別的事実の羅列でもなく、「中規模の物語」を組み合わせる形で歴史を理解していく作業である。私は別稿で、政治改革および民族と連邦制の問題に力点をおいてこの作業のための素描を試みたが[*1]、ここではそれをうけて、ペレストロイカがどのようにして性格転換をとげ、最終段階の体制転換と国家解体に至ったのかという推移について大づかみに考えてみたい。あくまでも大づかみな概観が狙いであるので、細かい事実経過には立ち入らず、注記も最低限にとどめることを予め断わっておきたい。

1　ペレストロイカの推移——初期・中期・末期

ゴルバチョフ政権初期（およそ一九八五－八七年頃）の「改革」が比較的ささやかなものから始まったのは周知の事実である。その点を重視して、だからゴルバチョフの改革は本質的に体制内のものにとどまったのだとか、だから必然的に行き詰まる運命にあったと論じる人も少なくない。しかし、そのような見方は、初期のささやかな改革が次第にエスカレートし、遂には事実上の体制転換にまで行き着いたという変化を見落としている。重要なのは、どのようにしてそのような変化が生じたのかという点にある。

旧体制の一つの特徴として、「下からの」大衆運動の微弱さという事実がある。それは、一つにはもちろん政治的統制の強さによるが、それだけでなく、ブレジネフ期のソ連がそれなりに国民統合を成し遂げ（一種の「社会契約」）、大衆は消極的にもせよ体制を受容していたという要因も大きい。もちろん、その「社会契約」には重大な限界があり、それが綻びつつあったことも事実だが、ブレジネフ末期からゴルバチョフ初期にかけての時期には、そのことはまだ大衆レヴェルであからさまになっていたわけではない。その時期に長期的停滞の展望への焦りから体制内改革への志向をいだき始めたのはむしろ体制エリートの一部であり、そうした「上からの」改革が指導部の世代交代の中で現実化し始めたのがゴルバチョフの登場とペレストロイカの開始である。このようにして始まった初期のペレストロイカは、社会主義の否定ではなく、むしろ社会主義の改善を目指していた。体制エリートの一部が主導した「上からの」改革である以上、それは当然である。

しかし、いったん開始したペレストロイカは、いつまでもその枠にとどまったわけではない。諸種の改革が次第にエスカレートしていくうちに、その実質的内容は、旧来考えられていた意味での「社会主義」の枠を事実上超えるものになっていった。経済面では市場経済の受容、政治面ではリベラル・デモクラシーの諸原理（権力分立、自由選挙、複数政党制、言論および集会の自由等々）の受容という発想が次第に広まった。ということは、「体制内改革」だったものが「体制転換」へと性格を変容させたということである。もっとも、ゴルバチョフが共産党のトップであり、またできるだけ破壊と混乱の少ない方法での体制転換を目指したため、それが「体制内改革」なのか「体制転換」なのかには、やや曖昧なところが残った。そうした曖昧性はそれとして確認しておかねばならないが、ともかく基本的な性格としては、ある時期以降のペレストロイカは《それと明言しない形での体制転換》と化しつつあった。後期のゴルバチョフおよびペレストロイカを、「同時にローマ教皇でもありルターでもあった」とか「漸進的方法を通じた革命的目標の追求」などと特徴付ける研究者がいるが[*2]、それはこうした事情を指している。

このような「改革」のエスカレートは一九八八－九〇年を通して進行した。つまり、初期のペレストロイカが「体制内改革」だったとしても、中期のペレストロイカは次第に「体制転換」へと性格を転じつつあり、それがかなり進行した一九九〇年頃には、ソ連という国は事実上の「社会主義離れ」を遂げつつあった。この時点では、まだソ連という国家は存続していたし、共産党も解散していない。ソ連解体も共産党解散もなくても、「社会主義体制からの離脱」は既にかなりの程度進行していたということである。

ここまでの過程は、主として「上からの改革」のエスカレートとして進行した。もちろん、それがすべてというわけではなく、大衆の政治意識の活性化の中で「下から」の大衆運動もまた拡大した。その中からは、ゴルバチョフ指導部の思惑を超える多様な立場の言論や運動も姿をあらわし、それが改革の更なるエスカレートを刺激するようになった。初期のペレストロイカがほとんどもっぱら「上からの」動きであり、「笛吹けど踊らず」だったのに対し、ペレストロイカ中期までくると、「上から」の動きと「下から」の動きとが複雑に交錯し、相互に刺激し合いつつ、双方ともエスカレートする情勢が生じた。そうした相互作用を通したエスカレートはこの時期の大きな特徴である。もっとも、一定期間持続した大衆運動の高揚はやがて疲労とアパシーにとって代わられるが、それは次の局面（ペレストロイカ末期）のことである。

ともかく、ある時期以降のペレストロイカは「漸進的・改良的手法をもってする革命」という、矛盾と逆説をはらんだ過程となった。この試みは、ある段階までは、漸進的だったからこそ現実的たりえたということができる（末期になると、漸進路線は非現実的と見なされるようになるが、それは後の話である）。統制が極度に強かった政治体制下でいきなり反体制的大衆運動が高揚するということはあり得ず、改革の音頭は「上から」とられるしかないが、そのような「上からの改革」は、事の性質上、最初からラディカルなものとはなり得ない。そういうものであっても、それが言論や集会の自由を拡大し、「下からの」運動を奨励する中で次第にエスカレートしていったという点が重要である。では、そうしたエスカレートが当初想定された「改革の限度」を超え、事実上の体制転換に行き着いたのはどうしてかという疑問が生じるが、その点は次節で考えることとし、そこに入る前に、ペレストロイカ末期の動向についてみておきたい。

ペレストロイカ末期（一九九〇－九一年）までくると、もはや旧体制の維持はほとんど問題にならなくなり、体制転換は不可避だということが大多数の人々の目に明らかとなった。しかし、それで全てが決まったわけではない。体制転換を不可避とした上で、それをどのような形で進め、どういう勢力が主導権をとるかが、この時期の選択となった。単純にいうなら、体制転換の二つの道として、「軟着陸」ないし「安楽死」という道を進もうとするか（ゴルバチョフおよびその周辺）、それとも、そのような道を拒否して、断絶と破壊を通じた体制転換を実現するか（エリツィンおよびその周辺）という選択である。

こうして、ゴルバチョフに象徴される「中道」路線（漸進的手法による革命）は、「漸進的」側面に対する急進派の批判と「革命的」側面に対する「保守派」からの批判の両者の間で股ざき状態となった。政権中枢への両翼からの激しい攻撃が高まる中で、政治闘争は一層昂進していった。ここには、現実政治における中道路線の困難性という問題が反映している。[*3] 政治的分極化の中で中道路線をとることは困難な隘路を進もうとするようなものであり、ある程度まで進展した後に、次第に支持基盤を痩せ細らせ、最終的挫折に至った。

なお、この時期には、もはや大衆運動のピークは過ぎていた。一時期活性化した大衆の政治意識は、当初新奇だった現象への慣れと飽和感覚、一種の「政治疲れ」などにとって代わられた。また経済情勢悪化の中で、多くの一般大衆にとっては、日々どうやって生き延びるかという問題の方が優先度が高くなり、政治参加への意欲は薄れた。そうした中で、最終局面の政治闘争は少数の政治エリートたちの間の権力闘争という性格を濃くするようになった。このことを念頭におくなら、「大衆運動がソ連を解体に追い込んだ」というのはあまり正確でない。ある時期、ある範囲で、大衆の政治意識活性化が見られたのは紛れもない事実であり、その意義を忘れるべきではないが、それがいつまでも持続したわけではなく、一九九一年にソ連解体という結果をもたらしたのはそれとは異なる次元における権力闘争だったことを見落とすこともできない。

2 社会民主主義的潮流の意義と限界

(1) ペレストロイカ拡大における「体制内改革派」の役割

前節ではペレストロイカが質的エスカレートを遂げる過程を概観したが、そこにおける一つの大きな疑問は、体制内の限定的な改良として始まった初期のペレストロイカが漸次的エスカレートを通じて、中期以降には事実上の体制転換へと性格を転じたのはどうしてかという問いである。紙幅の限られた小文でこの複雑な問題に十全な回答を出すことはできないが、とりあえず一つの仮説として、ブレジネフ期において事実上社会民主主義に通じる要素をもつ体制内改革論が兆しており、それが重要な役割を果たしたのではないかという問題について考えてみたい。

ブレジネフ期のソ連では、「プラハの春」鎮圧後のイデオロギー引き締め強化によって「異論派」の活動の余地は大きく狭められたが、いわばそれに代わるようにして、「体制内改革派」とも呼ぶべき潮流がさまざまな分野の社会科学者の間で生まれつつあった。[*4] 彼らは純然たる「反体制」――つまり、反社会主義とか反マルクス主義などの立場――ではなく、あくまでも「体制内」にとどまって社会主義の改革を目指す立場をとっていたが、そこにおける「社会主義」の内実は、次第にオーソドックスな共産主義というよりもむしろ社会民主主義的な解釈へと傾斜しつつあった。その代表例として、ペレストロイカ期にゴルバチョフ補佐官となるシャフナザーロフとチェルニャーエフの二人が挙げられる（この二人だけが突然変異的に登場したということではなく、後期ソ連の知識人の中にかなりの程度成熟しつつあった潮流が彼らによって体現されたということである）。ゴルバチョフ自身は、書記長になった時点でこうした立場に立っていたわけではないが、まもなくこの二人を補佐官とすることにより、そうした方向に次第に動いていったと見ることができる。

一般論として政治変動において構造要因と主体要因のどちらを重視するかという論争があり、長期的視点からは構造要因が重要だが、短期的には主体要因が重要だということがよく指摘される。ここまではいわば常識だが、ペレストロイカの場合、主要な役割を果たすアクターが短期的に入れ替わったという点が重要である。初期においてはゴルバチョフをはじめとする少数の最高指導部内改革派がクルーシャルな位置を占めたことはいうまでもない。そして初期から中期への進展においては、体制内改革派的な知識人たちが政治指導部の容認をうけつつ、また大衆的な支持を背景にもって、急速に影響力を拡大した。しかし、その後、ペレストロイカ末期に至ると、彼らの影響力は次第に低落し、ゴルバチョフとともに背景に追いやられた。このような短期変動があったため、かつての体制内改革派の果たした役割自体が今日では忘れられがちである。確かに、ソ連解体後まで見通した長期的展望の中でみるならば、ゴルバチョフも体制内改革派的な知識人たちも影響力を大きく低下させたから、彼らは所詮は過渡的な存在に過ぎなかったとして軽く扱う見方にはそれなりの説得力がある。しかし、そうした結果が起こりうるためにも、先ずもってペレストロイカ初期から中期にかけての動きが前提条件をなしていた。そうである以上、歴史としてペレストロイカを振り返る際には、やはり彼らの果たした意義を再確認しておく必要がある。ペレストロイカ末期以降については後で立ち返るとして、次項では、中期までのペレストロイカにおける変化の意味をもう少し掘り下げて考えてみたい。

(2) 共産主義の社会民主主義化という発想――その意義と限界

スターリン批判後における言論・思想の限定的自由化、一九六八年のチェコスロヴァキア介入後のイデオロギー的引き締め、その後も秘かに持続した異論や体制改革論といった流れは、当時は細々とした動きだったにしても、後の時代とのつながりで見過ごすことのできない意味をもっている。そうした非公認思潮はいくつかの傾向に分かれるが、ここで特に注目したいのは、社会主義的理想とリベラル・デモクラシー的発想および市場経済を結びつけようとする潮流であり、これは事実上の社会民主主義化論ということができる（ブレジネフ期に徐々に発酵しつつあった新しい思想潮流はこれだけに尽きるものではない。他の潮流については第3項で後述する）。

いうまでもなく、社会民主主義と共産主義は、ロシア革命以後、長きにわたって国際社会主義運動における対照的な潮流として対抗を続けてきた。ソ連の公式見解では、社会民主主義とは社会主義の裏切りを意味し、戦術的・一時的な提携はあっても本質的な同盟は考えられないというのがそれまでの常識だった。しかし、スターリン批判以後、数十年にわたる社会主義改革の試みが次々と挫折する中で、「社会主義」を社会民主主義的な方向に再解釈しようとする発想がソ連・東欧諸国のなかで徐々に登場した。

このような潮流が体制内から登場し得たのは、もともと社会主義理念に内在する「民主主義尊重」という建前があった上に、長年にわたる「ソヴェト民主主義」の実験がその空洞化を広く感じとらせ、かつて「ブルジョア民主主義」と呼ばれていたリベラル・デモクラシーへの接近を促していたという事情がある。また経済面では、一九六〇年代以降、種々の形での「市場メカニズム利用」が説かれ、特にハンガリーではその方向での改革が進められたにもかかわらず、これも限界にぶつかるという推移の中で、市場経済をより大胆に取り入れる必要性が感じ取られるようになった。これは、資本主義経済を大枠で容認しつつ、それに「社会主義的」な規制をかけるという発想であり、事実上、西欧的な社会民主主義への接近を意味した。

現存した社会主義諸国（いわゆる共産圏）における社会民主主義化路線は、見方によって「革命的」とも「改良的」とも評されうる両義性を持っている。伝統的・正統的な共産主義は社会民主主義と相容れないと考えれば、それを社会民主主義的方向に転換させようとするのは革命的な変化を意味する。他方、社会主義的な理念（平等、弱者保護、生存権保障など）に関しては両者に共通の要素があり、そうした目標そのものの全面否定ではないと考えるなら漸進的な変化ということになる。まさにこういう両義性があったからこそ、このような発想は体制内で全面的に排除されることなく、カムフラージュされた形においてではあれ一部エリート・知識人たちの間に浸透することができたし、遂には政治指導部にまで影響を及ぼすことができた。

こう考えるなら、共産主義の社会民主主義化路線は、体制変動を暴動・蜂起・瓦解などといった暴力的形態ではなく漸進的改革の形をとって平和裡に進めようとする路線だったということができる。ソ連におけるゴルバチョフ・ブレーンたちはその典型だが、東欧諸国でも多くの共産党内改革派はこのような志向性をもっており、実際、その多くは後に社会民主主義政党に転身した。より広くいうなら、ソ連・東欧諸国だけでなく、いわゆる先進諸国の共産党においても、既存の共産党のあり方に批判をいだく人たちの中から大なり小なり社会民主主義的方向への傾斜が繰り返し現われてきたのも、これと類似の意味を持つ。[*5]

暴力的変動・破局ではなく平和的で漸進的な変動の可能性を開くという意味で、こうした路線の登場には大きな意味があった。しかし、そのことは、この路線が現実的たり得たことを意味するわけではない。むしろ、ある程度進展した後に、この路線は重大な限界にぶつかり、後退を余儀なくされた。そこで、その過程に目を向けなければならない。

(3) 社会民主主義化路線の衰退

前項冒頭で、ブレジネフ期に徐々に発酵しつつあった新しい思想潮流には多様なものがあり、社会民主主義化志向はそのうちの一つだったと指摘しておいた。ペレストロイカ初期から中期にかけてゴルバチョフ指導部の改革急進化に大きく貢献したのが社会民主主義的潮流だったことから前項ではこれに特に注目したが、その後の時期まで見通していうなら、むしろそれ以外の潮流の存在が重要な意味をもつ。

その一つは、社会主義というものを全面的に否定し、私有化と資本主義を――それもネオリベラル的な解釈に立って――全面的に肯定しようとする立場である。これは旧体制下の正統教義の正反対であり、このような立場がブレジネフ期までのソ連で公然と説かれることはありえなかったが、逆にだからこそ、オーソドクシーに反感を抱く経済学者たちの間では秘かにこの種の発想が浸透していた。当時のソ連では出版・言論・思想の自由は厳しく統制されていたが、学者の世界では、「ブルジョア学問批判」の必要性から、欧米学者の著作が――特定機関に属する人だけしか読めないよう限定された形で――読まれており、それらを「批判するため」という名目で読む学者の中には、「実はこちらの方が正しいのではないか」という本音を隠し持つ人たちが増えつつあった。正統教義の制約の強い社会だからこそ、その正反対の立場が魅力的なものと映る状況が生まれていたのである。そうした観点からは、欧米の経済学のうちでも資本主義にある程度批判的な発想をいだく潮流は「社会主義に甘い」と見なされ、むしろ徹底した反共主義やネオリベラリズム的な立場の方が「これこそ真理だ」と受け止められた。このような発想は、ブレジネフ期はもとよりペレストロイカ初期にもまだ公然とは表出されなかったが、ペレストロイカ中期から末期にかけて言論界に登場し、急速に影響力を拡大した。[*6]いわゆる「ショック療法」――一挙の価格自由化、緊縮財政、福祉切り捨てなどといった政策――が一部の経済学者たちに強い影響を及ぼし、ソ連解体直後に短期間主流の座を占めたのは、IMF（国際通貨基金）をはじめとする外部からの圧力だけでなく、このような潮流が国内で成長していたからでもあった。

これとは対照的なもう一つの潮流として、「ネオ・スラヴ派」ともいうべき立場がある。これはブレジネフ期を通じてさまざまな形をとって次第に成長していた。「農村派」と呼ばれる文学者たち（アブラーモフ、シュクシン、ザルィギン、ラスプーチン、ベローフ、アスターフィエフ、モジャーエフら）はその有名な例だが、それ以外にも、大なり小なりこれと相通じる立場を持つ人たちは増大しつつあった。この立場は、共産主義を「西欧から持ち込まれた外来の思想」と見なして否定的に評価するという点では当時の公式イデオロギーと相容れないが（典型的にはソルジェニツィン[*7]）、共産党統治下でロシアが大国化したことを肯定的に評価するならネオ・スターリニスト的立場に接近するという、微妙な両義性を持っていた。それはまた、現状に批判的という限りで「改革派」に連なりうる面をもつが、他方では、むしろ過去志向という意味で「保守派」的でもあるという、どっちつかずの立場だが、むしろどっちつかずだからこそさまざまな人たちの心に漠然と訴えかけることができるという面があった。実際、このような発想は政治家・官僚・知識人・一般大衆を問わず、社会各層に秘かに浸透しつつあった。

いま述べたように、ネオ・スラヴ派的発想はそれ自体としては「改革派」的でもあり得れば「保守派」的でもあり得るという両義性を持ち、実際、ペレストロイカ初期には双方の種類のスラヴ主義が登場した。しかし、ペレストロイカ期における「改革派」の主流が西欧志向だったことから、これとの対抗上、スラヴ派の大勢はペレストロイカ後半からソ連解体後にかけて「保守的」傾向を強めることとなった。[*8]

このような勢力配置の中で、ペレストロイカ中期まで大きな役割を果たしていた社会民主主義化路線は、ペレストロイカ末期に至ると、一方における全面的資本主義化路線、他方における保守的スラヴ派という両極からの挟み撃ちにあい、急速に凋落した。ペレストロイカ中期における「改革」は、市場経済、リベラル・デモクラシー、社会的弱者への配慮を結びつけた社会民主主義の立場を主流としていたが、ペレストロイカ末期およびソ連解体後の「改革」は、何よりも市場原理を重視するネオ・リベラル的発想に立ち、社会民主主義を「まだ社会主義にこだわっている」として退け、リベラル・デモクラシー（経済自由主義と区別される政治的リベラリズム）については言葉の上だけ尊重しながら第二義的な位置に追いやるという発想が主流となった。そして、このような「改革」に対する抵抗の中心は保守的愛国主義が主柱となり、社会民主主義的な立場はどこにも居場所を見出すことができなくなったというのが、ソ連解体以降の状況である。[*9]

社会民主主義に共産主義への代替的な希望を見出そうとする人たちにとって、この状況は暗い。もっとも、そうした状況はロシア特有ではなく、アメリカでも日本でも社会民主主義は弱いということを思い起こすなら、特に異例な逸脱とは言えないのかもしれない。[*10] それはともかく、ここで確認しておくべきは、ソ連解体の意味したものはただ単に共産主義体制の終わりというだけではなく、その社会民主主義化の試みの敗北でもあったということである。裏返していうなら、そこで勝利したのは単に「資本主義一般」ではなく、社民的要素を否定し、ネオ・リベラル的経済政策と権威主義的政治とを結びつけた、いわば「粗野な資本主義」だった。

3 その後――「革命」は「裏切られた」のか？

前節末尾で指摘した事情は、体制転換後の旧社会主義諸国の出発点について考える上で見過ごせない意味をもっている。現状分析は本書の課題ではないが、これまで述べてきたこととのつながりで最小限のことを確認しておきたい。

ソ連解体から四半世紀余を経た今日、ロシアおよびその他の旧社会主義諸国の現状は、当時一部で思い描かれた理想的な市場経済・民主主義からは縁遠い。このことは広く指摘されているとおりであり、そこから革命（体制転換）の理想が裏切られたという見方も出てくる。しかし、そういう基準をとること自体が現実離れしているというべきではないだろうか。[*11] 絵に描いたような純粋の市場経済とか、非の打ち所のない立派な民主政治とかいったものは、いわゆる先進諸国でさえも存在していないし、いわゆる発展途上国ではなおさらである。理想としての市場経済・民主主義を基準にとるのではなく、「現存する資本主義」「現存するリベラル・デモクラシー」について考えるなら、そこには汚職、腐敗、政財官界癒着、各種の犯罪行為、汚い手法での集票活動等々の現象がつきまとうのが常である。かつて社会主義というものを理想視する観点から、「社会主義革命が起きたのに、どうしてソ連では理想に程遠い現実が起きているのか」と嘆いたり、幻滅したりといったことがよくあったが、今日、「体制転換があったのに、どうしてロシアの現実は理想に程遠いのか」と嘆くのは、それと似たところがある。革命であれ体制転換であれ、直ちに理想的な状態をもたらすという保証があるわけではない。むしろ、そうした一挙的変化による理想達成という幻想的発想をこそ克服する必要があるのではなかろうか。幻想的期待は容易に幻滅と絶望に転化するからである。

いま述べたのは一般論だが、ペレストロイカ末期からソ連解体にかけてのプロセスとの関連でいえば、前節末尾で述べたように、「改革」の主流が社会民主主義化路線からネオリベラル路線へと転じ、政治的リベラリズムが背後に追いやられた——リベラル・デモクラシーの制度自体は建前として保存されていても、実態としてはそれを空洞化する権威主義的手法が多用される——という問題がこれと重なる。経済政策上のネオリベラリズムはまもなく後退したが、その後も、《権威主義的傾斜をもった政治のもとでの粗野な資本主義化》という趨勢は一貫して持続している。マスコミ報道では、ロシア政治の権威主義化傾向がプーチン時代に突然始まったかに描かれることがよくあるが、リベラル・デモクラシー型政治制度の運用における権威主義への傾斜はプーチンに始まるわけではなく、エリツィン期に始まる。

もっとも、一九九〇年代と二〇〇〇年代以降とが単純に連続しているというわけではない。経済情勢の違い――エリツィン期における激しい低落から一九九〇年代末以降のバブル的高成長への転換――や巨大与党「統一ロシア」の誕生――日本の一九五五年における保守合同に匹敵する――をはじめとするいくつかの変化があり、そのことがエリツィン期とプーチン期を区別する背景となっている。そうした点は押さえておかねばならないが、いずれにしても政治的リベラリズム軽視の風潮が一九九〇年代に始まっていたこと、当時少なからぬ欧米専門家・アドヴァイザーなどがこれに加担していたことを見落とすわけにはいかない。現代の状況については別個の研究課題としなくてはならないが、ペレストロイカ末期からソ連解体にかけてのプロセスを正確に思い起こすことは、現在を深く理解するためにも不可欠の前提をなしている。

注

＊1　塩川伸明「ソ連はどうして解体／崩壊したか」村岡到編『歴史の教訓と社会主義』ロゴス、二〇一二年。

＊2　Archie Brown, *Gorbachev Factor*, Oxford University Press, 1996, p. 93（ブラウン『ゴルバチョフ・ファクター』藤原書店、二〇〇八年、二〇〇頁）、Archie Brown, *Seven Years That Changed the World*, Oxford University Press, 2007, pp. 18, 20, 188.

＊3　簡略ながら、塩川伸明『冷戦終焉20年――何が、どのようにして終わったのか』勁草書房、二〇一〇年、一三九－一四一頁参照。永らく党機構で勤務した著者による示唆的な指摘として、Леон Оников. КПСС: анатомия распада. Взгляд изнутри аппарата ЦК. М., 1996, с. 87-88.

＊4　塩川伸明『現存した社会主義――リヴァイアサンの素顔』勁草書房、一九九九年、四一一－四一三頁。ブレジネフ期のイデオロギー状況については別個に検討の必要があるが、同時代における先駆的な分析の試みの例として、Рой Медведев. Книга о социалистической демократии. Амстердам/Париж, 1972（ロイ・メドヴェーデフ『社会主義的民主主義』三一書房、一九七四年）を挙げておく。

＊5　一口に「社会民主主義」といっても多くの潮流に分かれるが、本書ではそうした問題には立ち入らず、敢えてごく緩やかに、いわば最広義の意味でこの語を使っている。ごく大ざっぱに考えるだけでも、二〇世紀前半におけるる社会民主主義（共産主義とは袂を分かつにしても、マルクス的社会主義の系譜に属するものが主流）、第二次世界大戦後の西欧で強まった潮流（マルクス離れを明確にし、資本主義経済を大枠で受け入れつつ、その政策的修正を志向）、一九八〇年代以降に強まった新潮流（それまでの社会民主主義よりも一層自由主義的傾斜を強めた）などの間には大きな差異があるし、これらのそれぞれは更にいくつかの流派に分かれる。しかし、ソ連の中で社会民主主義的発想が徐々に萌したという場合、具体的にどういう形をとるかという点にまで考察が深められることはなく、とにかく従来の正統共産主義から離れて自由と民主主義を重視するが手放しの資本主義賛美には抵抗を覚えるといった程度の漠然たる理解が主流をなしていた。本章でいう「社会民主主義」的傾向とはこうした発想を念頭においている。

＊6　ガイダル、シャターリン、ピヤシェワといった経済学者たちは、ペレストロイカ中期以降にしばしばこの種の発想を表出した。

＊7　ソ連国内にとどまった人たちの中でも、数学者のシャファレヴィチ、文芸批評家のコージノフらはこれと同様の立場をとった。

＊8　とりあえず、塩川伸明「現代ソ連の思想状況――ネオ西欧派とネオ・スラヴ派」日本国際問題研究所『ソ連研究』第九号（一九八九年）参照。

＊9　ソ連解体後のロシアでつくられたいくつかの社会民主主義政党――そのうちの一つはゴルバチョフを議長として

いた――は、どれも泡沫政党以上の存在になることができず、二〇〇七年には政党登録要件厳格化に伴ってその資格を失った（二〇〇六年発足の「公正ロシア」はある程度社会民主主義的な色彩を帯びているが、これまでのところ本格的な社会民主主義政党になってはいない）。

＊10　全世界的に見るなら、何らかの意味での社会民主主義――「何らかの意味の」という修飾語句をつけることについては前注5を参照――が有意性を保持しているのはヨーロッパ諸国だけであり、ヨーロッパの方が特殊なのかもしれない。本章初出後の状況まで念頭におくなら、そのヨーロッパでさえも社会民主主義は凋落し、その空隙をポピュリスト政党が埋めるという情勢が生じている。

＊11　「自由への渇望」「市民社会の成長」が挫折した、もしくは裏切られた、というたぐいの論評がしばしばなされる。しかし、そもそも「自由への本物の愛」が持続することは滅多にないというトクヴィルの指摘を思い起こすべきである。Alexis de Tocqueville, *The Old Regime and the French Revolution,* (tr. from the French), Gloucester, Mas.: Peter Smith, 1978, p. 168（トクヴィル『アンシアン・レジームと革命』講談社学術文庫、一九九七年、三六九頁）。塩川『現存した社会主義』五三九―五四〇頁も参照。

第5章　ペレストロイカおよび冷戦終焉に関する最近の研究動向
――トーブマンのゴルバチョフ伝とサーヴィスの冷戦終焉論を中心に

はじめに

　ソ連末期のペレストロイカ（建て直し＝改革）および冷戦終焉の時代から約三〇年もの時間が経った。かつてはホットな同時代的評論や現状分析の対象だった出来事も、今や距離をおいた歴史研究の対象となりつつある。とはいえ、つい最近まで多くの人の胸を騒がす話題だっただけに、今なお冷静な分析は容易ではない。各種資料も徐々に整備されつつあるものの、本格的歴史研究にとって十分と言える状況にはない（もっとも量的には既に膨大な資料が参照可能になっており、それらを丹念に分析する作業はそれだけでも多大の労力を要するが[*1]）。

　そうした中で、この時代を歴史として振り返る著作も徐々に現われつつある。ここで取り上げるウィリアム・トーブマンのゴルバチョフ伝とロバート・サーヴィスの冷戦終焉論はその代表例である[*2]。一方は八五〇頁、他方は六五〇頁という大冊であり、それぞれのテーマに関する決定版たらんという抱負をもって書かれたように見える。そうはいっても、あまりにも巨大なテーマであるだけに、これでもって全体像が描かれたと言えるかといえば疑問の余地がある。私自身が同種の課題に取り組んでいるために辛すぎる評価に傾くかもしれないが、読んでいて隔靴掻痒の感を免れないというのが率直な印象である。もっとも、そう言ってしまうだけではあまり生産的でない。両著からできる限り多くのものを学びつつ、なおかつ物足りないという感覚が生まれるのはどうしてかを考えてみたい。

1　トーブマンのゴルバチョフ伝について

先ず、トーブマンのゴルバチョフ伝を取り上げてみよう。本書の特徴は何よりも伝記という性格に徹している点にある。主人公が主人公であるだけに、個人を通して時代を描くという面もあるのは当然だが、「その人生と時代」という副題のうち、「人生」の方に圧倒的な力点があり、「時代」の方はそれほど深く掘り下げたものという印象を受けない。

本書では、ゴルバチョフおよび彼とさまざまな関わりをもった人々の相互関係や主要人物の性格、個々のドラマティックな出来事のディテイル、そのときどきのゴルバチョフの具体的な振る舞いや気分などが相当詳しく描き出されている。例示するなら、中央に出る前の若き日のゴルバチョフについて、郷里スターヴロポリを訪れてかつての知人たちの話を聞くなどして、厚みのある記述を行なっている。ゴルバチョフがソ連の最高指導者だった時期については当然ながら数多くの出来事が取り上げられているが、たとえば米ソ首脳会談における儀礼的な側面とかファーストレディたちの相互関係

――ライサ・ゴルバチョヴァはナンシー・レーガンと長らく冷たい関係で、最終段階でようやく和解したのに対し、バーバラ・ブッシュとは最初から暖かい関係だったなど――等が特に詳しく描かれている。引退後の時期についても、本人および関係者たちへのインタヴューに基づいて、妻ライサの死去や娘イリーナの家庭生活を含め詳しい記述を行なっている。これらの記述は、これまで「定番」的位置を占めていたアーチー・ブラウンのゴルバチョフ論[*3]に比べても相当詳しい。

こうした、いかにも伝記らしい細かく具体的な記述は、大量のインタヴューに負っている面が大きい。著者自身がゴルバチョフをはじめ多くの関係者に会って話を聞いているほか、BBCによる多数のインタヴュー記録なども多用されている。また、関係者の回想や日記類も重視されている。特に、ゴルバチョフの補佐官だったチェルニャーエフの日記は多用され、あれこれの時期におけるゴルバチョフの心境や具体的振る舞いに関する記述の主要典拠とされている。[*4]他面、それ以外の文献資料は、もちろん多数のものが参照されているとはいえ、これまでに刊行された膨大な文献の全体からいえばごく一部の利用にとどまる。あまりにも多くの文献がある以上、その一部しか使っていないのはやむを得ないことであり、単純に批判できることではないが、とにかくこれでもって十分というわけでないことは押さえておかねばならない。

いま述べたように伝記的側面に関する記述が厚いのは本書の強みだが、その反面、社会全体の構造的分析はあまり深みがなく、歴史の大きな流れに関する把握はわりと常識的――ここで「常識」とは、欧米における通説的な観念に沿ったものの意――という印象を受ける。その面に着目するなら、本書は当時のソ連の社会および政治に関する本格的な研究書というよりは、むしろどちらかというとジャーナリスティックな著作、あるいは厚めの概説書という性格の本ではないかという感想が浮かぶ。[*5]

欧米における通説的な観念ということをやや敷衍するなら、以下のようになる。ソ連社会主義の「誤り」と欧米の自由民主主義および資本主義の「正しさ」という対比を自明の前提とし、リベラル・デモクラシー化と市場経済化をあるべき「改革」の方向性と想定し、それを推進する勢力を「改革派」もしくは「リベラル」、それに抵抗する勢力を「保守派」と呼び、前者と後者を善玉・悪玉論的に対比するのが基本構図となる。そして、ソ連の政治家・官僚の大半は「保守派」であり、ごく少数のリベラル派がこれに対峙していたとされる。そうした対抗図式の中で、ゴルバチョフは大まかな意味ではリベラルの方向に向かいつつも、いくつかの点で不徹底であり、また保守派に妥協的で、しばしば動揺していたとされる。またエリツィンについては、政治的立場としては急進改革派（リベラル）に近いが、虚栄心、気まぐれ、大酒癖などといった個人的問題があったとされる。ゴルバチョフもエリツィンも無条件には評価できない中で、一貫した「リベラル」（＝善玉）はごく少数――それぞれの論者の好みに応じてヤコヴレフ、サハロフ、チェルニャーエフらの名が挙げられる――ということになる。もちろん、論者によってあれこれのニュアンスや力点の置き方の差異はあるが、[*6]ごく大きな意味ではいま記したような図式が大多数の観察者の暗黙の前提となっており、トーブマンもその点に疑いを示していない。

このことを批判的に記すからといって、欧米で優勢な観念が全面的に間違っているなどという極論を説こうというのではない。経済システムの効率性に関していえば、指令経済よりも市場経済の方に軍配が上がったこと——だからといって市場経済が万能で無矛盾というわけではないという留保も必要だが——は明らかである。また、「民主主義」についていえば、「ソヴェト民主主義」とリベラル・デモクラシーはどちらも形骸化の可能性を含むとはいえ前者の方がより形骸化の度合いが甚だしかったことも明白である。そう考えるなら、市場経済化とリベラル・デモクラシー化を大きな改革の方向性として考えること自体に問題があるわけではない。だが、それだけでは片付かないいくつもの問題がある。

先ず一般論として、リベラル・デモクラシーと資本主義経済とは、一方が他方を促進するだけでなく、時として鋭い緊張関係をはらむという微妙な関係があることを想起せねばならない。[*7] そのことと関係して、欧米その他の諸国に現存しているリベラル・デモクラシーにせよ資本主義にせよ、教科書的な純粋形で作動しているわけではなく、さまざまな多様性や変動を被っていて、どこかに「これが模範だ」といえるものがあるわけではない。

そうした一般論はさておくとして、社会主義改革の現実的過程に即して考えるなら、経済改革と政治改革はしばしば重ね合わせて考えられがちだが、実は必ずしも調和的関係にあるわけではなく、むしろ深刻な緊張関係をはらむという点が重要である。市場導入を軸とする経済改革は、長期展望としてはともかく短中期的には物価上昇、失業、所得格差拡大といった副産物——いわば「痛み」——を伴う。それが大衆的反撥を招くのは見やすい理だが、そうした抵抗を押し切って経済改革を進めることと政治的民主化とは、控えめに言ってもあまり両立しやすくない。大衆の間に経済改革の「副作用」への反撥があって必ずしも「改革支持」一色とは限らない一方、官僚の側の態度も一義的ではなく、必ずしも常に「保守的」とは限らない。たしかに旧来の経済管理システムに適合してきた官僚たちは、それが揺るがされることに抵抗しておかしくないが、いったんある程度以上の変化が進行し出すと、それに巧妙に適応して「新しいブルジョアジー」に転生するということもある。実際、結果的に少なからぬ部分がそうなり、政治改革を後回しにした経済改革の果実を手にするという様相を呈した。

また、政治的統制の緩和と自由化の進展はさまざまな社会的利害の衝突を噴出させ、各種紛争の続発、犯罪増大、そして社会秩序全般の解体傾向を招き、「強い腕」への願望を生み落とした。こうした秩序回復志向はしばしば「保守的」と呼ばれるが、それはイデオロギー的な意味での保守とは異なり、むしろ非イデオロギー的な「普通の権威主義」に近い性格をもつ。一つの象徴例として、チリのピノチェト――アジェンデ社会主義政権を暴力的に倒して、権威主義的支配のもとで自由市場政策を推進した――を範とする議論がソ連最末期からソ連解体直後にかけてのロシアで広がったことが挙げられる。

こうしてペレストロイカ後期における政治的分岐は「改革派」vs「保守派」という単純な図式には到底おさまらない複雑な構造で展開した。そこに「リベラル」「保守」というアメリカ政治固有の図式を当てはめるのは、控えめに言ってもかなり無理がある。しかも、「リベラル」「保守」図式が他の諸国に使われる際にはどちらか一方が全面的に正しいといった安易な価値判断は控えられるのが通例であるのに対し、ソ連に関しては《リベラル＝進歩的＝善玉、保守派＝反動＝悪玉》といった価値判断が安易に前提されやすいという点も指摘しなくてはならない。こうした問題はこれまで全く気づかれていなかったわけではなく、何人かの研究者はそれぞれに異なる観点から、大なり小なりそうした問題に迫ろうとしてきた。その作業はまだ十分な結実を見たといえる段階にはないが、とにかくいくつかの試論が提起されている。[*8] それらに比した場合、トーブマン著は伝記的側面は詳しく豊富であるものの、分析としての深みという点では物足りないと言わないわけにはいかない。

いま挙げた問題を考える上で重要なのは、当初はささやかな体制内改良から始まったペレストロイカが次第にエスカレートし、事実上の体制転換を意味するようになった一九九〇年−九一年の時期に、どのような新しい問題――ここで「新しい」とは、旧来の社会主義体制から生じたものの延長というよりも、むしろある程度の改革が進行したが故の新しい矛盾という趣旨――がどのように展開し、最終的な解体に至ったのかというプロセスの解明である。ところが、全八五〇頁におよぶトーブマン著のうち、この時期に割り当てられているのは一五〇頁だけである。次から次へと目まぐるしい変動の起きたこの時期について、これだけの紙数では上っ面をなでる以上のことは期待できない。これは本書だけの問題ではなく、これまでに書かれた大半のペレストロイカ論に共通する問題である。

2　サーヴィスの冷戦終焉論について

次にサーヴィスの冷戦終焉論を取りあげてみよう。トーブマン著が内政と外交を等分に扱っているのに対し、サーヴィス著は外交面に集中している。少数の政治家や外交官などに関心を集中し、彼らやその補佐官たちの日記・メモ類・回想・インタヴューといった資料に依拠して、個々人がどの時点で何をどのように考えていたかを詳しく追っている点は両著共通だが、トーブマンがゴルバチョフに圧倒的な力点をおいているのに対し、サーヴィスは米ソ両国の首脳および外相を主人公とし、レーガン、ゴルバチョフ、シュルツ、シェワルナゼの四人を「ビッグ・フォー」（レーガンの後を継いだブッシュは「第五の男」）としている。ロシア・ソ連史専門家の手になる作品でありながらアメリカ外交の内情にもかなり立ち入っている点も眼を引く。

サーヴィス著の最大の特徴は、相対的に早い時期に非常に大きな力点をおいている点にある。副題は「一九八五－一九九一年」となっているが、実際にはレーガンが大統領になった一九八一年から始まり、一九八八年までの時期に本文の四分の三の紙幅を割いている。逆にいえば、一九八九年以降に割り当てられている紙数は比較的小さい。このような特異な重点配分にはそれなりのメリットがないわけではない。ゴルバチョフ政権初期、特に一九八七年頃までの時期には「ペレストロイカ＝改革」のかけ声にもかかわらずあまり本格的な変動が起きていなかったというのが常識的見方だが、その後の大変動はこの頃に秘かに準備されつつあったという面がある。このことは内政よりも外交において、よりよく当てはまるから、外交史の書物がこの時期を重視するのには意味がある。特に、中距離核戦力（ＩＮＦ）全廃条約締結に至る過程の叙述は詳しく、有用である。また、当時非公開だった種々の資料により、指導部レヴェルの内部討論では早い時期から後につながる議論が始まっていたことを窺うことができるのも利点である。これまであまり気づかれていなかったそうした側面を明らかにしたのは、本書の功績といえるだろう。

そういうわけで比較的早い時期を重視するのにはそれなりの意味があるということを認めるにしても、一九八九年以降を軽く扱うのはやはりバランスを失した観が否めない。一九八九年から九〇年にかけては、ペレストロイカの急進化、東欧諸国の激動、ベルリンの壁開放、マルタ会談、湾岸戦争、そしてドイツ統一と息もつかせぬ大変動が続き、これが常識的に冷戦終焉過程のピークと見なされているのは当然である。サーヴィス著ではこの時期におよそ一〇〇頁が割り当てられており、部分的には新資料に基づいた具体的な叙述もある程度交えられているが、その時期に起きた変動の多彩さを思うなら、そしてかなりの量にのぼる類書と比べても、わりと軽い扱いにとどまっているという観は否めない。[*9] そして、ソ連最後の年である一九九一年に至ってはわずか一四頁しか割り当てられておらず、多くの重要事項に触れないままに終わっている。もし著者が冷戦終焉過程のクライマックスは一九八七／八八年頃までだと考えているのならこのような重点配分も自然かもしれないが、そうした考えが明示されているわけでもない。前の時期に精力を集中したために後の方は息切れしたのではないかという気がしてくる。

もう一つの問題は、関心が少数の政治エリートに集中している点に関わる。外交という分野は内政や経済に比べ、トップエリートによって動かされる度合いが高いから、このようなアプローチが正当化される余地は確かにある。それにしても、そうしたトップエリートたちがどのような環境のもとで動いていたのかという問題への踏み込みが弱いという観は否めない。外交史の書である以上、内政への注目が低いこと自体はやむを得ないが、ときおりみられる内政への断片的言及はおざなりであり、ところによっては明らかに不正確だったりする。[*10] また、歴史の大きな見取り図のようなものについて断片的に示唆した個所もいくつかあるが、この点では、トーブマン著と同様、欧米における通説的な観念に寄りかかっていて、それを批判的に再検討しようという姿勢に乏しい。

とにかくサーヴィスは政治エリートたちがあれこれの時点で何を考えていたかという問題を重視しており、その際、当事者たち——大統領や外務大臣だけでなく、その側近たちを含む——の私文書やインタヴュー・回想類を活用している。これはさまざまな出来事の舞台裏を明らかにする意味をもち、この点でかなり具体的でリアルな像を出しているのは一つのメリットである。とはいえ、この点でも疑問の余地がないわけではない。ある当事者の残した資料から浮かび上がる像は、あくまでも「その人の眼からはそう見えた」ということであって、他の当事者の観点からは別の見方もあるはずなのに、そうした多角的な突き合わせはあまり丁寧に行なわれていない。その結果、ところによっては見方がやや一面的になっているのではないかという懸念をいだかされる。[*11] また、その時点で書かれていた日記やメモ類と並んで、後年の回想やインタヴューも多用されているが、当事者が後になって語ることには当然ながら自己正当化とか弁明といった要素がつきまとう。自分は先見の明を持つ「改革派」だったが、他の人たちは「頑迷固陋な保守派」ないしせいぜい「日和見的な中間派」だったというような描き方になりやすい。そうした資料を利用する際に必要な資料批判の精神がやや弱い観があり、そのことと関係して、さまざまな当事者間の対抗が過度にくっきりした形で描き出されているという印象を受ける。著者が自分で見つけた資料の紹介を重視するあまり、それ以外の資料とかそれらを活用した既存研究との突き合わせをあまりきちんと行なっていないことも、そうした懸念を強める。[*12]

以上に見てきたようにサーヴィス著には種々の問題点があるが、そうした点を押さえた上で批判的に読むなら、比較的早い時期の米ソ関係を当事者たちの動きに密着して、当時は表に出ていなかった思惑を含めて知ることができるという意味では、それなりに有用な書物ではあるだろう。[*13]

3　ペレストロイカおよび冷戦終焉研究の現段階と課題

以上、二つの書物を中心としながら、ペレストロイカおよび冷戦終焉に関わる最近の研究動向を検討してきた。冒頭に述べたように、この時期に関わる資料類は十分とはいえないまでも量的には膨大な規模にのぼり、それらを活用した歴史的研究も徐々にあらわれ始めている。とはいえ、これは研究対象としてあまりにも巨大であること、少し前までホットな論争対象だったばかりか間接的には今日の国際政治にも影を投げかけているために今なお価値評価論争から自由でなく、どのような論じ方をしてもある種のバイアスを免れがたいこと、そして資料や情報もいろんな角度からのものが入り乱れる形であふれていることなど、研究上の困難も大きい。この小文では、そうした状況をある程度整理することで、今後の研究のためのささやかな道しるべを立てようとを試みたが、最後に、今後の研究の展望についての若干の思いつきを述べてみたい。

本章で取りあげた二つの著作は、成否は別として著者たちの狙いとしては包括的な歴史叙述を目指したものという点で共通する。これに対し、今後の研究は、時期・地域・論点のいずれについてももっと狭く主題を絞った個別研究が中心になっていくことと思われる。主題の広大さ、そして各国・各地域ごとの動きの多彩さを思うなら、それは当然のことである。しかし、一つ一つの研究があまりにも狭いテーマに特化していくなら、それらを統合する観点が見失われるということになりかねない。いまや独立国となった旧ソ連諸国についていうなら、既に各国ごとに特化した研究が出始めているが、それらが相互関係を持つことなくばらばらに進むなら、当時はそれらが「ソ連」という一つの国の中で密接な相互関係を持って存在していたのだという単純な事実も見失われかねない。一般に個別専門研究の細分化と総合的視野の確保をどう両立させるかは困難な課題だが、何とかして共同の作業を通してその課題に迫っていく必要があるだろう。

地域ごとの多彩さと並んで、もう一つの問題は、わずか数年のこととはいえその間の短期変動が目まぐるしく、短い時期ごとに基本構図の大きな変容が生じていて、その総過程を視野に収めるのが困難だという点にある。既存の多くの研究は、比較的早い時期に注意を集中し、その時期に関するイメージを遅い時期にも投影する傾向がある。本章のこれまでの部分でも触れたように、ペレストロイカ末期たる一九九〇－九一年の過程を細かく追った研究はこれまでのところ至って乏しい。[*14] 同時代的記憶としても、ベルリンの壁開放やマルタ会談あたりまでは熱気のこもった報道がラッシュ状態で、それらをめぐる評論や現状分析の試みも山のようにあったのに対し、その後はやや熱気が下がったような印象がある。一つには、「既に峠を越えた」という漠たる感覚が広まったこと、もう一つには、ソ連各地で混沌たる動きが拡大して、それらを広く視野に入れることが困難になったことなどが主な理由として挙げられる。もちろん、その後もしばらくの間「ソ連はどこへ行くのか」という問いはジャーナリズムの関心を集めていたが、それは一九八九年までのような熱い期待感のこもったものではなくなり、むしろ幻滅感の濃いものが基調となった。それは九一年八月のクーデタおよび年末のソ連解体によって一層強められた。それから時間を隔てて、いまや歴史としての取り組みが始まりつつあるが、そこにも当時における感覚の名残のようなものが作用しているように思われてならない。しかし、そうした変化を踏まえて、末期まで含めた総過程を振り返らなくては全体像がつかめないことはいうまでもない。

いくつか断片的な思いつきを記したが、ペレストロイカおよび冷戦終焉の過程は少しずつ歴史に入りつつあり、それにふさわしい歴史研究も徐々に本格化する段階にさしかかっているといえよう。

注

＊1　文書館資料の公開状況について、やや古いが、塩川伸明「ソ連解体の最終局面――ゴルバチョフ・フォンド・アルヒーフの資料から」『国家学会雑誌』第一二〇巻第七＝八号（二〇〇七年）、八六－八七頁および一三九頁の注1参照。

＊2　William Taubman, *Gorbachev: His Life and Times*, Simon & Schuster, 2017(初稿執筆後に邦訳が現われた。トーブマン『ゴルバチョフ――その人生と時代』上・下、白水社、二〇一九年)；Robert Service, *The End of the Cold War*, 1985-1991, PublicAffairs, 2015.

＊3　Archie Brown, *The Gorvachev Factor*, Oxford University Press, 1996（ブラウン『ゴルバチョフ・ファクター』藤原書店、二〇〇八年）。

＊4　トーブマンが大いに依拠しているチェルニャーエフの日記は、そのあちこちの部分が А. С. Черняев. Шесть лет с Горбачевым. По дневниковым записям. М., 1993（チェルニャーエフ『ゴルバチョフと運命をともにした2000日』潮出版社、一九九四年）に引用されているほか、А. С. Черняев. 1991 год. Дневник помощника Президента СССР. М., 1997 および А. С. Черняев. Совместный исход. Дневник двух эпох. 1972-1991 годы. М., 2008 という単行本としても刊行されている。これらは確かに貴重かつ興味深い資料だが、あまりにもあちこちで繰り返し言及されているため、ややこれに負ぶさりすぎとの観もある。また、日記としての性格上、その日によってかなり異なる印象を与える記述があったりするが、著者の利用の仕方はどこまでその全体を踏まえているのか疑問がなくもない。

＊5　ジャーナリストによるペレストロイカ論は無数にあるが、中でも分厚く、代表的な位置を占めるものとして、デイヴィッド・レムニック『レーニンの墓――ソ連帝国最後の日々』上・下、白水社、二〇一一年がある。しかし、この本は独自な発見をあまり多く含んでおらず、アメリカにおける通念に沿った常識的見解をまとめあげたものという

性格の書物で、研究者の立場からはあまり評価できない（私のホームページ上に短評を載せてある。http://www7b.biglobe.ne.jp/~shiokawa/shortreview/Remnick.pdf）。トーブマンはこれよりはきめ細かく、より優れた作品となっているが、それでも全体としての印象はレムニックとそれほど大きくは異ならない。なお、トーブマンの邦訳書に付された用語解説には、人民代議員大会がソ連全体だけでなく各共和国でも設置されたとの事実誤認がある（実際には、一五共和国のうち人民代議員大会を設置したのはロシア共和国のみ）。

＊6　特に議論が分かれているのは、ゴルバチョフとエリツィンのどちらを相対的に高く評価するかという点である。相対的にエリツィンに好意的な代表例はコルトン（Timothy J. Colton, *Yeltsin: A Life*, New York: Basic Books, 2008）であり、ゴルバチョフに好意的な代表例はブラウン（前注3の著作の他、Archie Brown, *Seven Years That Changed the World: Perestroika in Perspective*, Oxford University Press, 2007）である。このどちらとも異なる特異な見解を出した例として、ハフの著作（Jerry F. Hough, *Democratization and Revolution in the USSR, 1985-1991*, Washington, DC.: Brookings Institution Press, 1997）もある。ブラウンとハフの対比について、塩川伸明「二つのゴルバチョフ論」上・下（東京大学出版会『UP』一九九九年一月号、二月号）参照。トーブマンの場合、ゴルバチョフに密着した著作であるだけに、「限界はありながらも精一杯よくやった」「主観的には善意だった」といった感じの同情的評価が各所に見られ、ブラウンほどではないにしても相対的に親ゴルバチョフ的である。

＊7　R・A・ダール『デモクラシーとは何か』岩波書店、二〇〇一年の第一三章は「資本主義市場経済はなぜデモクラシーに有利なのか」、第一四章は「資本主義市場経済はなぜデモクラシーを阻害するのか」となっていて、この二面性を論じている。また、資本主義と民主主義の緊張の高まりを強調する近年の議論として、ヴォルフガング・シュトレーク『資本主義はどう終わるのか』河出書房新社、二〇一七年。

＊8　これまでに言及したブラウンやハフの他、Stephen Cohen, *Soviet Fates and Lost Alternatives: From Stalinism to the New Cold War*, Columbia University Press, 2009; Gordon Hahn, *Russia's Revolution from Above, 1985-2000:*

Reform, Transition, and Revolution in the Fall of the Soviet Communist Regime, Transaction Publishers, 2002; Henry E. Hale, *The Strange Death of the Soviet Union: Nationalism, Democratization, and Leadership*, Harvard University Press, 1999; id., *The Foundations of Ethnic Politics: Separatism of States and Nations in Eurasia and the World*, Cambridge University Press, 2008 など。

*9　一九八九–九〇年の大変動については膨大な文献がある。とりあえず、本書第6章の注12参照。

*10　たとえば、代議員グループ「ソユーズ」の登場を一九八九年の第一回ソ連人民代議員大会時としていたり（正しくは一九九〇年二月）、「人民代議員大会」とすべきところを「最高会議」と記していたり、文書館の名称の誤記をはじめとする資料利用上の不注意があったり、等々。

*11　サーヴィスが最も多用しているのはシェワルナゼ外相の部下たち（アダミーシン、カターエフ、コヴァリョフ、ステパーノフ＝ママラゼら）の文書であり、そのためシェワルナゼ個人への思い入れが目立つ記述になっている。

*12　ロバート・イングリッシュのサーヴィス著への書評（*Russian Review*, Vol. 76, No. 4, October 2017）は、同じテーマを研究する人間としてのライヴァル意識があるせいか、やや辛きに失する観があるが、この点に関わる問題点を指摘している。

*13　冷戦の終焉というテーマについては別個の検討対象としなくてはならない。とりあえず私なりの大づかみな見取り図を出そうと試みたのが本書第6章である。

*14　遅い時期に力点をおいた著作がいくつかないわけではない。Mary Elise Sarotte, *1989: The Struggle to Create Post-Cold War Europe*, Princeton University Press, New and revised edition, 2014 はベルリンの壁開放を大団円とするのではなく、むしろその後にどのような国際秩序が生み出されたかの検討が重要だとの認識に立って、一九九〇年における複雑な国際的駆け引きを追求している（邦訳としてメアリー・サロッティ『1989――ベルリンの壁崩壊後のヨーロッパをめぐる闘争』上・下、慶応義塾大学出版会、二〇一九年があるが、誤訳・不適訳が多く、安心して

依拠することができない）。また、ソ連最後の数ヶ月の過程をウクライナに重点を置きつつ描いた作品として、Serhii Plokhy, *The Last Empire: The Final Days of the Soviet Union*, Oneworld Publication, 2014がある。ジャーナリストの観点からソ連最後の日々を詳しく描写した作品として、Conor O'Clery, *Moscow, December 25, 1991; The Last Day of the Soviet Union*, Transworld Ireland, 2011もある。これらはそれぞれに興味深いものをもつと同時に、疑問点もあり、別個に検討する必要がある（サロッティ著については、書評的エッセイを私のホームページにアップロードしてある。http://www7b.biglobe.ne.jp/~shiokawa/notes2013/Sarotte1989.pdf）。

第6章　冷戦の終焉過程——冷戦史再考の試み

はじめに

冷戦終焉から約三〇年の時間が過ぎた。もっとも、地域によってはまだ冷戦は終わっていないのではないかとか、一定の時間を隔ててから「新しい冷戦」が始まったのではないかといった見方もあることを思えば、冷戦終焉の意味は一義的ではない。それにしても、一九八〇年代末－九〇年代初頭に進行したソ連のペレストロイカ（建て直し＝改革）、その急進化の中での事実上の体制転換（脱社会主義化）、東欧諸国の激動、ベルリンの壁開放、マルタでの米ソ首脳会談、ドイツ統一、そしてソ連解体といった一連の出来事が多くの人々に「とうとう冷戦は終わった」という感覚をいだかせたことは歴史的事実である。

そのことによって、それまで現状分析の対象だった冷戦は今や「近い過去」とみなされるようになり、歴史としての冷戦研究が盛んになってきた。それ以前からも、冷戦の開始およびその後の変容に関する歴史研究はある程度取り組まれていたが、一九九〇年代以降は、冷戦全体が始点と終点を持った一時期とみなされるようになり、その全体を見通す冷戦史論が活発になった。

私自身はもともと内政中心で研究を続けてきて、外交や国際関係にはあまり取り組んでこなかったが、主要テーマとしてソ連国家解体過程の研究を進める中で、冷戦終焉過程の問題を視野から外すことはできないことから、最近はその問題にもある程度取り組むようになってきた。もっとも、外交・国際関係は私の本来の専門ではないし、膨大な量の関係文献を短時間で消化しきることもできないので、本章の議論はかなり精度の低いものとならざるを得ない。そうではあっても、この間考えてきたことを一つの試論としてまとめて読者の批評を仰ぐことにはそれなりの意義があるのではないかと考えるに至った。以下、なるべく大きな見取り図を描くことに力点をおいて、試論を提示してみたい。

1　冷戦の基本性格およびその変容

(1)「古典的冷戦」のイメージ

本章は冷戦の終焉過程を主たる考察対象とするが、その前に「そもそも冷戦とはどういうものだったのか」という問題について、簡略にではあれ一応考えておく必要がある。[*1]「冷戦とは何か」という問いに対しては、①イデオロギー対抗およびそれと密接に関係した体制間選択（資本主義 vs 社会主義）[*2]の問題と、②「超大国」を中心とする世界的規模での地政学的・軍事的対抗という二点が最重要のファクターだと答えるのが一般的な常識であり、そこまではほぼ問題がない。もっとも、丁寧に考えるなら、「超大国」以外の諸国や国際機関および非政府団体の役割とか、①②で主に問題とされる政治・軍事・外交・経済以外の社会・文化的ファクターのもつ意味等々の問題もあるが、それらはイデオロギーおよび地政学的対抗の圧倒的な影響下におかれ、その陰に隠れていたというのが古典的冷戦のイメージだった。

その上で考えなくてはならないのは、イデオロギー対抗の側面と地政学的対抗の側面の関係をどう捉えるかという問いである。両側面が密接に絡まり合っていたことは明らかだが、その絡まり合い方をどう解きほぐすか、また比重の重さをどう測るかが大きな問題となる。この点については諸説あるが、ここで考えてみたいのは、両者の比重の重さは歴史的に変化したのではないか、そしてその変化が冷戦終焉およびその後の経緯にも影響したのではないかという仮説である。

さかのぼっていうなら、イデオロギー対抗および体制間選択の問題は一九一七年のロシア革命とともに始まったともいえる。その側面を重視するなら冷戦は第二次世界大戦後ではなくロシア革命直後に始まったという見方さえもあり得ないではない。しかし、それはいくつかの点で適当でない。そもそも両大戦間期においてはソ連は圧倒的に孤立しており、「地球の大きな部分を率いる一陣営の盟主」というような位置を占めてはいなかった。世界におけるソ連の地位がそのようなものになるのは、第二次世界大戦前後の時期に生起したソ連の領土拡張、東欧諸国の社会主義化、中国革命などを通して「社会主義圏」なるもの――実際には内部分岐をかかえていたが、当初はあたかも一枚岩であるかの外観を呈していた――が成立してからのことであり、それによって地球を二分する「陣営間の対抗」という構図が現出した。他方、アメリカは両大戦間期にはまだ孤立主義的な伝統から離れておらず、ソ連が主たる「敵」として意識していたのはアメリカではなく西ヨーロッパ諸国だった。そのような構図が一変して、「アメリカに率いられる資本主義陣営＝西側」vs「ソ連に率いられる社会主義陣営＝東側」という二極的構図が生まれたのが戦後の特徴であり、冷戦の開始が第二次大戦後――但し、終戦とともにすぐにではなく、若干の過渡期を経て一九四六－四八年頃――に始まったとみなされているのは自然である。

以上に見てきたような「古典的冷戦」の構図が一九四〇年代後半に形成されたとして、それはその後、種々の変容を遂げていった。その全体を丁寧に検討するのは巨大すぎる課題だが、ここではごく大まかなアウトラインを二つの側面に分けて素描することを試みたい。

(2) 主要アクターの力関係

戦後初期の古典的冷戦が二極対立の様相を呈したのは、多くの国が第二次世界大戦によって疲弊し、「超大国」に挑戦するような力量を持たなかったことによる。そうした中で、アメリカは戦争の被害が相対的に小さく、戦後世界の中で政治的・軍事的・経済的に圧倒的な重みをもっていた。これに対し、ソ連は戦争の被害が極度に大きく、実質的にアメリカに対抗できるような力量を持っていたわけではないから、「二つの超大国」の関係は最初から非対称的だった。しかし、ソ連はイデオロギー的訴求力（戦後の混乱の中で多くの国で革命運動の気運が高まり、少なからぬ国で共産党の勢力が伸張した）、地政学的地位（地理的に広大な空間を蔽う「社会主義圏」の盟主となったかに見えた）、そして虚勢を張った宣伝などによって、あたかもアメリカと並ぶ「超大国」であるかの外観をつくりだした。

しかし、この構図は時間とともに種々の変容をこうむっていった。どの地域でどの時期に特に大きな変化が起きたかはまちまちだが、とりあえず顕著な変化を列挙するなら、以下のような動きが挙げられる。

まず、中ソ対立の公然化は冷戦の基本構図に大きな変化をもたらした。これによって「東側陣営」は大分裂し、それまでの二極構図は米中ソの三極構図へと変化した。世界各国の共産党はソ連派・中国派・「自主独立派」へと分かれ、「国際共産主義運動」なるものは外形的にさえも維持されえなくなった。このことは、アメリカが中ソを巧みにバランスさせて「漁夫の利」を得ることを可能にした。これが冷戦史の大きな流れの中で重要な変化であることはいうまでもない。

時期的には中ソ対立表面化にやや先立つが、「二大陣営」のどちらにも属さないと唱える「非同盟運動（ユーゴスラヴィア、エジプト、インドなど）の登場も、世界を「二極」だけで整理しきれなくする契機となった。これら諸国は経済面では「後進国」ないし「発展途上国」と呼ばれるグループに属していたが、そのことを逆手にとって、両陣営のそれぞれから援助を引き出す戦術をとることができた（なお、冷戦終焉後になると、両陣営を手玉にとる戦略の有効性が失われたため、かつてそれなりの存在感を持っていた非同盟運動は国際場裡における存在感を低めることとなった)。

それ以外の多くの発展途上国は「西」寄りの諸国と「東」寄りの諸国に分かれたが、自らの脆弱性を脅しの武器として利用したり、他方の側に着く可能性を示唆するなどして、超大国を翻弄する面があった。いわば「尻尾が犬を振り回す」現象である。

西ヨーロッパ諸国および東ヨーロッパ諸国はそれぞれ「西」と「東」のブロックに組み込まれていたが、その中で秘かな自主性を次第に増大させた。西欧の場合、後のEUに至る経済統合の進展が特に大きな意味をもった。西欧諸国は一面ではアメリカと同盟して経済発展と安定を確保したが、他面ではアメリカと区別される「ヨーロッパのアイデンティティ」をしばしば誇示した(これに比べ、同じように「アメリカの同盟国」として経済復興と成長を遂げた日本は対米自立の兆しを見せなかった)。

東欧諸国の場合、ユーゴスラヴィア(非同盟)、アルバニア(中国路線)、ルーマニア(自主独立派)を別にすれば、大っぴらに自立性を誇示することはなかったが、スターリンが世を去った後はさまざまな形で独自の道を模索しはじめ、目立たないながらも事実上の自立性を大なり小なり確保する動きを進めた。経済面でいうと、ソ連と東欧諸国の関係は古典的な宗主国=植民地関係とは違って、政治的従属と引き換えにソ連が東欧に経済援助を行なう——そして、その援助の負担が次第にソ連にとって耐え難いものになっていく——という性格をもっていた点に特徴がある。

こういうわけで、「二大陣営間の対立」という古典的冷戦の構図は、「東」がソ連と中国に分かれることで三極になった上に、各陣営内でも諸アクターの相対的自立性が増大することで一段と複雑なものとなっていった。

アクター間の力関係にこのような変容が生じたにもかかわらず、その後も長いこと「西vs東」という大きな構図が持続したのは、一つにはNATOvsワルシャワ条約機構という二つの大きな軍事同盟が圧倒的な重みをもったこと、もう一つには資本主義vs社会主義というイデオロギーないし体制間対抗の要素が継続したことによる。ここでは先ず前者について簡単に見た上で、後者については次項で考えることにしたい。二大陣営の対峙という構図が圧倒的な重みをもったのは、冷戦初期においては米ソ両国だけが核兵器を持っていた事実によるところが大きい。その後、一九五二年にはイギリス、一九六〇年にはフランスが核兵器を保有するに至ったが、その量的規模は米ソよりもはるかに小さく、また英仏両国はNATOの一員だった――フランスはしばしばNATOから距離をおこうとしたが――から、大きな意味ではアメリカを中心とするNATOとソ連を中心とするワルシャワ条約機構がいずれも「核の脅威」を背後に持って対峙するという構図がその後も持続した。

アメリカとソ連が核兵器を持ってにらみ合っていたとはいっても、両者の軍事力が対等だったわけではない。一九五〇年代のアメリカでは「ミサイル・ギャップ」（アメリカの方がソ連よりも核戦力において劣っているという議論）が取り沙汰されたが、それが事実でないことはアメリカ政権指導者たち自身が知っていた。おそらくソ連の側も自国の劣位を知っていたものと思われる。そのことは、具体的な行動を慎重なものとする要因となったが、他面、むしろ劣位であるからこそ好戦的レトリックをもてあそぶ傾向を生み出した。一般論として、軍事的対峙における劣位の側――戦後ある時期までのソ連、その後の中国、今日の北朝鮮――は、劣位だからといって相手に屈服するのではなく、むしろ劣位を押し隠すような虚勢、「窮鼠猫をかむ」的な攻勢的態度の誇示によって相手方の妥協を求める傾向がある。相対的強者の側といえども、もし現実に核戦争が起きるなら自国も巨大な惨禍に見舞われるおそれがある以上、「向こう見ずで何をするか分からない」というイメージのある敵手に対してある程度妥協的にならざるを得ないが、そのことは相対的弱者の側が好戦的レトリックをもてあそぶ誘因となった。

核戦力においてアメリカに対して劣位にあったソ連は、そのギャップを埋めるため必死の努力を積み重ねた。一九六二年のキューバ危機は一般に「フルシチョフの冒険主義」に帰されているが、その背後には、核バランスにおけるソ連の劣位を埋めなくてはならないという危機意識があった。その後、一九六〇年代半ば頃までにある程度のパリティ(対等性)が獲得され、いわゆる「相互確証破壊」状況が成立した。これは持続的な平和を保証するというほど安定的なものではなかったが、少なくともソ連指導部の危機意識をある程度やわらげたものと見られる。そのことは、ソ連指導部がかつてほど強烈な冒険主義的ポーズをとらなくなり、条件付きながらも「安定」志向へと転じる要因になったように見える。

一九七〇年代以降のデタント(緊張緩和)は限界付きのものであり、特に第三世界への進出をめぐっては対抗が続いたが、大国間での正面衝突に至ることはなかった。その後、ソ連のアフガニスタン介入やポーランドにおける戒厳令などを契機として「新冷戦」が取り沙汰されたが、それが冷戦初期のような勢いでエスカレートすることはなかった。核戦力のバランスがある程度とれるようになった条件下で、両大国に一定の自制が働いたものと考えられる。もっとも、これはあくまでも核大国同士の厳しい対抗関係を前提した上で、その大爆発が辛うじて避けられたということに過ぎず、大国間の軍事的・地政学的対抗――それはしばしば周辺部における軍事紛争や大国からの軍事介入を伴った――という構図は一貫して続いた。冷戦の本質をイデオロギー対立に見るか軍事的・地政学的対決に見るかという観点からいえば、後者はその具体的形態はさまざまに変動したにしても基本構図としては厳しさを低下させることなく持続したということになる。では前者はどうかという点について次項で検討したい。

(3) イデオロギーの役割

イデオロギーが東西対立の重要な要因だったことは常識に属する。だが、そこでいう「イデオロギー」とはどういうものを指すかは、意外に解釈に微妙なところがある。[*3] ソ連の場合、いわゆる「マルクス＝レーニン主義」なるものが公定イデオロギーであり続けたのは周知のところだが、その「マルクス＝レーニン主義」の内実はさまざまな解釈の余地があり、具体的にどのような政策をとることがそのイデオロギーに合致するかは一義的でなかった。どのような政策もイデオロギーの名において正当化される必要があるという意味では一貫してイデオロギーは重要性をもっていたが、解釈が変わればそれによって正当化される政策も変わるという意味では、具体的な政策はイデオロギーから一義的に導き出されるものではなかったということになる。

ソ連におけるイデオロギーの役割は時代によって歴史的変遷を経験してきた。革命からあまり時間的に隔たっていない時期においては、革命的理念への熱狂――それは大量の犠牲を正当化する独善と表裏一体だった――が多くの人々を捉えていた。エリック・ホッファーの指摘する「トルー・ビリーヴァー（真の信者）」という現象である。[*4] しかし、時間の経過とともに「真の信者」は減少し、イデオロギー儀礼化の傾向が長期的趨勢として進んだ。もっとも、それは一直線に進んだわけではない。体系的かつ理想主義的なイデオロギーが体制の基本理念をなしていた以上、理念を文字通りに実現すべきだという原理主義的発想は常に残り、ときとして儀礼化に抵抗するイデオロギー復興が噴出することもあった。[*5] この点で微妙な位置を占めるのがフルシチョフ期である。フルシチョフのスターリン批判は、共産主義の理念からして許されざる犯罪的行為が犯されたということへの批判であって、決して自由主義理念への歩み寄りを意味してはいなかった。それどころか、共産主義理念はフルシチョフ期にそれまで以上に声高に高唱された。対外面では「平和共存」が打ち出される一方で資本主義陣営との「平和的競争」が重視され、また地域によっては冒険主義的行動もとられた（ベルリンやキューバをめぐる危機状況など）。国内面では、「共産主義の全面的建設」が唱えられ、遠からず「アメリカに追いつき、追い越す」ことが目標とされた。このような極度の楽天主義はまもなく破綻をあらわにするが、ともかくその時代のイデオロギー状況を反映していた。

フルシチョフの失脚をうけたブレジネフ期には、そうしたフルシチョフの失敗をうけてイデオロギーの儀礼化が一段と進展した。もっとも、「儀礼」とは単純に無意味なものではなく、特定の場面では厳格な尊重を要求するという意味ではなお強い拘束力を保持していたが、そのことを前提しつつ、儀礼から離れた場面における事実上自由な行動の余地は次第に広がっていった。このような状況を「後期社会主義」の特徴とする議論も近年盛んである。[*6] これは「表面だけ信じるふりをして、内心では否定している」という二重思考とは異なる。「実は信じていない」というのではなくて、実際信じているのだが、それが規定する領域が限られており、事実上自由な空間が広がりつつあったという点が重要である。そのことはまもなく訪れる大変動の重要な前提をなした。

ある時期以降のソ連および東欧諸国のイデオロギー状況について考える上でもう一つ重要なのは、種々の「改革」の試みおよびあれこれの「異論派」や「体制内改革派」の登場である。戦後復興が一段落した後のソ連・東欧では指令経済の限界性が次第に明らかとなり、市場メカニズムの導入その他の経済改革やそれと関連した政治改革論が多くの論者によって唱えられるようになった。一口に「改革」といっても、そこには雑多な要素が含まれた。体制頂点の指導者たちの間にも一定の変化の必要性を感じとり、助言者たちの改革提案をある程度取り入れる動きもあった。知識人やジャーナリストの間には、体制内改革を志す人もいれば、よりラディカルな異論派もいた。そのイデオロギーないし理念も多様だが、多くの場合、社会主義の枠内ということを前提しつつ、経済面では市場メカニズムの導入、政治面では通常リベラル・デモクラシーの原則とみなされている要素（権力分立、多元主義

（プルラリズム）、基本的人権など）の部分的摂取などが唱えられた。これは「社会主義」という観念を保持している限りでは体制イデオロギーを全面放棄するものではないが、その「社会主義」解釈において西欧的社会民主主義に接近するものであり、それまでの「東西間イデオロギー対立」の枠をはみ出す要素を持っていた（この要素は当初は潜在的なものにとどまったが、まもなくペレストロイカのもとで一挙に全面化することになる）。

体制と鋭く対峙して「反体制」とみなされたサハロフの場合、正統イデオロギー離れがより顕著だったが、それでも彼の考えは、後に強まる全面的資本主義化論とは違って、「収斂」論――つまり、資本主義と社会主義は互いに相手の長所を吸収して接近していくべきだという考え――だった。異論派の中には明確な社会主義否定論者もおり、後に体制が動揺をあらわにすると、そのような立場が急速に優勢となるが、ペレストロイカ以前の時期にはまだそうではなかった。つまり、サハロフのような人も含めて大勢としては「社会主義」というシンボルに肯定的意味を付与する立場が有力であり、「社会主義」イデオロギーはそのものとして放棄されたわけではない。ただ、その解釈にはさまざまなヴァラエティーがあり、東西間のイデオロギー対立を緩和する可能性も潜在的に生まれつつあったというのが「後期社会主義」の実態だったと考えられる。

先に触れた儀礼化の傾向は大衆のメンタリティや行動様式全般に関わるのに対し、いま触れた改革論は主として知識人たちの間で論じられたという意味で別個の次元に属するが、いずれにしても「後期社会主義」のもとにおいては、公認イデオロギーの正面からの否定は考えられないにしてもイデオロギーが現実の具体的政策を規定する度合いは低下しつつあった。もちろん、「西側との対抗」という発想は放棄されることなく持続していたが、そこにおける東西対峙はイデオロギー自体に由来するというよりもむしろ地政学的対抗の色彩が濃くなっていた。そのことは、ポスト共産主義のロシアにおける欧米諸国との地政学的対抗意識にも受け継がれている。つまり、冷戦後期における東西対峙の主要な規定要因はイデオロギーよりも地政学的対抗の方が大きくなっていたのではないか、そしてそのことが冷戦終焉を経た今日にまで尾を引いているのではないかということである。

2　冷戦の終焉過程

以上では駆け足に冷戦の数十年を振り返った。これに対し、冷戦の終焉過程は私自身の研究課題と関わるため、本節とりわけ第⑵項以下では前節よりも多少立ち入った議論を試みる。といっても、仮説的試論という性格はこれまでの部分と同様であり、細かい具体的過程解明よりも大づかみな把握に力点をおく。

(1)　冷戦終焉へ向けての動き——一九八八年まで

冷戦終焉を準備する動き——もっとも、その当時はそれが実際に冷戦終焉に結びつくかどうかは不確定であり、はっきり「準備していた」とみなされるのは事後の観点だが——は一つだけではなく、複数の要素からなっていた。
多くの論者が取りあげる例として、西ドイツの「東方外交」や欧州安全保障会議（CSCE）のヘルシンキ宣言（一九七五年）に象徴される「西欧デタント」がある。西欧諸国はアメリカと同盟関係にあったとはいえ完全に一体ではなく、デタントを米ソ間の取り引きだけにとどめるのではなくヨーロッパという場で実質化していくことに独自の利害をもっていた。そのことがヨーロッパにおける「東西対立」を徐々に緩和させ、冷戦終焉へと向かう一つの原動力となったこと、またヘルシンキ宣言の人権条項がソ連・東欧圏における人権運動を刺激し、それら諸国における体制批判運動の重要要素となったことはよく指摘されている。もっとも、現実の冷戦終焉過程はその単純な延長上にあったわけではない。この点については後に詳しく見ていくことになる。
ソ連の体制内改革派の中に社会民主主義化の傾向を示す人たちがいたことは前節で触れた。当時はこれが政治的に顕著な動きを生み出すことはなかったが、彼らの一部が政治指導部と結びつきを持つことで現実政治にある程度反映する可能性が生まれた。その代表例は、シャフナザーロフとかチェルニャーエフといった人物がまもなくゴルバチョフの補佐官となり、彼に大きな影響を及ぼすようになったことである。[*7]
アメリカの側ではレーガンが重要な役割を果たした。彼は一面ではソ連＝「悪の帝国」発言（一九八三年三月）に示されるような強烈な反共主義者であり、「タカ派」のイメージがあったが、他面では核兵器に強い嫌悪感をいだき、核廃絶の目標を持っていたといわれる。米ソ両核大国の「恐怖の均衡」をいつまでも続けるのではなく、そうした状態に終止符を打ちたいという願望をいだいていたともされる。問題は、どうやって終止符を打つと考えていたかである。詳しくはアメリカ研究者の教示を乞わねばならないが、第一期レーガン政権（一九八一－八四年）においてはソ連に強硬な圧力をかけて屈服させるという発想が優勢だったように思われる。それが成果をおさめて現にソ連を屈服させることができた、つまりレーガンの「タカ派」政策が勝利したのだという見方もアメリカにはあるようである。しかし、ゴルバチョフ登場後――もっとも、直ちにということではなく、しばらく手探りを経てから――になると、「屈服させる」というのではなく「ソ連自身が変わりうる」という期待に賭けるようになったように見える。言い換えれば、アメリカ側が一方的に勝利するという形ではなく、変化したソ連とアメリカが和解を遂げ、双方の接近によって冷戦を終わらせるということである。[*8]

一九八五－八八年（アメリカでは第二期レーガン政権、ソ連ではゴルバチョフ初期）における米ソ関係は、たとえ一直線にではないにしても徐々に相互不信が取り除かれ、「和解」の様相が立ち現れるようになった。そこに作用した大きな要因としてゴルバチョフ政権による「新思考」外交――「階級的価値」よりも「全人類的価値」が優先するという考え、「欧州共通の家」論、軍備に関する「合理的十分性」論など――があったことはよく知られている。[*9] アフガニスタンからの漸次的撤退を目指す方針や、東欧諸国の自主性を尊重する姿勢――軍事介入を正当化してきた「ブレジネフ・ドクトリン」（いわゆる制限主権論）の事実上の撤回――も非公式の場で、さりげない形ながら示唆され始めた。もっとも、こうした変化は当初は暗示的なものにとどまり、どこまで本格的なものかに疑念を残す余地があったが、やがてより明確なものになっていく（アフガニスタンからの撤兵は一九八八年五月に開始され、八九年二月に完了）。対米関係と相対的に区別される西欧との関係においても、「欧州共通の家」というスローガンに象徴される関係改善策がとられた。西欧諸国の多くの政治家は、ゴルバチョフ個人に対しては相対的好印象を持ちつつも、このスローガンがどこまで現実的意味をもつかについては当初懐疑的だったが、一九八七－八八年頃になると、より真剣に取りあげる傾向が現われるようになった。

米ソ間の軍縮交渉は一九八五－八六年の試行錯誤と曲折を経て八七年に本格化し、同年末の米ソ首脳会議で中距離核兵器（ＩＮＦ）全廃条約調印に至った。この条約の批准書交換のため八八年五－六月に訪ソしたレーガンが、今でもソ連を「悪の帝国」と考えているのかとジャーナリストに問われて、「あれは別の時代のことだ」と答えたのは米ソの和解を象徴した。[*10] 同年末に訪米したゴルバチョフが国連総会演説で「国家間関係の脱イデオロギー化」、「例外なしの選択の自由」をうたい、二年以内の兵力五〇万削減、東欧からも六戦車師団撤退を打ち出したことは冷戦終焉が近づいたことを多くの人に感じさせた。しかし、その後の過程は、この時点で多くの人がいだいた予感とは異なる曲折を重ねることになる。

(2) 一九八九年――東欧激動・ベルリンの壁開放・マルタ会談

一九八九年一月にアメリカ大統領に就任したジョージ・ブッシュ（父）はそれまでレーガンのもとで副大統領をつとめていたが、レーガン期の対ソ関係改善をどの程度引き継ぐかをめぐっては政権中枢に一致がなく、しばらくの間、政策再検討の時期が続き、米ソ交渉は停滞した。数ヶ月後にブッシュ政権は米ソ対話を再開したが、そこにおける関係改善がどこまでのものか――ペレストロイカの拡大に期待し、ソ連が開放的な民主国家に生まれ変わる可能性を信じるのか、不信感をいだきながら限定的な関係改善にとどめるのか――については依然として米政権内に一致がなかったように見える。[*11] ソ連側からすれば、アメリカでそのどちらが有力になるかが見定めがたいということが対米交渉の方針確定に困難性をもたらした。

この年には周知のように東欧諸国で大きな激動が相次いだ。[*12] 中でも先行したのはポーランドとハンガリーであり、この両国では夏頃までの間に体制転換の方向性がほぼ定まりつつあった。これはそれぞれの国内事情に基づく変動であってソ連の指示によるものではないが、それにしてもソ連におけるペレストロイカの進行が重要な追い風になったことは否定しがたい。特に重要なのは、東欧諸国の改革への障壁となっていたブレジネフ・ドクトリンの解除である。ゴルバチョフ政権は発足当初から東欧諸国指導部に自主性発揮を呼びかけ、各国の政策決定はその国の指導部の責任だということを強調していたが、そうした言辞だけでは、いざというときにブレジネフ・ドクトリンが発動されるのではないかとの懸念を払拭することはできなかった。しかし、ゴルバチョフの公けの場での発言が次第に強い調子のものとなったばかりでなく、内々での意見交換においても東欧諸国の政策転換に介入しないという意思表示がなされたことは、それらの国の改革派指導部を勢いづかせた。その端的な例は、ハンガリー指導部がオーストリア国境の鉄条網撤去の方針を固めたとき、ソ連がそれに反対しないという意向を伝えたことであり、これはハンガリーの独自政策へのゴーサインを意味した。ハンガリー＝オーストリア国境の開放は東ドイツ国民のハンガリー経由での流出の急増をもたらして東ドイツを大きく揺さぶり、「ベルリンの壁」開放および東欧全体の大変動の契機となった。

六月四日にポーランドで行なわれた上下両院の選挙では「連帯」系勢力が圧倒的な勝利を収め、もともと即時の権力掌握を予定していなかった「連帯」系勢力が自ら政府を担うほかないという、当事者にとっても予想外の状況が現出した。大統領のポストは共産党（統一労働者党）のヤルゼルスキが辛うじて確保したものの、首相任命および組閣は難航し、複雑な交渉を経て八月二四日に「連帯」系のマゾヴェツキが首相となり、彼を首班とする連立内閣が九月一二日に誕生した。こうして、連立とはいえ非社会主義勢力が主導権を握る政権が冷戦開始後の東欧ではじめて誕生した。このときソ連がポーランドの新政権発足に介入せず、これを容認したことはブレジネフ・ドクトリン放棄の事実をもってする証明となった。東欧諸国が独自の道を進むことができるということはゴルバチョフ政権初期から示唆されていたとはいえ、そうした言明が実際に守られるかどうかには疑念の余地がありえたのに対し、現に非社会主義政権の誕生に際してソ連が介入しなかったことは、他の東欧諸国にとって重要な意味をもった（なお、このときルーマニアのチャウシェスク政権はワルシャワ条約機構によるポーランドへの介入を主張したが、圧倒的に孤立した）[*13]。

右に見た両国とは対照的に、ホーネッカーを最高指導者とする東ドイツはソ連におけるペレストロイカの展開に不快感を隠しておらず、ソ連と東ドイツの関係は秘かな緊張をかかえていた。内政不干渉の原則を重視するソ連指導部はホーネッカー政権を自ら倒すのではなく、ホーネッカー自身による路線転換もしくは東ドイツ国内のホーネッカー批判派による指導部交代を期待していたが、それはなかなか実現の兆しを見せなかった[*14]。六月のソ連共産党国際部の覚書は、東ドイツ国家の正統性が疑問にさらされつつあることを指摘して最高指導部更迭の可能性に触れたが、それを外から促すことはできない、現指導部が焦眉の問題を解決できずにいることは統一社会主義党内での変化への志向を活性化するだろう、と論じた[*15]。この覚書は東ドイツ危機は中長期的なものであって短期的なものではないと予測したが、実際には、まさにこの頃から東ドイツ国民の出国が増大し、また国内での反政府運動も高まって、この予測よりも早く危機が表面化することとなった。

一〇月六－七日の東ドイツ建国四〇周年式典にホーネッカーがゴルバチョフを招いたとき、ソ連指導部内では行くべきか否かをめぐる議論があった。ソ連共産党国際部長のファーリンは、ホーネッカーと会うためだけなら行く意義はないが、指導部全員を相手に議論することができるという条件でのみ行く意義があるとした[*16]。ゴルバチョフ補佐官のチェルニャーエフは、ゴルバチョフ訪独前日の日記に、ゴルバチョフは行くことに気が進んでいない、ホーネッカーを支持するような言葉は一言も発しないだろう、と記した。[*17] ベルリンに着いたゴルバチョフは、祭典の場では公式的な発言にとどまったが、東ドイツ党政治局との会談では、「立ち遅れる者は実生活によって罰せられる」という有名な言葉を発した。[*18] これは直ちにジャーナリストにも伝えられ、ホーネッカー更迭への動きを加速した。市民たちの反政府運動が高揚して政治情勢が尖鋭化する中で、一八日には党中央委員会総会でホーネッカー解任が決定され、後任にクレンツが選出された。クレンツ新指導部は情勢収拾のため出国管理の緩和を含む一連の改革に着手する必要に迫られたが、その具体化は直線的には進まず、指導部レヴェルでの意思不一致が混乱を増幅した。一部には「天安門型解決」(軍事力の行使)を考える指導者もいたが、ソ連がブレジネフ・ドクトリン放棄を明らかにしている以上、それが現実性をもつ余地はなかった。

こうしたなかで一一月九日に、指導部レヴェルでの手違いから、予定外に「即時の出国自由化」が発表され、それを聞いた市民は大挙して壁に押し寄せた。軍事力による鎮圧が問題外となっている状況の中では検問を放棄するほかなく、ベルリンの壁は一挙に無効化した。出国規制緩和という方向性自体は新指導部によって認められようとしていたものだったが、それが上からの整然たる政策転換として進むのではなく、大混乱を伴う突発事態として生じたことは、その後の過程に大きく影響した。「壁」がこの日にこのような形で開放されるということは誰もの予測を超えたが、出国自由化を望む市民運動が高揚する中での開放は世界中で歓呼をもって迎えられた。他面、各国の政治家たちは予期せざる急変への対応を迫られ、不確定な模索の時期が始まった。チェルニャーエフは翌日の日記に、「これはゴルバチョフの大きな達成だ。彼は歴史の歩みを感じとり、それが自然な方向に向かうのを助けたのだから」と書き付け、しかし来るべきブッシュとの会談は困難なものになるだろうとの予測を記して、歓迎と不安の二面的態度を表出した。[*19]

これまで見てきた諸国よりも変動開始が遅かったチェコスロヴァキアでも、一〇月から大衆運動が高まり始め、一一月下旬の「ビロード革命」へと至った。ほぼ時を同じくしてブルガリアでも、またソ連・東欧圏とは距離をおいて独自の「自主管理社会主義」を標榜していたユーゴスラヴィアでも、急激な政治変動と体制転換の動きが進行した。これらにやや遅れて、一二月にはルーマニア革命が勃発した。このようにして生起した東欧激動はそれぞれに独自な内的論理をもつものだったが、それが従来の抑制を超えて一挙に急展開しえたのはソ連におけるペレストロイカの進展とりわけブレジネフ・ドクトリン解除に負っていたから、その意味ではソ連の動向の副産物という面があった。しかし、いったん激動が始まると、今度は東欧諸国の動向がソ連国内情勢に跳ね返るようになった。東欧諸国における社会主義体制はもともと外発的なものであり（ユーゴスラヴィアは例外）、その定着度がソ連よりもずっと低かったため、ゴルバチョフの期待した「社会主義の改革」が現実化する余地はほとんどなく、いったん始まった変動は一挙に全面的な脱社会主義へと突き進んだ。そして、そのことが今度はソ連に跳ね返り、脱社会主義の波をソ連の中に持ち込むこととなった。

東欧諸国で変動が続いた直後の一一月末から一二月初頭にかけて、ゴルバチョフは先ずイタリアおよびヴァティカンを訪れ、マルタでの米ソ首脳会談に備えた。ローマで彼は欧州安全保障会議（CS

CE）の次期会合「ヘルシンキ－Ⅱ」を当初予定よりも繰り上げて一九九〇年に開催するよう提案したが、これはベルリンの壁開放に伴ってドイツ統一の展望が浮上する中で、その進行に先だって全欧的プロセスを加速してCSCEをNATOおよびワルシャワ条約機構に代わるものと位置づける狙いを秘めていた。[*20]またヴァティカンではローマ教皇と会談して、カトリック教会との和解を進めた。[*21]

これに続いた米ソ首脳のマルタ会談（一二月二－三日）は多くの人々によって冷戦終焉の画期点と受け止められている。もっとも、立ち入ってみるなら、この会談の意味にはやや不鮮明なところがある。明確な具体的成果があったわけではなく、米ソ間には種々の隔たりが残った。それでも、会議の終盤で米ソが互いに相手を敵と見なすことをやめるという点で歩み寄りが見られたのは大きな意味をもった。会談後に共同でもたれた記者会見でゴルバチョフは「われわれはともに、世界は冷戦という時代から新しい時代に入ったことを確認した」と語った。[*22]冷戦が終わった、もしくは終わりつつあるという発言は少し前から何人かの政治家によって発せられていたが、米ソ両国の首脳がともにこれを確認した――少なくともゴルバチョフはそのように受け止めた――ことは一つの大きな節目をなした。もっとも、米政権内にはまだ対ソ不信が強く、冷戦終焉を語るのは時期尚早だとの考えも有力だったようだが、この時点でそれを明示することは避けられ、あたかも米ソ共同で冷戦終焉が確認されたかのイメージがつくりだされた。「冷戦に勝者も敗者もない」、あるいは冷戦が終わることで「米ソの双方が勝った」という言い方もなされ、後にアメリカで一般化する「われわれ〔アメリカ〕が勝ったのだ」とする見解の明示は避けられた。[*23]そのことは、ゴルバチョフがこの会談を米ソ関係の根本的な転換点――敵対関係から友好関係へ――と受け取ることを可能にしたが、米政権内にはなおソ連への不信ないし警戒心が残っており、その後の展開は予断を許さなかった。

マルタ会談直後の一二月四日にワルシャワ条約機構は首脳会議を開き、ゴルバチョフからマルタに関する報告を聞いて、それを承認した（異論を唱えた唯一の出席者だったルーマニアのチャウシェスクはまもなく自国内の政変で打倒されることになる）。このときのゴルバチョフ報告はブッシュを高く評価して、米大統領との共同記者会見は初のことだ、米ソ間に敵対関係はなくなった、少なくとも敵というイメージはなくなった、と述べた。もっとも、他面では、アメリカ政府の中では冷戦に関する新しい見方がまだ形成されきっておらず、冷戦期の政策が正しかったのだという考え方が頑強に残っているとも彼は指摘した。[*24] なお、この会合では一九六八年のプラハへの軍事介入を自己批判する声明も採択された。[*25] いま紹介したゴルバチョフ発言は、東西接近・和解としての冷戦終焉という考え方に基づいて、ソ連・東欧の側だけでなくアメリカ・NATOの側も変わるはずだ――NATOとワルシャワ条約機構は同時に解体して全欧的安全保障機構に合流する――という展望に立脚していた。ゴルバチョフの説明では、ブッシュはこの考えを受け入れたが、まだそれが米政権全体のものとはなっていないとされた。しかし、実際にはアメリカにとってはNATOこそが最も重要であり、両ブロックの同時解体という発想が受け入れられる余地は乏しかった。

以上に見てきた一九八九年秋から年末にかけての東欧激動、ベルリンの壁開放、マルタ会談は一つの重要な山場をなした。当時の多くの観察者はこれを自由と市民社会の勝利と見なし、明るい新しい時代が始まったと大歓迎した。この時期を冷戦終焉過程の「大団円」ととらえる論者が多いのも理由のないことではない。[*26] しかし、この後の過程は、この時点で多くの人がいだいた期待とは異なる形で進行することとなる。

(3) ドイツ統一をめぐる交渉——一九八九年末から一九九〇年七月まで

一九九〇年前半の国際政治の最大の焦点はドイツ統一方式をめぐる交渉にあった。[*27] ペレストロイカ初期のソ連では一部の内部討論でドイツ統一の可能性が語られ始めていたものの、それは遠い将来の抽象的可能性にとどまっていた。[*28] 一九八九年六月にゴルバチョフが西ドイツを訪問したときの共同声明は「欧州分断の克服」、アメリカおよびカナダをも含んだ「欧州共通の家」創出、「いずれの国家もその政治・社会体制を自由に選択する権利を有する」こと、「諸国民の自決権の尊重を含めた国際法の原則の規範の制約なき承認」などをうたった。[*29] これはドイツ統一の可能性を仄めかしたものだが、それは抽象的な原則論にとどまり、「欧州共通の家」創出という長期的プロセスの中で実現するものと想定されていた。

一一月のベルリンの壁開放は一挙に状況を変え、ドイツ統一問題を原則論から現実論の次元に移行させた。もっとも、その具体的決着の形については直ちに結論が出されたわけではなく、種々の政治家たちが手探りで模索を重ねる時期がしばらく続いた。東ドイツの政治変動の中で新たに首相となったモドロウは、その就任演説(一一月一七日)で両ドイツ国家の「条約共同体」論を打ち出した。

その少し後には、ソ連のドイツ問題専門家によって両ドイツの「国家連合（コンフェデレーション）」の可能性というアイディアが西ドイツに伝えられ、西ドイツ政府を驚かせた。[*30] こうした動きをうけたコールは主導権を握り直すべく、いわゆる「一〇項目」方針を一一月二八日に提示した。これはモドロウの条約共同体論やソ連から仄めかされた「国家連合」のアイディアを吸収して、それを「連邦国家」——つまりドイツ連邦共和国＝西独への統合——へとつなげようとする志向を示していた。[*31] もっとも、この時点ではコール自身もその実現には数年を要すると考えていたし、統一ドイツのＮＡＴＯ帰属にはまだ言及していないなど、後の経過を予測し切れていない面があったが、とにかくこの「一〇項目」は遠くない時期の統一という展望を示すことで国際社会に大きな衝撃を与えた

「一〇項目」は同盟国の首脳に事前には通知されず（ブッシュには当日連絡）、西ドイツ政府における連立パートナーたるゲンシャー外相さえも知らされないという突然の問題提起であり、その直後には各国で戸惑いを生み出した。イギリス・フランス・イタリアなど西欧諸国の主だった政治家たちはヨーロッパ大陸における勢力配置の急変を避ける見地から近い時期のドイツ統一には消極的な態度を示したし、当時西ドイツの野党だった社会民主党も性急な統一の実現には慎重論をとった（ユルゲン・ハーバーマスとかギュンター・グラスのような代表的知識人たちも統一慎重論だった）。ポーランドは統一されたドイツが領土要求を出す可能性に強い懸念を示したし、アメリカもとりあえずは慎重な態度をとった。そうした情勢を背景に、東ドイツおよびソ連は、東ドイツの国内改革を前提とした両ドイツ国家の「条約共同体」論をとろうとした。

前項末尾で触れたワルシャワ条約機構首脳会議（一二月四日）におけるゴルバチョフ報告のうちのドイツ問題に関わる個所は、ドイツ人の間に統一への願望があることを認めた上で、それを人為的に急がせてはならない、そのことをアメリカも理解している、と述べていた。コールの「一〇項目」提案に関しては、つくられるべき国家連合がＮＡＴＯに入るのかワルシャワ条約機構に入るのかあるいは中立国家になるのかが明確にされていないと指摘して、次のように続けた。急ぎすぎは緊張激化と情勢不安定化をもたらす。西ドイツでも社会民主党やゲンシャー外相はもっとバランスのとれた立場をとっている。われわれは軍事ブロック〔複数〕の解体に賛成だが、それは一方的になされるものではない。両ドイツ国家間交流の条約に基づく拡大というのが、われわれのドイツの友人〔東ドイツ〕の考えだ。[*32]

このようなゴルバチョフの考え方は、フランスのミッテラン大統領からも理解を得た。一二月六日にキエフでゴルバチョフと会ったミッテランは、コールの「一〇項目」は急ぎすぎだと批判し、ドイツ問題が全欧的プロセスをはみ出すことのないようにせねばならないと述べた。[*33] ミッテランは三一日のテレビ演説で「欧州連合」構想を打ち上げたが、これはゴルバチョフの「欧州共通の家」論と類似した展望を提唱するものだった。[*34]

しかし、事態の急展開は、全欧的プロセスの中でのドイツ統一という漸進的構想を押し流し、近い時期のドイツ統一を不可避とする情勢をつくりだした。その大きな要因は東ドイツの国家体制および経済が急速な崩壊の様相を呈し、その存続が危ぶまれる情勢に至ったことにあった。東ドイツの民衆運動の主要スローガンは、当初は「われわれこそは国民だ（Wir sind das Volk）」というものだったが、次第に「われわれは一つの国民だ（Wir sind ein Volk）」というスローガンが急増し、一刻も早い西ドイツとの一体化への希求が表明されるようになった。

そうした中で一九九〇年一月二六日に行なわれたソ連指導部会合は、東ドイツが破局的情勢にあるとの認識に立って、統一の不可避性を認めた。クリュチコフKGB議長は「ドイツ社会主義統一党の運命は尽きている。……わが国の人民を徐々にドイツ統一に慣れさせ始めねばならない」と発言し、ルィシコフ首相は「事態をリアルに見る必要がある。……もはやドイツ民主共和国〔東ドイツ〕を維持することはできず、問題は戦術にある」と述べた。ゴルバチョフ自身は「今やドイツ統一は不可避だ。われわれはそれに反対する道徳的根拠をもたない」と語った。もっとも、この時点では来たる東ドイツ議会選挙で社会民主党――東ドイツの社会民主主党は戦後初期に共産党に吸収されて消滅していたが、一九八九年秋の反政府運動高揚の中で再結成された――が勝利するのではないか、そして西ドイツでも社会民主党が進出するのではないかとの期待感があったため、最終着地点としての統一までの期間をなるべく引き延ばして、その間に新たな全欧的安全保障機構を創出して冷戦の最終的終焉に導くことが目標とされた。結論として、この会議では統一ドイツのNATO帰属は絶対に排除するという方針が打ち出され、同時に東ドイツからのソ連軍撤退の準備も始めることとされた。*35

これに続く三〇日のゴルバチョフ＝モドロウ会談でモドロウは「二つのドイツ国家の存続という考えはますます多くの東ドイツ住民によって支持されなくなっている。この考えはもはや維持することができない」と述べ、条件付きでの漸進的統一案をコールの急速な統一構想に対置することを提起した。これに対してゴルバチョフは次のように応じた。アメリカがドイツ・カードを利用しようとしている。彼らはヨーロッパにおけるアメリカの地位が後退するのを恐れているのだ。彼らは西欧統合が気に入らないし、ましていわんや全ヨーロッパ統合は気に入らないのだ。漸進的統一というあなた〔モドロウ〕の提案は正しい。最重要なのは両ドイツ国家の軍事的中立だ。これは双方からの過程でなくてはならない。もし東だけの軍事・政治構造が破壊されるなら勢力の急激な偏りが生じる。中立一般ではなく、段階としての軍事的中立が問題だ。[*36]

こうしてソ連も東ドイツ指導部もドイツ統一自体は不可避と見なすようになったが、最後の攻防の焦点となったのは、「どのような形での統一か」という問題、具体的にいうなら統一ドイツは全体としてNATOに包摂されるのか否か、また統一は「対等合併」方式と「吸収合併」方式のどちらの形をとるのか——西ドイツ（ドイツ連邦共和国）における手続き論争に即していえば、基本法二三条と一四六条のどちらを適用するか——という選択だった。[*37] この選択に関するソ連および東ドイツの立場は、冷戦が終焉したからにはNATOもワルシャワ条約機構もともに不要になるはずであり、ドイツを含むヨーロッパの安全保障は新しい全欧的な安全保障機構によって担われるべきだというものであり、また前年秋の東ドイツ政権批判運動で中心的な役割を果たした市民運動は自主的改革を踏まえた「対等合併」を志向した。しかし、当時の現実の中では、いずれもその主張を貫くことは困難であり、後退を余儀なくされていった。[*38]

統一ドイツのNATO帰属問題に関しては、アメリカおよび西ドイツの政治家たちの間でも微妙なニュアンスの差があった。特にゲンシャー西独外相およびベイカー米国務長官はソ連を安心させることを重視して、東ドイツ領土をNATOの管轄内に入れない形での統一というアイディアを提示し、それを二月上旬にゴルバチョフに伝えた。もっとも、この考えがソ連に伝えられた直後にアメリカの国家安全保障会議はNATO不拡大論を否定し、二月一〇日の訪ソを控えたコールはブッシュからとベイカーから異なるメッセージを受け取った。この時点のコールはゴルバチョフとの会談でベイカー寄りの路線を取り、NATOはその行動範囲を拡大すべきではない、ソ連の安全保障上の利害を考慮する、ソ連指導部が国民に分かりやすく説明できるようにする、などと述べた。[*39] こうして二月上旬時点の西ドイツ政権は、コールもゲンシャーもともにNATO不拡大論をとるかのごとくだった。しかし、二月二四－二五日のブッシュ＝コール会談で、ブッシュは統一ドイツはNATOのフル・メンバーでなくてはならず、CSCEはNATOにとって代わることはできないという考えを強く主張し、これにコールも同調した。この米独首脳会談時のドイツ代表団にゲンシャー外相は含められず、その少し後になお自説に固執したゲンシャーはコールから強く叱責されて、独自発言を封じられた。[*40] こうして、NATO内でのドイツ統一というアメリカとコール政権の間で共有される方針が確定した。

なお、二月初頭にベイカーやコールからゴルバチョフに仄めかされたNATO不拡大論の解釈は後に激しい国際的論争の的となった。一九九〇年代半ば以降にNATOの東方拡大が進むなかでゴルバチョフ、エリツィン、プーチンはみなこれを「NATOの背信」と非難したからである。拘束力を持った合意がなかった以上、これを「約束違反」とするのは法的観点から言えば無理がある。しかし、非公式な示唆という形にもせよ、現にそのようなアイディアがアメリカや西ドイツの有力政治家たちによって一時的に提示されたことは無視できない意味を持った。ゴルバチョフが二月一〇日のコールとの会談で、留保付きながらドイツ統一に前向きの意向を伝えた背後には、ベイカーやコールによって示唆されたNATO不拡大論への期待があった。[*41] 他方、米政権にとってはヨーロッパにおけるアメリカのプレゼンス確保が何よりも重要であり、そのためにはNATOが最も重要な機構と位置づけられていたから、NATO不拡大論を真剣に考慮する余地はなかった。こうして、アメリカが追求した目標とゴルバチョフが期待した方向の間には大きなズレがあったが、そのズレは当時あまり表沙汰にされなかった。ゲンシャーやベイカーがあたかもソ連の立場に理解を示すかのような発言をしたのはその一つのあらわれだし、ベイカーだけでなくブッシュも、ソ連側との会話では「勝者も敗者もない冷戦終焉」という言い方を選好した。もっとも、ブッシュはコールとの内輪の会話では「われわれが勝ち、彼らは負けたのだ」と語っていた。[*42] ブッシュの表向きの発言が「勝者／敗者」図式でなかったことは、ゴルバチョフが「自分たちだけが一方的に後退しているわけではない」という自己正当化を伴って米独案に譲歩することを可能にしたが、現実にはそれはソ連側の一方的な後退を意味していた。

前述のようにソ連指導部は一－二月の段階でドイツ統一を原則的に不可避と認めたが、その上でなおも統一ドイツのNATO帰属に抵抗を続けたのは、ベイカーやコールからの示唆を信じたからという理由に加えて、来るべき東ドイツ議会選挙（三月一八日）で、対等の形での漸進的統一を目指す勢力——前年秋の市民運動を基盤とした「九〇年同盟」や再結成された社会民主党など——が勝利をおさめるのではないかとの期待も作用していた。実際、事前の予想では、これら勢力がかなりの議席を得るのではないかとの観測も広まっていた。たとえばコール補佐官のテルチクは、選挙四日前の日記に、「ドイツ連合」の先行きは明るくなく、社民党が大勝する可能性があるようだと記していた。*43 米大統領補佐官のスコウクロフトも、西ドイツの世論調査で統一ドイツがどちらの同盟にも属さないことを望む者が過半数を占めており、東ドイツ選挙については社民党の勝利が予期されているとの観測を記していた。*44 このような予測があったとはいえ、東ドイツ経済が急速に崩壊に向かう中で精力的に東ドイツを遊説したコールが東ドイツ・マルクを西ドイツ・マルクと一対一で交換すると声明したことの影響もあって、蓋を開けてみると、早期統一を掲げる「ドイツ連合」が予想を上回る勝利を博した。この選挙結果は「吸収合併」方式での早期統一という方向性を確定し、ゴルバチョフへの大きな打撃となった。ついでながら、このときに東独社民党を応援した西独社民党も、また前年末以来の東独市民運動もともに敗北したという事実も記憶に値する。この後のドイツ統一のプロセスは、かつて「東方外交」を主導した西独社民党や東独の転換を引き起こした市民運動の構想とは異なる形で進行することになった。

こうして「吸収合併」方式での早期統一という方向性はほぼ確定的となったが、ソ連側はなおしばらくの間、統一ドイツのＮＡＴＯ加盟に抵抗し続けた。四月上旬のシェワルナゼ外相訪米時に与えられた訓令は、ドイツ統一は「アンシュルス（併合）」であってはならず、二つの対等な国際法主体の合意に基づくものでなくてはならないとし、統一ドイツのＮＡＴＯ帰属は認められないこと、東ドイツ国家をできるだけ長い期間存続させ、その間に質的に新しい全欧安全保障機構の創出を期待する、という内容となっていた。[*45]

三月選挙の結果をうけて新たに発足した東ドイツ政権の首班デメジエル（キリスト教民主党）は四月二九日に訪ソしてゴルバチョフと会談したが、このときデメジエルはある程度ソ連側に理解ある態度を示してみせて、次のように発言した。統一プロセスは東ドイツ国家の尊厳と独自性を踏まえて進まねばならない。その独自性の中には、ソ連との緊密な関係も含まれる。われわれは統一ドイツのＮＡＴＯ帰属の固定化が必須だとは考えない。われわれは軍事同盟（複数）の解散に向かって進むことに賛成であり、〔ワルシャワ条約機構だけでなく〕ＮＡＴＯの構造と戦略も変わるべきだ。こうしたデメジエル発言はゴルバチョフの歓迎するところであり、この会談は両国指導部レヴェルでの合意の外観を生み出した。[*46]

この時期のソ連指導部は、米独から強く主張されたＮＡＴＯ内でのドイツ統一という考えに対してどこまで抵抗できるかを見極める必要に迫られていた。いま見たデメジエル発言は東独新政権が必ずしも西独と完全に一体ではないことを示唆するかのごとくだったし、イギリスのサッチャーもフランスのミッテランもブッシュ＝コール路線とは大なり小なり距離をおいていた。とはいえ、国際交渉におけるソ連の立場が弱いものとなっていたことも明白であり、問題はどこまで、どのようにして粘れるかの判断にあった。

この時期にファーリンからゴルバチョフに提出された覚書は次のような分析を呈示した。アメリカと西ドイツはソ連に既成事実を突きつけようとしている。彼らの思惑は、ソ連の駆け引きの余地が狭められているのを利用して、かねてよりの野望を最大限に実現しようとするものだ。当初は、西ドイツがNATOの軍事機構から脱退するとか、ドイツが両同盟に同時加盟するなどの代案も考慮されたが、今や米独および大西洋ブロックの立場は週を追うごとに硬化している。ゲンシャーの全欧集団安保の構想に耳を傾けているのは、西ドイツの社民党や一部のEC諸国の左翼政党だけだ。少し前までドイツのNATO帰属は過渡的なものだとされていたが、いまや長期的解決と見なされており、ドイツの「全面的な」NATO帰属が問題になっている。われわれに全欧的プロセスの長期展望を実現する術が残っているだろうか。西側はわれわれを凌駕し、口先ではソ連の利害を尊重するといいながら、実際にはわが国を「伝統的ヨーロッパ」から切り離している。この半年の中間総括をするなら、「欧州共通の家」は蜃気楼と化したことを確認しないわけにはいかない。ソ連は柔軟な態度をとって善意を示すことでワシントンを甘やかしてきた。アメリカはわれわれの建設的提案をわれわれの意図とは逆の方向に利用してきた。「全欧的安全保障システムに属するのとNATOに属するのとどちらがよいか」というレファレンダムをドイツで行なうことも考えられるが、その結果が思わしいものとなる保障はない。[*47] この分析はソ連にとって情勢が次第に不利になりつつあることを突きつけた。

五月三日のソ連共産党政治局会議では、統一ドイツのNATO帰属を原則的に認めるというシェワルナゼとチェルニャーエフの提案がとりあげられたが、ゴルバチョフを含む多数派によって拒否された。翌日にチェルニャーエフは日記およびゴルバチョフ宛ての覚書でこの討論への落胆を表明し、ドイツのNATO帰属を妨げる梃子はわれわれにはない、もう出発してしまった列車を追うのは無意味だ、ドイツがNATOにとどまるという現実と向き合わねばならない、と書き付けた。[*48] これは、もはや抵抗する術がない以上、それを受け入れるしかないという提言である。この時点で受け入れられなかったこの立場がまもなく受け入れられることはすぐ後で見る。

このようなソ連内討論の解釈として、シェワルナゼやチェルニャーエフらを「改革派」、ファーリンらを「保守派」と見なし、ゴルバチョフは両者の間で動揺していたとする見解が一部にある。だが、ファーリンらもイデオロギー的な意味で「保守」だったわけではない。ペレストロイカ以前の「社会主義」体制に戻るということはこの当時のソ連指導部でもはや有力な位置を占めてはいなかった。それとは別の次元で、ソ連の地政学的地位の後退をどうやって食い止めるかが主要問題であり、主たる論争点は、アメリカを先頭とするNATOの「善意」をどこまで信頼するかの判断に関わっていた。ファーリンの観点からするならば、シェワルナゼはアメリカの「善意」を過度に信頼していてリアリズムを欠くと見なされた。他方、チェルニャーエフの観点からは、もはや抵抗する術はなく、直ちに敗北を受け入れることの方がリアルと見なされた。

このような国内議論の分岐の中でゴルバチョフは、五月一八日のベイカーとの会談で全欧安保機構創出の優先性を説いて、なおも統一ドイツのNATO帰属に抵抗する姿勢を示した。これに対して、ベイカーは「CSCEはすばらしい夢だが、夢に過ぎない。NATOは現実に存在する」と応じた。ゴルバチョフは、それならソ連がNATOに入るという可能性も考えられるのではないかと食い下がったが、ベイカーはこれに取り合わなかった。もっとも、ベイカーはゴルバチョフを宥和するかのように、次のように付け加えた。私はさっき全欧安保は夢だと言った。しかし、それは「今のところ」ということだ。われわれはこれを現実化する提案をもっている。だが、その前にドイツをしっかりと同盟に組み込むことが必要だ。[*49] こうしてベイカーはCSCEは「夢」でありNATOこそが現実だという認識を突きつけてゴルバチョフの譲歩を迫ったが、それとあわせて将来の「夢」への接近可能性も示唆した。この点は少し後のNATOロンドン宣言につながる意味をもつ。

ゴルバチョフがぎりぎりまで抵抗を続けた一つの背景として、彼が期待し続けた全欧安保構想がミッテランのものでもあったことが挙げられる。この点で重要な意味をもつのは、五月二五日のゴルバチョフ＝ミッテラン会談である。このときミッテランは、あなた〔ゴルバチョフ〕の議論は弁証法の観点からいえば巧妙だが、現実問題として西ドイツはNATOのメンバーであり、外交辞令抜きに正直に言うならその西ドイツが東ドイツを呑み込んでいるのだ、と語った。統一ドイツがフランス同様にNATOの政治機構のみに加盟して軍事機構には加わらないという案については、私〔ミッテラン〕は反対しないが、問題はドイツがそれを受け入れるかどうかであり、その可能性は全くない、もし私がドイツのNATO帰属にノーと言ったら、私は西側のパートナーの間で孤立することになるだろう、とミッテランは述べた。[*50] こうして、相対的にゴルバチョフに好意的だったミッテランでさえもゴルバチョフの構想は受け入れられそうにないと告げたことは、ゴルバチョフの頼みの綱が断ち切られたことを意味した。[*51]

五月末から六月初頭にかけて訪米したゴルバチョフはブッシュを相手に、統一ドイツのNATO帰属にこだわるのではなく、ヨーロッパを分断している軍事＝政治ブロックをどのようにして接近させるかを考えるべきだという持論を述べたが、ブッシュは現にドイツはNATOを選んでいるのだと応じた。ブッシュはゴルバチョフを宥和するための部分的な譲歩として、以前は避けていた全欧機構の創立を支持する、NATOを新しい条件に適応させて〔軍事よりも〕政治的性格を強める、東ドイツ領に一定期間はNATO軍は入らない、東ドイツにソ連軍が短期間とどまるのを認める、などといった条件を挙げて、そうした条件下での統一ドイツのNATO帰属を認めるよう要請した。押し問答の末、ゴルバチョフは統一ドイツの自主的な同盟選択権を認めると発言した。[*52] アメリカ側は、「自主的な選択権」とは事実上NATO帰属以外ではありえないとの解釈から、このゴルバチョフ発言を決定的なものとして受け止めた。[*53] もっとも、このゴルバチョフ発言はまだ自主的な選択権という一般論の枠内であり、NATO帰属そのものを正面から受け入れたわけではなかった。

ドイツ統一をめぐる交渉が続く中で、ワルシャワ条約機構の命運についても議論が進行していた。もともと一九八八年一二月のゴルバチョフの国連総会演説は東欧駐留ソ連軍の大幅削減の展望を呈示していたが、その後に政権交代が起きたハンガリーとチェコスロヴァキアは駐留ソ連軍の早急な撤退を要求するようになった（ポーランドの場合、統一されたドイツからの領土要求が予期される間は当面ソ連軍を駐留させる考えがとられた）。そうした中で、ソ連指導部としては、軍の撤退に関する交渉に応じるだけでなく、[54] ワルシャワ条約機構そのものについてもこれまでのような形で存続させることは難しいことを認識するようになった。但し、それは一方的かつ一挙的な解散ではなく、その性格を軍事同盟から政治的な調整機関へと変容させることで当面存続させ、それと並行してNATOも同様の性格転換を遂げて両同盟が全欧的な安全保障機構に合流するという展望に期待がかけられた。この問題を議論する重要な場となったのは、六月七日のワルシャワ条約機構政治協商会議である。

この会議はそれまでのような各国共産党指導者たちの会合とは打って変わって、チェコスロヴァキアからハヴェル、東ドイツからデメジエル（キリスト教民主同盟）、ハンガリーからアンタル（民主フォーラム）といった非共産政権の代表者たちがソ連のゴルバチョフとともに顔をあわせる場となった。東欧の非共産政権の間ではワルシャワ条約機構の存在意義を疑問視する考えも強まっていたが、この会合ではとりあえず解散問題を公然と議論することは回避された。従来のワルシャワ条約機構がその役割を終えようとしているという認識はゴルバチョフのものでもあったが、その上で、どのような過渡期を経て本格的な冷戦終焉に接続するかがこのときの主要問題だった。

この会議でゴルバチョフは次のように発言した。われわれは東欧諸国における民主化を歓迎しており、それがソ連の利害に背くとは考えない。それどころか、ヨーロッパの分断克服と欧州統合こそはソ連の真の利益と合致している。それとは別の問題として、大きな変革は否定的結果をもたらす可能性をはらむものであり、慎重に進まねばならない。既にナショナリスティックな熱狂や政治的野心の兆しが見られる。ドイツ統一問題についていえば、われわれは第二次大戦戦勝国の権利を乱用しようとは思っていない。統一の対外的側面が然るべく調整されるなら、その〔戦勝国の権利の〕廃止に行き着くこともできる。しかし、その結果に行き着くためにも、戦後の平和体制を強固にせねばならない。ドイツはその未来を特定のブロックと結びつけるのではなく、西とも東とも強固に結びついた錨とならねばならない。私はNATOが近く軍事ドクトリンを変更しようとしているのを歓迎する。東欧だけが変わらねばならないというアプローチから西側諸国がようやく離れ始めたのはよいことだ。この変化が現実のものとなるなら、その枠内で統一ドイツの安全保障問題も解決されることになるだろう。暫定的に言えば、二つの軍事ブロックが存続するあいだの期間、ドイツはその双方に準加盟するといった形だ。もしドイツ問題に関してソヴェト側が除け者にされようとしているとの疑念がソ連の人々の間に生じるなら、ヨーロッパで進行している肯定的プロセスが危機にさらされる。人民がわれわれ〔ソ連政府〕に考え直しを強いるだろう。[*55]

このような展望を踏まえてゴルバチョフはワルシャワ条約機構について次のように述べた。この機構は時代の要請に応えておらず、一方的に解散するのがよいのではないかという考えもある。確かにワルシャワ条約機構は自己目的ではないが、にもかかわらずヨーロッパにおける均衡と安定を維持するためにはまだ必要だ。ブッシュもベイカーもそのことを理解している。政治においてリアリストであるなら、そういう理解に立つほかないのだ。ワルシャワ条約機構の性急な清算は軍縮管理を複雑化するだろう。終局的には、ワルシャワ条約機構もNATOも全欧的な安全保障システムの中に溶解することになるだろう。しかし、一部の人たちは東欧のいくつかの国をＮＡＴＯに引き入れようと望んでいる。これは欧州共通の家を作ろうとするものではなく、ヨーロッパを大西洋からソ連国境までの範囲で統合しようという構想だ。こうしたＮＡＴＯ拡張論は新思考ではなく、冷戦期の目標を新しい条件下で達成しようとするものだ。[*56]

同じ会議でハヴェルは次のように発言した。かつてはソ連を褒め称える声だけが発せられる場だったこの会議で私が発言するのは異例なことだ。われわれは初めて主権・独立・対等のパートナーとして集まり、今後の問題を共同で討論することができる。わが国は二二年前に軍事侵略の犠牲となった国として、この同盟〔ワルシャワ条約機構〕の未来について考える権利がある。かつて軍事力を侵攻させた国の現在の元首たちがソ連を含めて、物事をその名で呼んでいることを高く評価する。起きたことを変えることはできないが、そこから教訓を引き出さねばならない。ワルシャワ条約機構は現在の過渡期において臨時的組織として一定の役割を果たさねばならない。もちろん、原則的な政治的・組織的変革を施すという条件の上でだ。中欧と東欧をヴラディヴォストークからサンフランシスコまでを包括する全欧的文脈におくべきだ[*57]（傍点は塩川）。

ハンガリーのアンタルもゴルバチョフの提案を歓迎し、これを支持した。二つの軍事ブロックはまだ存続しているが、それらに属する国々の間で多面的な結合が発達し、対話が始まっている。新しいシステムはＣＳＣＥ三五カ国の積極的参加の下でつくられねばならない。そこにアメリカとカナダも加わるべきであり、ソ連の責任ある参加も不可欠だ。われわれはソ連を統一ヨーロッパから排除することを望まない。欧州を現在分断している線が東に移動する形で残るのではなく、分断の完全な清算こそが現実的な選択肢だ。ソ連は欧州統合プロセスの一部分とならねばならない。一九五六年にナジはワルシャワ条約機構からの一方的離脱を宣言したが、今日では一方的決定ではなく、相互理解がある。ワルシャワ条約機構の軍事組織は意味を失いつつあり、一九九一年末までに清算されることが望ましい。新しい全欧安保機構がつくられる中でワルシャワ条約機構はそれと接合する[*58]（傍点は塩川）。

これらの発言をうけて採択された政治協商会議の宣言は欧州分断克服の条件ができたとして、次のように述べた。人為的障壁もイデオロギー的敵対もない協力、新しい全欧安全保障システムと平和と協力の単一ヨーロッパへと進んでいく。イデオロギー的な敵というイメージは東西双方の努力で多くの点で克服された。われわれは北大西洋機構との建設的な相互関係を打ち立てる用意がある。ヘルシンキ・プロセスを全面的に制度化すべきだ。最近NATOがとっている歩みを肯定的に評価する。NATOの変化がさらに深化することを期待する。ブロックも敵対もないヨーロッパへの歴史的チャンスを逃すことのないよう、われわれの責任を果たす[*59]。

これらの発言および宣言は、欧州分断の克服のためには、NATOのみが一方的に勝ち誇るのではなく、アメリカ、西ヨーロッパ、東ヨーロッパ、ソ連のすべてを包括する全欧機構の創出が必要だという発想に立脚している[*60]。しかし、その後の現実はこの期待とは異なって、NATOが東ヨーロッパの大部分を呑み込む一方、ロシアおよび多くの旧ソ連諸国はその外に残される——バルト三国だけはNATOに加えられ、ウクライナおよびグルジアがこれに続くかどうかが論点となる——という形で新たな分断が訪れることになる。

　やや議論が先走ったが、ワルシャワ条約機構が六月にこういう宣言を発表したのに呼応するかのように、NATOは七月五－六日にロンドンで首脳会談を開いて、NATOの性格転換を打ち出す宣言を採択した。これはワルシャワ条約機構加盟国に対して、「われわれは互いに相手を敵視しないと表明し、武力による威嚇や武力行使を放棄する意図を確認する」という共同宣言を提案した。これは当事者の主観としてはソ連側を安心させて、統一ドイツのNATO帰属を認めさせるための重要な梃子になるものと想定された。[*61] 実際、シェワルナゼはロンドン宣言を高く評価する態度を表明したし、[*62] ゴルバチョフもある程度それに近い発言をしたことがある。[*63] しかし、この宣言における全欧安保構想への言及は具体性を欠いており、それがどこまで現実的な保証になるかは定かではなかった。同じ時期にモスクワでは第二八回ソ連共産党大会が開かれており、欧米諸国の多くの観察者はこの大会でゴルバチョフが書記長に再選されたことをもって「ゴルバチョフが保守派に対して勝利をおさめて政治基盤を強めたから統一ドイツのNATO帰属も認めやすくなった」と考えた。[*64] だが、実際にはゴルバチョフの政治基盤はますます弱まっており、[*65] そういう中で統一ドイツのNATO帰属を認めざるを得なくなるということはゴルバチョフを一層困難な状況に追い込んでいった。

　七月半ばのコール訪ソのときまでには、事態はもはや決しようとしていた。その背景には、ソ連の経済危機が深まって西ドイツからの経済援助に依存せざるを得なくなっているという状況、東ドイツ国家が急速に瓦解に向かい、独自改革を行なった上での対等合併という展望の現実性が薄れたこと、相対的にゴルバチョフに近かったミッテランまで統一ドイツのＮＡＴＯ帰属を認めるほかないと伝えたことなどがあった。こうした力関係のもとで、ゴルバチョフはもはやこれ以上抵抗することは無意味であるとの判断に至った。[*66] 先ずモスクワ、次いでゴルバチョフの郷里たるスタヴロポリ地方で一五日と一六日に行なわれた一連の会談では、統一ドイツのＮＡＴＯ帰属を認めるという考えは早い段階でコールに伝えられ、以後の議論の重点は、統一と同時に結ばれるべき独ソ間の条約の内容、特に旧東ドイツ領におけるソ連軍の一時的駐留および計画的撤退の条件、撤退完了後の旧東ドイツ領への外国軍配置および核兵器配備の禁止、経済協力の規模などをめぐる条件闘争におかれた。[*67]

単にドイツが統一するというだけならともかく、ソ連の同盟国だった東ドイツが西に吸収されてＮＡＴＯの一部になることまで認める――そしてワルシャワ条約機構は一方的に解体していく――というのはイデオロギーとは次元を異にする地政学的意味での大後退であり、ゴルバチョフ外交の実質的な敗北を意味した。このことはソ連国内で彼およびシェワルナゼ外相への批判が高まる契機となった。ソ連国内でのゴルバチョフの支持率は一九九〇年初頭まではまだそれなりの高さを維持していたが、この年を通じて急落した。[*68] その重要な要因は、一九八九年末までは欧米諸国首脳と対等に渡り合って外交的成果をあげるかに見えたゴルバチョフが九〇年には明らかな敗者となったことにあった。

(4) ドイツ統一からソ連解体まで

ドイツ統一の具体的な形が「東の西への吸収」および「ＮＡＴＯへの帰属」として確定したこと

は、冷戦が本格的に終焉した——一九八九年の段階でゴルバチョフが期待していたような「双方からの接近と和解」という形ではなく、「NATO側の勝利／ソ連側の敗北」という形で——ことを意味した。もっとも、この時点ではまだソ連という国は——その政治経済体制はペレストロイカ急進化の中でもはや共産主義体制ではなくなりつつあったが——ともかくも存続していた。その国が、ただ単に体制を転換するというだけではなく国家そのものの解体という帰結に至るのは、冷戦後最初の局面の中での新たな変動を通してのことであり、広義の冷戦終焉過程全体を考えるためにはその局面をも視野に入れておかねばならない。

ドイツ問題の結論が固まったのと入れ替わるかのように国際政治の新たな焦点として浮上したのは、八月に始まった湾岸危機——そのピークとして九一年一－二月の湾岸戦争——である。これはもはや冷戦の一環ではなく、むしろ冷戦後最初の国際紛争という性格を帯びていた。アメリカがその目を湾岸に集中することができたのは、もはや「ソ連の脅威」を考えないで済むようになったという状況に負っており、冷戦が過去のものとなったことを象徴した。その意味で、この危機は「冷戦終焉後」という条件下でのアメリカの対外軍事行動の第一弾となった。

他方、ソ連はもともとイラクとの間に太いパイプを持っており、独自のイニシャチヴによる政治的解決の可能性を模索した。しかし、その努力は効果を上げることができず、結果的に対米追随を余儀なくされた。[*69] このことは、ドイツ統一方式をめぐる交渉におけるソ連側の後退と並んで、ソ連外交の「敗北」を強く印象づけた。

七月に方向性が確定したドイツ問題の決着は、九月一二日の最終文書調印で正式のものとなり、ドイツ統一は一〇月三日に実現した。なお、一〇月三日の記念式典にコールはブッシュとゴルバチョフの双方を招待したが、いずれも欠席した。ブッシュの欠席は湾岸危機への対応および国内の議会選挙を理由とするものだったが、ゴルバチョフが自分だけでも出席するという選択肢をいったんは考慮しつつもあえてそれをとらなかったのは、「統一の恩人」としてドイツから感謝されることよりも、「勢力圏を売った」という国内からの批判を意識したためと見られる。[*70] その直後の一〇月一二日には旧東ドイツ領へのソ連軍の一時的駐留および計画的撤退に関する条約が調印され、ソ連軍は一九九四年末までに完全撤退する代わりにドイツは駐留経費や本国帰還後の住宅建設に一二〇億マルクを補助金として支出することが取り決められた。これはソ連が東ドイツの西への吸収を認めたことの見返りという性格があったが、ソ連国内では「金で勢力圏を売った」という反撥を生み、ゴルバチョフ＝シェワルナゼ外交への批判を強める要因となった。一一月九日には独ソ善隣協力友好条約および経済・産業・科学・技術協力条約が調印された。[*71]

ドイツ統一実現後まもない一一月一九－二一日に開かれた欧州安全保障協力会議（ＣＳＣＥ）首脳会議は欧州分断の終焉を宣言するパリ憲章を採択し、またＮＡＴＯとワルシャワ条約機構双方の参加国が不可侵宣言を発して、通常兵器軍縮条約を締結した。この時点ではワルシャワ条約機構はまだかろうじて存続しており、軍縮条約の一方当事者という役割を演じたが、統一ドイツのＮＡＴＯ帰属確定はワルシャワ条約機構の要ともいうべき東ドイツの脱落を意味し、ワルシャワ条約機構存続への疑問は一段と深まった。ゴルバチョフは統一ドイツのNATO帰属を認めた後も、それが長期的に固定される最終決着だとは考えず、やがてはCSCEを基礎とする新しい全欧的安保機構にとって代わられることを期待しており、このパリ会議はそのような期待にある程度まで応えるかの外観をつくるものだった。実際、その数日前のゴルバチョフ＝ゲンシャー会談では、両者ともドイツ統一が新しい全欧的安保機構の創出を促進するという希望を表明していた。[*72] しかし、結果的には、それも空しい期待に終わった。ワルシャワ条約機構解散論は急速に強まり、ソ連もそれに応じざるを得なくなったから、両同盟の同時解体と全欧的機構への融合というゴルバチョフ構想は現実的展望をもつことができなかった。

このパリ会議にわずかに先立つ一一月一四－一五日、東欧諸国の左翼諸政党（旧共産党）の会議がモスクワで開かれた。この頃までに多くの党が共産党から党名を変更しており、また政権から下野していたが、とにかくこの会議には旧共産党の系譜を引く諸党が集まって、新しい情勢について議論した。この会合の総括に関わるソ連共産党中央委員会国際部の文書は興味深い論点を含んでおり、やや詳しく紹介するに値する。そこでは、東欧における社会主義の指令＝行政モデルは内的な矛盾の蓄積によって崩壊したという前提に立って、以下のような認識が示された。ソ連は社会主義諸国のリーダーとしての能力を失い、その一方で西側は東欧のプロセスを彼らに都合のよい方向に突き動かした。実際に起きたことは、何よりも先ず自らの失策、誤り、逸脱の結果だった。その意味で、社会主義は自らに敗北をもたらしたのだ。しかし、外的要因——あらゆる形態の社会主義を拒否し、資本主義と異なるいかなるモデルをも受け入れまいとする勢力がつくり出したもの——を見ないのも正しくない。東欧における政治的振り子は右に揺れており、社会主義的理念への否定的態度が強まり、反共主義が成長している。多くの国で「ビロード革命」のビロードは粗布やサンドペーパーにとって代わられようとしている。東ドイツは呑み込まれ、左翼勢力は打ちのめされ、ドイツの東部分は一種の国内植民地と化した。旧社会主義諸国は西側からの援助を求めて競争を繰り広げ、早期のヨーロッパ共同体加盟あるいはＮＡＴＯ加盟を求めているが、それはソ連の更なる弱体化という想定に基づいている。以前は「ソヴェト的家父長制」が東欧の安定を保障していたが、今や政治的・経済的・理念的空白が生じており、それを利用してこれら諸国をソ連から引き離す試みが進行している。[*73]

この文書は既存社会主義は自らの誤りによって敗れたということを明確に認めており、その意味では「保守的」なものではない。それとは別に、既存社会主義体制の放棄はまだしも受容できるにしてもソ連の地政学的後退は座視できないという発想がこの文書の基調をなしている。翌九一年一月の党国際部の覚書も同様の発想を示した。この覚書はソ連と東欧諸国の関係の旧来のモデルは崩壊したという前提に立った上で、この地で現われている権威主義的・民族主義的潮流は大きな危険性をなしていると指摘し、経済相互援助会議〔コメコン〕は活動を終えつつあるし、ワルシャワ条約機構は年末までに解散するだろうと予測した。今後の展望として、地域紛争の可能性を含む「バルカン化」のおそれがあり、ソ連の西方国境にまで至る地域が不安定な地帯となるおそれがあるとの警告が発せられた。[*74] イデオロギーはさておき地政学的後退だけは甘受できないという発想は、ソ連解体後のロシアにも受け継がれることとなる。

結局、一九九一年二月二五日のワルシャワ条約機構外相会議はその軍事機構を四月一日までに解散することを決定した。七月一日の政治協商会議では同機構そのものを解散する議定書が調印され、コメコンも六月二八日に解散した。[*75] こうして、「東側」ブロックは、性格を変容させつつ過渡的に生き延びるという前年の展望を実現することなく、単純に消滅することとなった。

このような国際情勢の推移はソ連の国内情勢にも跳ね返った。冷戦における「敗北」――それも「威厳を保った整然たる後退」ではなく、「算を乱した壊走」――はゴルバチョフ指導部の威信の急落をもたらし、諸方面からの指導部批判が高まった。経済危機の深化および社会秩序の混乱もこれに加わり、諸共和国のソ連中央への反抗も強まった。こうして、一九九〇年末から九一年初頭にかけて「保守逆流」、「ペレストロイカの終わり」、「ゴルバチョフの反動化」などの言葉が飛び交い、深刻な政治危機が生じた。もっとも、この時期に強まった「保守化」とは、既存社会主義体制固守という意味でのイデオロギー的保守を第一義とするものではなく、むしろ社会秩序解体傾向を食い止めて国家権力を再建することに力点をおくものだったということも確認しておかねばならない。共産主義イデオロギーはさておき国家権力の再建こそが重要だという考えの強まりは、ソ連解体後のロシア・旧ソ連諸国で権威主義的統治による「上からの資本主義化」という傾向が広まることにつながる意味をもった。

国内情勢の尖鋭化は、一九九一年一月にリトアニアとラトヴィアであいついで流血事件が起き、それを契機にエリツィン・ロシア政権がゴルバチョフ・ソ連政権を激しく攻撃することで絶頂に達した。二月一九日にはエリツィンがテレビ演説でゴルバチョフの退陣を要求し、両者の関係は不倶戴天の敵という様相を呈するに至った。しかし、このような情勢がそのまま一瀉千里にソ連解体につながったわけではない。四月二三日には、エリツィンを含む九共和国首脳とゴルバチョフの間で「九プラス一」と呼ばれる妥協的合意が成立した（ここに不参加の六共和国は暗黙に独立が既成事実視された）。以後しばらくの間、ソ連政治は和解へ向けての際どい綱渡りを模索する新しい局面に入った。その妥協の核心は、ソ連中央と諸共和国指導者たちの間の合意によって同盟条約を結び、新しい同盟体制——同盟の名称から「社会主義」の語を除き、同盟体制の性格はフェデレーション（連邦）とコンフェデレーション（国家連合）の中間的なものになると想定された——をつくりだそうとする点にあった。[*76]

いったん厳しい対抗関係に立ったゴルバチョフとエリツィンがこの時期に接近した背後には、国際的要因も作用していた。当時、経済危機を深めるソ連への経済支援が問題となっていたが、欧米諸国は援助供与の条件として、ゴルバチョフ・ソ連政権とエリツィン・ロシア政権の協調を通した政治的安定確保を挙げていた。ゴルバチョフが同盟条約交渉において多くの点でエリツィンに譲歩したのはそうした「外圧」を背景としていた。エリツィンの方も四月の訪欧時に、ロシアはソ連の存続を終わらせようとしてはおらず、条約関係に基づいた主権国家同盟に賛成していると述べて、ゴルバチョフとの協調を欧米政治家にアピールした。[*77] もっとも、こうした協調姿勢のアピールの背後では相互の不信と主導権争いが続いており、情勢は不安定なものであり続けた。

こうした国内情勢と国際関係のからみあいを象徴した一つの論点は、七月に予定されたロンドン・サミットへのゴルバチョフの参加問題である。この時期、ゴルバチョフは経済危機脱出の手段として欧米諸国からの援助に期待を託し、ロンドン・サミットへの参加を希望していたが、その実現のために、経済学者のヤヴリンスキーがハーヴァード大学のアリソンらとの共同作業で市場経済移行プログラムを作成し、このプログラムの実行が欧米からの援助供与の条件となるものと想定されていた。これに対し、パヴロフ・ソ連首相はヤヴリンスキー＝ハーヴァード構想をアメリカによる内政干渉と受けとめ、ソ連政府独自の危機対策プログラムをこれに対置した。経済危機克服のために国際的な金融支援を利用するという発想は、一方ではそれを「非愛国的」とする観点、他方では寛大な支援を当てにするのは非現実的だとする観点からの批判にさらされた。[*78] 六月にはパヴロフ政府がゴルバチョフ大統領に「反乱」を起こすかに見える動きがあり、ソ連政治は一段と緊張した。もっとも、結果的にこの「反乱」は尻すぼみに終わり、本格的に爆発することなく収拾された。[*79]

七月八日の九共和国首脳とゴルバチョフの会合でロンドン・サミット提出予定の経済改革案が審議されたとき、エリツィンを含む九共和国代表およびパヴロフ・ソ連首相はそろってゴルバチョフ提案に同意を与えた。[*80] それまで多くの点で対抗していたソ連政府とロシア政府がとりあえず足並みをそろえて、ゴルバチョフがロンドンに持っていく市場経済移行プログラムに共同で承認を与えたことになる。このようにして国内協調が辛うじて確保されたにもかかわらず、ロンドン・サミットでゴルバチヨフは援助の約束を取り付けることができなかった。アメリカの指図に従って経済政策を立案するのは国辱的だという批判を押しきって市場経済移行プログラムを作成してロンドン・サミットに臨んだゴルバチョフは、「あれほど譲歩しても何の成果も得られなかったのか」という批判にさらされることになり、その威信を一段と落とした。

この前後の時期を通じてブッシュ政権はゴルバチョフを支えようとしていたとするのが通説である。もしゴルバチョフが失脚するなら、それまでの改革も逆行するかもしれないし、いくつかの共和国が独立してソ連が解体するなら一つの核大国の後に多数の核保有国が生まれるかもしれないという恐怖の展望を思えば、米政権がゴルバチョフを支えようとした――ソ連内外の反ゴルバチョフ派の眼から見れば、過剰なまでにゴルバチョフ寄りだったとされる――のは了解に難くない。しかし、統一ドイツのNATO帰属問題に関する強硬姿勢や、経済支援の可能性を仄めかしながらも、それを積極的に実現しようとしなかったことは、ゴルバチョフへの支援が限界付きのものだったことを物語っている。ゴルバチョフの側は、一九八九年末に共同で冷戦終焉を宣言したからには今後の米ソ関係は友好を基調とするものになるはずだと期待していたが、ブッシュ政権による限界付きの支援はその期待を満たすものではなかった。

そうした中で、ブッシュは七月末から八月初頭にかけてソ連を訪問し、戦略兵器削減条約（START）にゴルバチョフとともに調印した。ブッシュがモスクワに着いたその日の深夜に、ゴルバチョフ、エリツィン、ナザルバーエフ（カザフスタン大統領）の三人は長時間の密談をかわして同盟条約案に関する最後の詰めの作業を行なった。この密談では大半の事項についてゴルバチョフがエリツィンに譲歩して、連邦の権限を大幅に共和国に譲ること、連邦政府要人を一斉に更迭することなどが合意された（その内容がＫＧＢに盗聴されたことは八月クーデタの引き金となった）[*81]。こうしてゴルバチョフとエリツィンは種々の不一致を秘めつつも、とりあえず外見上の協調姿勢をもってブッシュと会い、近い時期の同盟条約調印の展望を彼に印象づけた。このことは、モスクワからキエフに移動したブッシュがウクライナ独立論に対して自制を促す演説をしたことの重要な背景をなした。なお、このキエフ演説に関してはウクライナ民族主義急進派による誇張気味の情報がアメリカに伝わって、次期大統領選挙を控えたブッシュの人気低下をもたらした。実際にはブッシュはウクライナ民族運動に冷たかったわけでもなければ、ゴルバチョフべったりだったわけでもないが、そのようなイメージがアメリカで広められ、そのイメージを取り消す必要に迫られたブッシュはまもなく態度を変更することになる[*82]。

このように種々の矛盾と不確定性をかかえながらも、七－八月のソ連政治は「主権国家同盟条約」の調印に進もうとしていた。この名称に示されるようにもはや「ソヴェト」でも「社会主義」でもない、大幅に分権化した同盟への転化を想定する条約は八月二〇日に調印されるものと予告された。なお、七月のソ連共産党中央委員会総会に提出された新党綱領草案は「共産主義」の語にほとんど言及せず、事実上の社会民主主義化、即ち共産主義の実質的放棄を示唆するものとなっていた。ゴルバチョフはこのとき、予見しうる将来に共産主義の目標を現実に達成できると考える根拠はないと述べ、党名変更の可能性も示唆した。このような綱領案を年末の党大会で正式採択するという方針は、そこにおける共産党の分裂を目論んだものだったが、その直後にクーデタが起きたことで、このシナリオは不発に終わった。[*83]

八月クーデタは同盟条約調印予定日の前夜に勃発した。このクーデタは、通常「保守派」による改革逆転を目指したものと解説されている。もっとも、非常事態国家委員会の声明には「社会主義」の語も「共産党」の語もなく、ペレストロイカ以前の旧体制を理想化する文句もない。クーデタの最大の目標は、首謀者の眼から見て国家破壊につながるものと見なされた同盟条約の調印阻止であり、弛緩した国家秩序の回復にあった。しかし、このクーデタおよびその後の急激な政治変動は、首謀者の狙いとは裏腹に国家制度全体を大きく動揺させ、国家解体へと向かう動きを拡大した。

クーデタおよびその失敗に伴ってソ連の中央権力機構は壊滅的に弱まり、その後につくられた暫定的なソ連権力は、ゴルバチョフを取り巻く少数の人たち以外には、主にロシア共和国から派遣された人々によって担われることとなった。八月政変の勝者となったエリツィンは一種のヒーローとなり、ゴルバチョフとエリツィンの力関係は後者優位へと大きく変わった。とはいえ、その時点で直ちにソ連国家解体という結論が定まったわけではない。エリツィンもこの時点では同盟条約調印論を維持していたし、欧米諸国も、あまりにも急速なソ連解体は国際情勢の不安定化を招くことから、当面しばらくは同盟体制存続支持の態度を続けた。

ソ連国内における力関係がエリツィン優位となるなかで、外交はゴルバチョフが主として担う数少ない領域となり、彼は諸外国首脳とのつながりを政治資産として自己の権力を立て直そうと試みた。この時期のソ連外交の最大の課題は、クーデタ後の新情勢で生まれ変わったソ連が市場経済化および民主化の道に進もうとしていることを諸外国にアピールし、そのための援助を獲得することにあった。[*84] その皮切りとして、CSCEの人権会議がモスクワで九月一〇日に開催されたのは象徴的な意味をもった。

欧米諸国の側は対ソ経済援助にあまり積極的ではなく、かねてからの対ソ不信も払拭されていなかったが、それでもある程度まではゴルバチョフの努力に呼応するかの姿勢を示した。それまでの交渉過程で相対的にソ連に配慮する態度を示していたベイカー米国務長官とゲンシャー・ドイツ外相は北大西洋協力会議（NACC）という新しい機構の設立構想を提示し、ゴルバチョフもこれに賛同した。この機構には、NATO諸国、ぎりぎりいっぱいまだ存在していたソ連、独立したばかりのバルト三国、中東欧諸国のすべてが包括されることとなっており、長らくゴルバチョフが願望していた全欧的な協力機構の母体となるかに見えた。しかし、結果的にいえば、それは願望にとどまり、NACCは期待されたほど重要な役割を果たすことにはならなかった。

その他、この時期のソ連外交はいくつかの重要な地域紛争——中東、旧ユーゴスラヴィア、カンボジア——の調停にも関与した。中でも重要だったのは、ブッシュとゴルバチョフを共同議長とする中東和平会議（マドリード、一〇月二九－三〇日）である。しかし、この頃までにソ連国内におけるゴルバチョフの地位は一段と揺らいでいた。この会議に出席した欧米諸国首脳は、エリツィンの攻勢によって同盟再編の展望が暗くなったのではないかという質問をゴルバチョフに浴びせ、ゴルバチョフは同盟条約調印の展望はまだ消えていないと熱弁をふるった。[*85] 欧米諸国首脳はこの頃までにゴルバチョフの立場の強固さに疑念をいだき、ソ連国家がいつまで存続するかも疑念視していたが、なお最終的態度を決めかねていたようにみえる。彼らはあまりにも急速なソ連国家の解体には懸念をいだき、またエリツィン個人への不信もあって、なおゴルバチョフを支えるかの態度を示したが、ソ連国内の力関係からしてゴルバチョフよりもエリツィンの方が「勝ち馬」となるのではないかとの観測も広まっており、ゴルバチョフの安定性はさらに不確実なものとなった。[*86]

一二月一日のウクライナ独立レファレンダムが近づく中で、一一月二七日には米政権がウクライナ独立承認の用意があるという情報がリークされて、ウクライナの独立気運に更なる拍車をかけた。前述のようにブッシュは八月のキエフ訪問時にはウクライナ独立論に消極姿勢を示していたが、米国内でこのキエフ演説が不評だったことから、翌年の大統領選挙を控えたブッシュ陣営は国内の批判を意識して、ウクライナ・レファレンダムの結果が出る前に態度変更を急ぐ考えがあったように見える。これはゴルバチョフにとって大きな打撃となった。

他方、ソ連全体の命運を握る立場に立ったロシア共和国では、九月以降しばらくの間、政権内部で路線闘争が続いていた（ちょうどこの時期にエリツィンが長期休暇を取ったことは路線闘争の帰趨を不透明にした）。その核心は、同盟体制を維持しつつソ連全体の改革をロシアが主導するという道をとるか、それとも他共和国との提携を重荷と見なし、同盟を解体して「ロシア一国資本主義」に進むかという選択にあった。エリツィンはしばしばその発言を変えており、内心を正確に見定めるのは至難だが、一〇月末ないし一一月初頭にはロシア一国資本主義路線への傾斜を濃厚に示唆するようになり、決定的には一二月七－八日のロシア・ウクライナ・ベラルーシ三国首脳会談でソ連解体の合意に至った。このとき、エリツィンはゴルバチョフよりも先にブッシュに電話をかけて、あたかもブッシュの同意が既成事実であるかに装いつつゴルバチョフに通告した。[*87]

このようにしてソ連国家が解体したことは、ただ単に「ソ連型社会主義」の破産を意味しただけではない。かつての指令経済から市場経済に移行し、政治的にはリベラル・デモクラシーの原則を採用するという考えはこの数年前から政治指導部にも広まっており、ペレストロイカ後期のソ連は事実上、伝統的な社会主義から離れつつあった。当初「体制内改革」として始まったペレストロイカは時間とともにエスカレートを重ねて、事実上の体制転換――但し、できるだけ断絶と破壊の要素を小さなものにとどめる「軟着陸」路線――へと転化しており、最後まで掲げられた「社会主義的選択」とは共産主義から社会民主主義への転化を含意していた。[*88] そのような方向を目指したゴルバチョフの構想が実現しなかったことは、「軟着陸」ならぬハードランディングへの突入であり、社会民主主義をも「社会主義の一種」として忌避するレッセフェール型市場原理主義の制覇につながった。

3　その後

前節では、冷戦の終焉が一直線の過程ではなく、むしろ複雑に曲折した経過をたどったということを見てきた。そこにおいては、冷戦がどういう形をとって終わるのかをめぐる攻防があり、最終的には、ある時期までゴルバチョフのみならず西欧や中欧の少なからぬ政治家たちがいだいていた期待とは異なる形での終わり方が優位を占める形で決着がつけられた。冷戦終焉がそういう形をとったことは、その後の歴史にも大きな影響を及ぼした。以下、国際関係、国内体制の経済面、政治面に分けて、簡単に考えてみたい。

国際関係では、「和解」図式が姿を消し、「勝利／敗北」図式が圧倒的に定着した。そのことを象徴するのは、一九九二年初頭以降、ブッシュが大統領再選を目指すキャンペーンの中で「われわれは冷戦に勝ったのだ」という宣伝に乗り出したことである。これはゴルバチョフと表面上友好的だった時期の公的な言説――「冷戦に勝者も敗者もない」――とは大きく異なる態度表明である。もっとも、「勝利」意識は内々にはそれに先だって懐かれていたが（前注42参照）、それが大っぴらに表明されるようになるのはソ連解体を機としていた。アメリカではこれ以降、「勝利主義（triumphalism）」が一挙に広まった。[*89] そのことは、この後しばらく続くアメリカ単独行動主義の重要な背景となった。

一九九〇年代後半にはNATOの東方拡大が始まった。その一つの要因は中東欧諸国が感じる「ロシアの脅威」にあったが、ロシアの側からするなら、自国がそのように見なされるということ自体が「西からの脅威」と孤立という感覚をもたらした。ここには典型的な「安全保障のディレンマ」があり、NATOとロシアのミラー・イメージが昂進することで「脅威」感が自己成就する予言となっていった。なお、ロシアのＮＡＴＯへの警戒はプーチンに始まるものではなく、エリツィン期を通じて進行しており、一九九〇年代末の米ロ関係は相当緊張したものになっていた。さかのぼるならゴルバチョフ期のドイツ統一交渉過程の中でこの問題は既に浮上していたから、ゴルバチョフ、エリツィン、プーチンの三代の政権は、多くの点で性格や政策を異にしているにもかかわらず、ＮＡＴＯに脅威を覚え、警戒心をいだく点では共通しているということになる。これは冷戦終焉が分断克服をもたらすのではなく、むしろ新しい分断――境界線を東に移動させ、ロシアをかつてよりもずっと弱い位置に追い込む――に帰結したことのあらわれである。

国内体制のうち経済面では、旧ソ連・東欧圏で市場経済移行が進んだこと、時をほぼ同じくして中国も「社会主義市場経済」に進み、またかつて親ソ路線をとっていたインドも自由主義経済へと舵を切ったことは周知の通りである。こうして、市場経済はほぼ全世界的に一般化し、グローバルな経済競争の時代が訪れた。しかも、世界的にネオリベラリズムが支配的だった時代風潮の中で、旧ソ連・東欧諸国では市場原理主義的な発想に立つ「ショック療法」が唯一「正しい」ものとして推奨された。もっとも、この処方箋に伴う「副作用」の大きさから、これがそのまま実行されたわけではないが、それは「後退」とみなされ、本来的に「正しい」のは一切の市場介入の拒否だという市場原理主義的な発想はその後もしばらく続いた。そのことと関係して、体制間競争としての冷戦において敗れたのは社会民主主義を含むあらゆる傾向の社会主義であり、勝者は市場原理主義であるかの受け止め方がかなりの範囲で広まった。

国内体制のうちの政治面では、かつての「ソヴェト民主主義」ないし「社会主義的民主主義」が失墜した結果、リベラル・デモクラシーが民主主義の唯一の型だという理解が広まり、世界の大多数の国で少なくとも建前においてはリベラル・デモクラシー型の制度がとられるようになった。その限りでは、「リベラル・デモクラシーの勝利」が言われたことにはそれなりの理があったかに見える。しかし、制度的に取り入れられたリベラル・デモクラシーは容易には定着しなかった。旧ソ連・東欧諸国の場合、急激な資本主義化につきまとう種々の抵抗を押しきって政策を遂行するためには、制度的建前とは別に権威主義的統治手法がなじみやすいという現実があり、体制転換を「民主化」と同一視する通念にもかかわらず、実際には《権威主義的手法で上から推し進められる粗野な資本主義化》ともいうべき傾向が多くの国で見られるようになった。「一九八九年の真の勝者は民主主義ではなく資本主義である」という指摘は、その意味で重要な点を衝いている。[*90] そればかりか、いわゆる先進諸国でも、社会主義という対抗者を失うなかでグローバルな競争が激化した結果、かつてよりも節度を失った「弱肉強食」型競争と格差拡大が進行し、その中で政党政治の基盤が揺らぎ、リベラル・デモクラシーの危機が指摘されるようになってきた。

駆け足に「冷戦後」の状況を描いてきた。やや一面的な描写になったかもしれないが、とにかく確認できるのは、一九八九年当時に多くの人が期待した《自由・民主主義・市民社会・平和の時代》は到来しなかったということ、そしてそのような期待からの乖離は最近になって突然生じたというよりも冷戦終焉過程の中に既に胚胎していたということである。念のため付け加えておくなら、上に描いたような状況がそのまま持続し、全面的に定着したというわけではない。ネオリベラリズムは一定期間の大流行の後に、各種の批判にさらされるようになってきた。アメリカの一極支配も次第にほころび、ついにはトランプ政権という鬼子を生み出すに至った。中国の「覇権」台頭、イギリスのEU脱退その他、一九九〇年代には予想もつかなかったような新しい問題が世界各地で噴出しており、今や「ポスト・ポスト冷戦」ともいうべき時代に突入しているように見える。その内実を見定めるのは本章の枠をはみ出す別個の課題である。ただ、そうした課題に取り組むためにも、一つの前提として、「冷戦はどのようにして終わったのか」、「それが特定の終わり方をとったことはどのような意味をもち、どのような新しい問題を生みだしたのか」を確認することが不可欠である。本章が冷戦終焉のプロセスを重視したのはそのような考えに基づいている。

長期の視座で見るなら、本章の第1節で見たように冷戦の二つの中心要素たるイデオロギー対抗と地政学的・軍事的対抗のうち、前者の役割は長期的に衰退しつつあったのに対し、後者は一貫して持続していた。そのことを踏まえて冷戦終焉後について考えるなら、共産主義イデオロギー衰退の最終的完成は以前からの趨勢の延長上で理解できるのに対し、地政学的・軍事的対抗の側面は――一九八〇年代後半にはそれを克服しようとする試みがある程度なされたものの――結果的に分断の克服ではなく新たな対抗の再生産へと至った。そうした中で「新しい冷戦」ということが――二一世紀初頭には米ロ関係について、その後は米中関係について――しばしばささやかれている。そこにおける主要な対抗軸はもはやイデオロギーや理念ではなく、[*91] 地政学的・軍事的対抗にある。そのような対抗関係が「新しい冷戦」の語で呼ばれるのは、それに先立つ時期においてイデオロギー的対抗の要素が相対化されつつあったからではないか。本章の第1節と第2節の対比からはそのような結論が示唆されるように思われる。

＊本章は二〇一九年二月に私のホームページ上にアップロードした未定稿に大幅な増補改訂を施した新稿である。もともと国際政治や外交に疎かった私に種々の刺激を与えて、本章執筆のきっかけをつくったり、視野を広げる機縁をつくったりしてくださった青野利彦、石垣勝、板橋巧己、岩間陽子、河合信晴、土佐弘之、藤沢潤、吉留公太の各氏に謝意を表する。

注

＊1　この節はごく大まかな問題提起であることから典拠注は略す。事実関係については多くの既存文献に負っているが、その解釈においてはある程度自前の見解を出そうと試みた。

＊2　体制間対抗をどのような言葉で言い表わすかについては幾通りかの考え方がある。たとえば「社会主義」という代わりに「共産主義」と呼ぶとか、その対抗相手を「資本主義」という代わりに「民主主義」とするなどである。ここにはいくつかの問題がからんでいる。先ず「社会主義」という言葉と「共産主義」という言葉の関係については、欧米では両者の峻別論が有力だが、当のソ連・東欧圏では両者を「第一段階」「第二段階」という風に連続的に捉え、かつ自国に関する自己認識としては「社会主義段階」にあるとしていた。第二に、社会主義圏（共産圏）のイデオローグの自己認識としては、彼らは民主主義を否定したのではなく、「ブルジョア民主主義よりも高次な社会主義的民主主義」を唱えていた。このような自己主張は今日ではもちろん維持され得なくなっているが、とにかく当時に

おける対抗は「民主主義か否か」というよりも、「ブルジョア民主主義」（リベラル・デモクラシー）と「ソヴェト民主主義／社会主義的民主主義」のどちらが「本物の民主主義」かという点にあった。第三点として、資本主義経済は必ずしも民主主義とだけ結びつくわけではなく、権威主義的政治と結びつくことも稀でない。以上のうち第一点と第二点は言葉遣いの問題であり、実質論としてはあまりこだわる必要はない。これに対して第三点は実質論と関わり、特に体制転換後の今日、多くの旧社会主義国における権威主義的政治と資本主義の結合をどう考えるかという問題と関わる（この点については後で立ち返る）。

＊3　ここではソ連側のイデオロギーについてのみ論じるが、アメリカについてもある程度類似の微妙さがあったのではないかと思われる。「アメリカ的自由」を価値とする点は大多数のアメリカ人の一貫した合意だろうが、「アメリカ的自由」の名においてとられる個々の政策は異論の余地あるものであり、ときとしては「アメリカ的自由擁護のため」という名目でリベラリズムの原則に背く傾向が現出したということがさまざまな人によって指摘されている。そうした非リベラルな現実への批判的意見が登場することこそがアメリカ的リベラリズムの復元力だとの考えも有力だが、それをいうなら、ソ連における各種改革論も「本来の社会主義的価値が現実には歪められている」という観点からの批判という点である程度類似の意味をもっていた。

＊4　エリック・ホッファー『大衆』紀伊國屋書店、一九六一年（改題版『大衆運動』一九六九年、原書は一九五一年）。「真の信者」については本書第3章も参照。

＊5　本文で触れたフルシチョフ期が典型だが、ゴルバチョフ初期にも短期ながらある種のイデオロギー復興があった。さらにいうなら、社会主義体制が倒れた後の現代でも、少数ながら原理主義的共産主義者が残っており、これはイデオロギーの根強さを物語っている（但し、ロシア連邦共産党の主要イデオロギーは愛国主義に力点移動しており、共産主義原理主義は野党の中でも少数派である）。

＊6　本書第3章参照。

＊7　ブレジネフ期における「体制内改革派」とペレストロイカの連関については多面的な検討が必要だが、とりあえず本書第4章参照。

＊8　この問題に関し、レーガンの対ソ政策アドヴァイザーをつとめ、一九八七‐九一年にはモスクワ駐在米大使となったマトロックの著作（Jack Matlock, Jr., *Reagan and Gorbachev: How the Cold War Ended*, Random House, 2004）が参考になる。

＊9　ゴルバチョフ政権初期における「新思考」外交の展開については多くの文献があるが、Robert Service, *The End of the Cold War, 1985-1991*, PublicAffairs, 2015, chaps. 11-31 が比較的詳しい。初期における変化をより小さめに評価する議論として、Mark Kramer,"The Demise of the Soviet Bloc," *The Journal of Modern History*, Vol. 83, No. 4 (December 2011).

＊10　Matlock, Jr., *Reagan and Gorbachev*, p. 302. なお、ソ連解体後にアメリカで噴出する「冷戦勝利」論は「悪の帝国に勝った」という認識を広めることになったが、これは一九八八年当時とは大きな違いである。このときに締結されたＩＮＦ全廃条約が二〇一九年に失効したのも当時との隔たりを象徴する。

＊11　George Bush and Brent Scowcroft, *A World Transformed*, Vintage Books, 1998 を読むと、ブッシュの書いた個所とスコウクロフトの書いた個所の間にニュアンスの差があり、スコウクロフトの方が強い対ソ不信をいだいていたことが明らかである。それでいながら、この本が二人の共著として書かれたのは、ブッシュが個人的にはゴルバチョフとの関係を重視しつつも、ソ連観の基本はスコウクロフトと共有していたことを示唆する。ブッシュ政権はレーガン政権よりもタカ派的だったと論じるのは、Thomas Blanton,"U.S. Policy and the Revolutions of 1989," in Svetlana Savranskaya, Thomas Blanton, and Vladislav Zubok (eds.), *Masterpieces of History: The Peaceful End of the Cold War in Europe, 1989*, Central European University Press, 2011. スコウクロフトとベイカーの違いを重視する議論として、吉留公太「ドイツ統一交渉とアメリカ外交――ＮＡＴＯ東方拡大に関する「密約」論争と政権中枢の路線対

立」上・下、『神奈川大学国際経営論集』第五四、五五号（二〇一七―一八年）。スコウクロフト以上にタカ派だったチェイニーの影響力が弱まったことを重視する議論として、M. Meyer, *1989: The Year That Changed the World: The Untold Story Behind the Fall of the Berlin Wall*, Pocket Books, 2009（マイヤー『1989　世界を変えた年』作品社、二〇一〇年）。その他、この時期の米外交全般に関して、ジェームズ・A・ベーカーⅢ『シャトル外交　激動の四年間』上・下、新潮文庫、一九九七年、S・タルボット、M・R・ベシュロス『最高首脳外交』上・下、同文書院インターナショナル、一九九三年も参照。

*12　一九八九年東欧激動については無数の文献があるが、ここでは代表的なものとして、Jon Elster (ed.), *The Roundtable Talks and the Breakdown of Communism*, The Univesity of Chicago Press, 1996; Jackque Lévesque, *The Enigma of 1989: The USSR and the Liberation of Eastern Europe*, University of California Press, 1997; Meyer, 1989（マイヤー『1989』）、Mary Elise Sarotte, *1989: The Struggle to Create Post-Cold War Europe*, Princeton University Press, New and revised edition, 2014; Victor Sebestyen, *Revolution 1989: The Fall of the Soviet Empire*, London, 2009（ヴィクトル・セベスチェン『東欧革命1989――ソ連帝国の崩壊』白水社、二〇〇九年）、В. А. Медведев. Распад. Как он назревал в "мировой системе социализма". М., 1994, гл. 2 и 3; Svetlana Savranskaya, "The Logic of 1989: The Soviet Peaceful Withdrawal from Eastern Europe," in *Masterpieces of History*; Kramer,"The Demise of the Soviet Bloc"; Service, *The End of the Cold War*, chaps. 32-36 を挙げておく。その他、ワルシャワ条約機構諸国に関わる資料集として、Конец эпохи. СССР и революции в странах Восточной Европы в 1989-1991 гг. Документы. М., 2015 が多くの未公刊文書を収録していて貴重である。

*13　Конец эпохи, с. 298-299.

*14　この間の事情については、当時ソ連共産党指導部で社会主義圏対策を担当していたヴァディム・メドヴェーヂェフの回想が詳しい。Медведев. Распад, с. 156-194.

＊15　Конец эпохи. с. 401-403.

＊16　В. М. Фалин. Без скидок на обстоятельства. Политические воспоминания. М., 1999, с. 439-440.

＊17　А. Галкин и А. Черняев (ред.), Михаил Горбачев и германский вопрос. Сборник документов 1986-1991 гг. М., 2006, с. 204; А. С. Черняев. Совместный исход. Дневник двух эпох. 1972-1991 годы. М., 2008, с. 805.

＊18　М. С. Горбачев. Собрание сочинений. т. 16, М., 2010, с. 208. この発言は直接にはソ連のペレストロイカに関わる文脈にあるので東ドイツを指すわけではないとする説もある。しかし、多くの資料は、この発言がホーネッカー批判の意味をもっていたことを示している。Михаил Горбачев и германский вопрос, с. 209-216, 409; Фалин. Без скидок на обстоятельства, с. 441-443. 直後のチェルニャーエフの日記は、東ドイツ指導部がとうとうホーネッカー更迭に踏み切ることにしたという情報が伝わってきたことを記している。Черняев. Совместный исход, с. 806-807. 一部の指導者によるホーネッカー排除工作が秘かに進められていたことについては、Meyer, *1989*, pp. 133-135, 147-150（マイヤー『1989』二二七－二三〇、二四七－二五二頁）参照。

＊19　Черняев. Совместный исход, с. 817.

＊20　М. С. Горбачев. Собрание сочинений. т. 17, М., 2010, с. 176-177; Savranskaya, "The Logic of 1989", p. 35. アメリカ側からの見方として、タルボット、ベシュロス『最高首脳外交』上、二三七－二三八頁。

＊21　なお、このときウクライナ西部のユニエイト教会（東方典礼カトリック）に関する意見交換がなされたことはソ連内政とりわけウクライナ情勢に大きな波及効果を持った。ユニエイト教会は戦後初期にロシア正教会に強制的に「復帰」させられ、その後、地下教会と化していた。ソ連政権としてはヴァティカンとの和解のためにユニエイト合法化に踏み切る必要があったが、そのことは正教会首脳から見れば「裏切り」と映った。ゴルバチョフとローマ教皇の会談の直後から、西ウクライナのユニエイト教徒たちは、それまで正教会のものとされていた教会の建物の実力奪取に乗り出し、各地で衝突が相次いだ。

＊22　このゴルバチョフ発言は、Горбачев. Собрание сочинений. т. 17, с. 243. 同席していたチェルニャーエフの日記の該当個所は、Черняев. Совместный исход, с. 817-828. ゴルバチョフの回想は、М. С. Жизнь и реформы. М., 1995, кн. 2, с. 142-149（『ゴルバチョフ回想録』下、新潮社、一九九五年、一六五－一七四頁）、Михаил Горбачев. В меняющемся мире, М., 2018, с. 268-272; 英文での資料は、Svetlana Savranskaya and Thomas Blanton (eds.), *The Last Superpower Summits: Gorbachev, Reagan, and Bush*, Central European University Press, 2016, chap. 6. 簡潔なまとめとして、Service, *The End of the Cold War*, pp. 420-423 など。

＊23　特にこの点を強調するアメリカ研究者の議論として、Stephen Cohen, *Soviet Fates and Lost Alternatives: From Stalinism to the New Cold War*, Columbia University Press, 2009, pp. 160-161, 279.

＊24　Конец эпохи, с. 96-97, 101-103.

＊25　Конец эпохи, с. 90-127, 693-695. プラハ介入自己批判の声明は、Правда, 5 декабря 1989 г., с. 2.

＊26　たとえば、Sebestyan, *Revolution 1989*（セベスチェン『東欧革命 1989』）、Robert D. English, *Russia and the Idea of the West: Gorbachev, Intellectuals and the End of the Cold War*, Colubmbia University Press, 2000 など。また、Service, *The End of the Cold War* の場合、明示的に一九八九年を「大団円」としているわけではないが、紙幅の大半をここまでの時期に割き、その後についてはごく簡略にしか触れていない。これに対し、Sarotte, *1989* はベルリンの壁開放は「大団円」ではなく、むしろ新しい国際秩序形成への出発点だとして、その後の国際政治の展開を重視している。

＊27　ドイツ統一については数多くの文献がある。とりあえず、Михаил Горбачев и германский вопрос; М. М. Наринский. М. С. Горбачев и объединение германии. По новым материалам //Новая и новейшая история, 2004, No. 1; Vladislav Zubok, "German Unification from the Soviet (Russian) Perspective," in Kiron K. Skinner (ed.), *Turning Points in Ending the Cold War*, Hoover Instituton Press, 2008; Frédéric Bozo, Andreas Rödder and Mary Elise

Sarotte (eds.), *German Reunification: A mulitinational hisotry*, Routledge, 2017; Kristina Spohr, "Precluded or Precedent-Setting?: The "NATO Enlargement Qusetion" in the Triangular Bonn-Washington-Moscow Diplomacy of 1990-1991," *Journal of Cold War Studies*, Vol 14, No. 4, Fall 2012; Joshua R. Itskowits Shifrinson, "Deal or No Deal?: The End of the Cold War and the U.S. Offer to Limit NATO Expansion," *International Security*, Vo. 40, No. 4 (Spring 2016) ; ホルスト・テルチク『歴史を変えた329日――ドイツ統一の舞台裏』NHK出版、一九九二年、高橋進『歴史としてのドイツ統一――指導者たちはどう動いたか』岩波書店、一九九九年、吉留「ドイツ統一交渉とアメリカ外交」、板橋巧己「「制約なき完全な主権」を求めて」日本政治学会編『年報政治学2019－I(主権はいま)』筑摩書房、二〇一九年を挙げておく。

＊28　Vyacheslav Dashichev, "On the Road to German Reunification: The View from Moscow," in Gabriel Gorodetsky (ed.), *Soviet Foreign Policy, 1917-1991: A Retrospective*, London, 1994, pp. 171-174; А. С. Черняев. Шесть лет с Горбачевым. По дневниковым записям. М., 1993, с. 154 (チェルニャーエフ『ゴルバチョフと運命をともにした2000日』潮出版社、一九九四年ではこの個所は省略されている); A. Brown, *The Gorbachev Factor*, Oxford University Press, 1996, pp. 244-245 (ブラウン『ゴルバチョフ・ファクター』藤原書店、二〇〇八年、四七二－四七五頁)。

＊29　Михаил Горбачев и германский вопрос, с. 180-184.

＊30　テルチク『歴史を変えた329日』四九－五二頁、高橋進『歴史としてのドイツ統一』一六九－一七二頁。

＊31　「一〇項目」の全文ロシア語訳は、Михаил Горбачев и германский вопрос, с. 254-263. 解説として、高橋進『歴史としてのドイツ統一』一七三－一七七頁、テルチク『歴史を変えた329日』六四－六五頁。

＊32　Конец эпохи, с. 104.

＊33　Михаил Горбачев и германский вопрос, с. 286-291.

＊34　但し、ゴルバチョフのいう「欧州共通の家」はアメリカおよびカナダも含むのに対し、ミッテランの構想はアメ

リカを除外するという違いがあり、そのことはアメリカの懐疑を招くことでこの構想の実現可能性を低める結果となった。Marie-Pierre Rey, "Europe is our Common Home': A study of Gorbachev's diplomataic concept," *Cold War History*, Vol. 4, No 2 (January 2004) , pp. 57-59.

＊35　この会議は正式の議事録をとることはなされなかったが、チェルニャーエフの詳細なメモがМ. С. Горбачев. Собрание сочинений. т. 18, М., 2011, с. 190-194, 595-596 およびМихаил Горбачев и германский вопрос, с. 307-311 にある。ゴルバチョフの「われわれは統一に反対する道徳的根拠をもたない」という言葉は、Г. Х. Шахназаров. Цена свободы. Реформация Горбачева глазами его помощника. М., 1993, с. 125 にある。

＊36　Михаил Горбачев и германский вопрос, с. 312-326.

＊37　当時の西ドイツ基本法の一四六条は「この基本法はドイツ国民が自由な決定で決定した憲法が施行される日にその効力を失う」とあり、元来はこの条項が統一時に生かされることが想定されていた。他方、二三条は「ドイツの他の領域」への基本法適用について言及しており、これが「吸収合併」方式での統一に際して適用されることとなった。広渡清吾『統一ドイツの法変動――統一の一つの決算』有信堂、一九九六年、第一章参照。

＊38　この他に、統一ドイツがポーランドに対して領土要求をしないと確約するかどうかも重要問題だったが、本書ではこの問題には立ち入らない。

＊39　Михаил Горбачев и германский вопрос, с. 345.

＊40　テルチク『歴史を変えた329日』二一一－二一二頁、Ilko-Sascha Kowalczuk, "The revolution in Germany: The end of the SED dictatorship, East German society, and reunification", in Bozo, Rödder and Sarotte (eds.) , *German Reunification*, pp. 50-51.

＊41　このあたりはその後も長く論争的であり、NATOはゴルバチョフへの約束を裏切った／あるいはゴルバチョフを欺したのか、また当時問題となったのは旧東ドイツ領のみかそれともより広い東欧諸国をも含んでいたかという点

をめぐって種々の議論がある。Mark Kramer, "The Myth of a No-NATO-Enlargement Pledge to Russia, *The Washington Quarterly*, Vol. 32, No. 2 (April 2009); Mary Elise Sarotte, "A Broken Promise? What the West Really Told Moscow About NATO Expansion," *Foreign Affairs*, Vol. 93, No. 5 (September-October 2014); Spohr, "Precluded or Precedent-Setting?; Shifrinson, "Deal or No Deal?"; Andrei Grachev, *Gorbachev's Gamble: Soviet Foreign Policy and the End of the Cold War*, Polity Press, 2008, pp. 231-232 など参照。

*42 Shifrinson, "Deal or No Deal?", pp. 29-31, 35, 40; Bush and Scowcroft, *A World Transformed*, pp. 253, 300.

*43 同じ日記は選挙結果を見た直後に、ジャーナリストたちも予想外の結果に驚いていたと書いている。テルチク『歴史を変えた329日』二〇〇一、二〇四－二〇五頁。

*44 Bush and Scowcroft, *A World Transformed*, p. 246.

*45 Российский государственный архив новейшей истории, ф. 89, оп. 9, д. 100, лл. 9-10, 34-37.

*46 Михаил Горбачев и германский вопрос, 409-423. 但し、ボン基本法二三条での統一という点では両者間に意見の違いが残った。

*47 Михаил Горбачев и германский вопрос, с. 398-408.

*48 五月三日政治局会議についてこれまでに公開されている記録は国内問題が主で、ドイツ問題をめぐる討論は明らかにされていない。チェルニャーエフの覚書および日記は、Михаил Горбачев и германский вопрос, 424-425; Черняев. Совместный исход, с. 855; Новая и новейшая история, 2004, № 1, с. 22-23.

*49 Михаил Горбачев и германский вопрос, с. 438, 442-444; М. С. Гобрачев. Собрание сочинений. т. 20, М., 2011, с. 20-21; ベイカー側からの記述は、ベーカー『シャトル外交』上、五一九－五二一頁。

*50 Михаил Горбачев и германский вопрос, с. 450-451, 456, 461-462, 464. ゴルバチョフの回想は、М. С. Горбачев. Понять перестройку... Почему это важно сейчас. М., 2006, с. 251.

＊51　ミッテランとドイツ統一過程については、Frédéric Bozo, *Mitterrand, the End of the Cold War, and German Unification*, New York and Oxford: Berghahn Books, 2009 がミッテラン擁護の観点から詳しく書いている（但し、ソ連事情への踏み込みは弱い）。吉田徹「ドイツ統一とフランス外交——欧州統合は何故進んだのか」『北大法学論集』第五七巻第六号（二〇〇七年）も参照。

＊52　Михаил Горбачев и германский вопрос, с. 466-476; Гобрачев. Собрание сочинений. т. 20, с. 202-211.

＊53　Bush and Scowcroft, *A World Transformed*, pp. 282-283.

＊54　ハンガリーについては一九九〇年三月段階で一九九〇‐九一年の間の撤退方針が確定し、チェコスロヴァキアに関しては一九九〇年二月に同年末までの撤退方針が確認された。Конец эпохи, с. 587-590, 701-704. レヴェスクの記述も参照。Lévesque, *The Enigma of 1989*, pp. 141, 242-243.

＊55　Конец эпохи, с. 165-168.

＊56　Конец эпохи, с. 170-171.

＊57　Конец эпохи. с. 178-180.

＊58　Конец эпохи. с. 187-193.

＊59　Конец эпохи. с. 201-202.

＊60　これに先だって五月に訪ソした東独軍縮・国防相エッペルマン（もともと福音派の牧師で、一九八九年秋の市民運動に参加し、デメジエル内閣で入閣した）も、「欧州共通の家」とはソ連もヨーロッパに含まれるということだと述べていた。Конец эпохи. с. 441.

＊61　ロンドン宣言がゴルバチョフを安心させて、統一ドイツのＮＡＴＯ残留を認めやすくしたという解釈の例として、森聡「ドイツ統一とＮＡＴＯの変容——統一ドイツのＮＡＴＯ帰属合意をめぐる政治と合意」菅英輝編『冷戦と同盟——冷戦終焉の視点から』松籟社、二〇一四年。

*62　Э. А. Шеварнадзе. Мой выбор. В защиту демократии и свободы. М., 1991, с. 236-239, 244（シェワルナゼ『希望』朝日新聞社、一九九一年、二一六－二一九、二二四頁）。このようなシェワルナゼの見解については、「願望を現実と取り違えたもの」だという評価がある。Новая и новейшая история, 2004, № 1, с. 26 (М. М. Наринский).

*63　Михаил Горбачев и германский вопрос, с. 499, 528-529 など。六月のワルシャワ条約機構政治協商会議でも同様の期待感が表明されていたことは前述。

*64　Bush and Scowcroft, *A World Transformed*, p. 295; タルボット、ベシュロス『最高首脳交渉』上、三七五－三七六頁、テルチク『歴史を変えた329日』三六〇頁、Bozo, *Mitterrand, the End of the Cold War, and German Unification*, pp. 283-284 など。

*65　ソ連国内のペレストロイカ推進派の人たち——ゴルバチョフ自身の側近を含む——の間では、このときにゴルバチョフが党を割ることができず、書記長にとどまらざるを得なかったのは一種の敗北だという見方が広く分かちもたれていた。彼らの観点からするならば、一部の急進派の離党によって共産党の「保守」イメージが強まるなかでゴルバチョフが書記長にとどまったのは彼の勝利ではなく、むしろ彼の手を縛るものだった。書記長職を去るべきだという側近たちの進言にもかかわらず、ゴルバチョフは党の規模の大きさ、国家機関内でなお有している地位、財政力等々を考慮して、党を手放すという決断をすることができなかったが、そのことは彼にとって大きな重荷となった。一年後にゴルバチョフは事実上共産党の社会民主主義政党化を意味する新党綱領案を提出するが（第4項で後述）、これはクーデタ前夜のことであり、それを実行に移す時間は残されていなかった。

*66　コールとの会談の前夜にゴルバチョフと電話で話したファーリンが最後の抵抗を試みるよう進言したのに対し、ゴルバチョフは「できる限りのことはするが、もう手遅れのようだ」と答えた。Фалин. Без скидок на обстоятельства, с. 449.

*67　Михаил Горбачев и германский вопрос, с. 495-541; М. С Горбачев. Собрание сочинений. т. 21, М., 2012, с. 250-276.

＊68　塩川伸明『冷戦終焉20年——何が、どのようにして終わったのか』勁草書房、二〇一〇年、一三一頁のデータ参照。

＊69　この時期のソ連の対中東外交に関しては、シェワルナゼとプリマコフの間に一種の主導権争いがあったが、後者による政治工作が成果を上げなかった一方、前者も影響力を落として、年末の外相辞任の背景となった。当事者による回想的記述として、Е. Примаков. Годы в большой политике. М., 1999; Е・М・プリマコフ『だれが湾岸戦争を望んだか——プリマコフ外交秘録』日本放送出版協会、一九九一年、同『クレムリンの五〇〇〇日——プリマコフ政治外交秘録』NTT出版、二〇〇二年、第三章、Шеварнадзе. Мой выбор, с. 174-182（シェワルナゼ『希望』一六〇－一六七頁）、он же. Когда рухнул железный занавес. Встречи и воспоминания. М., 2009, с. 109-111. 解説として、Service, *The End of the Cold War*, chaps. 40-41.

＊70　この間の経緯について、Михаил Горбачев и германский вопрос, с. 558-559, 561, 562, 566 参照。

＊71　なお、九月の最終文書と一一月の二つの条約はソ連国内でも広く報道されたが、一〇月一二日の駐留・撤退条約はほとんど報道されなかった。このことは、この条約が一連の取り決めの中でもとりわけ屈辱的だったことを物語る。同じ日にゴルバチョフへのノーベル平和賞授与が発表されたが、これもソ連国内で彼の人気回復をもたらすことはなかった。

＊72　Михаил Горбачев и германский вопрос, с. 624-627.

＊73　Конец эпохи, с. 221-226.

＊74　Конец эпохи. с. 230-235.

＊75　Lévesque, The Enigma of 1989, pp. 246-251; *Report on Eastern Europe*, 1991 No. 29, pp. 39-42.

＊76　この時期の政治情勢についての概観として、塩川伸明『国家の構築と解体——多民族国家ソ連の興亡Ⅱ』岩波書店、二〇〇七年、二四四－二五〇頁参照。より詳しくは近刊拙著で論じる予定。なお、本文で「同盟条約」と記した

語は「連邦条約」と訳されることが多く、上記旧著でもその訳語をとったが、フェデレーション（連邦）とコンフェデレーション（国家連合）の中間的なものという性格を示すため、「連邦」の語を避けて「同盟条約」と訳す。以下で「同盟」とか「同盟体制」というのはすべてこの意味である。

＊77　Куранты, 24 апреля 1991 г., с. 6; Российская газета, 23 апреля 1991 г., с. 2.

＊78　パヴロフは国際的金融支援を仰ぐこと自体に反対したわけではないが、ヤヴリンスキーがソ連政府を無視してアメリカの学者とともに経済改革プログラムを作成していることへの不満があった。この間の事情について、Черняев. Совместный исход, с. 942-943; Jack Matlock, Jr., *Autopsy on an Empire: The American Ambassador's Account of the Collpase of the Soviet Union*, Random House, 1995, pp. 534-539, 547-559 など参照。

＊79　一九九一年六月の「政府の反乱」については誇張気味の情報が多数あるが、ここではむしろそれが大爆発に至らなかったことを重視する。この点について詳しくは近刊拙著で論じる予定。

＊80　Известия, 9 июля 1991 г., с. 1（Б. Грищенко）; Правда, 10 июля 1991 г., с. 1-2; В Политбюро ЦК...По записям Анатолия Черняева, Вадима Медведева, Георгия Шахназарова（1985-1991）. М., 2006, с. 680; 2-е изд., 2008, с. 706; М. С. Горбачев. Собрание сочинений. т. 26, М., 2015, с. 403-406, 601-602.

＊81　七月末の密談から八月政変を経て年末のソ連解体に至る過程は非常に複雑だが、とりあえず塩川伸明「ソ連解体の最終局面――ゴルバチョフ・フォンド・アルヒーフの資料から」『国家学会雑誌』第一二〇巻第七＝八号（二〇〇七年）参照。

＊82　この間の事情については、Matlock, *Autopsy on an Empire*, chap. XIX が詳しい。

＊83　とりあえず、塩川『冷戦終焉20年』一〇二－一〇九、一三六頁参照。詳しくは近刊拙著で論じる予定。

＊84　この時期に短期間ソ連外相の職を担ったボリス・パンキンの回想を参照。Boris Pankin, *The Last Hundred Days of the Soviet Union*,（tr. from Russian）, I. B. Tauris, 1996. また、塩川伸明「ソ連最後の外相ボリス・パンキン」（塩

川ホームページの「新しいノート」欄に掲載。http://www7b.biglobe.ne.jp/~shiokawa/notes2013-/Pankin.pdf）。以下の叙述は主にこれらによる。

*85 この会議におけるやりとりについては、塩川「ソ連解体の最終局面」一〇八－一一三頁参照。

*86 マドリード会議時におけるブッシュの日記の記載参照。Bush and Scowcroft, *A World Transformed*, p. 550.

*87 この経緯については、相互に矛盾する多数の証言がある。アメリカ側の受け止め方については、Bush and Scowcroft, *A World Transformed*, p. 555; ベーカー『シャトル外交』下、四五六、四九五頁。詳しくは近刊拙著で論じる予定。

*88 塩川『冷戦終焉20年』第Ⅲ章および本書の第4章を参照。欧米の研究者でゴルバチョフの社会民主主義化を強調するのは、Brown, *The Gorbachev Factor*（ブラウン『ゴルバチョフ・ファクター』）、id., *Seven Years That Changed the World: Perestroika in Perspective*, Oxford University Press, 2007.

*89 冷戦終焉を「アメリカの勝利」とする見方へのアメリカ内部での批判として、Cohen, *Soviet Fates and Lost Alternatives*; Blanton, "U.S. Policy and the Revolutions of 1989"; Meyer, *1989*（マイヤー『1989』）など。

*90 マーク・マゾワー『暗黒の大陸――ヨーロッパの20世紀』未来社、二〇一五年、四九五頁。

*91 現代ロシアが共産主義イデオロギーから離れていることはいうまでもない（しばしば指摘される「過去へのノスタルジー」はどちらかといえばソ連体制というよりもロシア帝国へのノスタルジーの要素が強い）。中国の場合、共産党がいまでも政権を固守しているが、経済はほとんど国家資本主義であり、「国家統制を含む市場経済プラス権威主義的政治」という、他の多くの発展途上国にありがちな傾向と質的な差異があるようには見えない。

第三部　ロシア・ソ連史研究と歴史学

第7章　日本におけるロシア史研究の歴史
——ロシア史研究会五〇周年に寄せて

はじめに

日本のロシア史研究はかなりの蓄積をもっているが、その中心をなしてきたロシア史研究会は二〇〇六年に創立五〇周年を迎えた。本章は元来その機会に、この半世紀における日本のロシア史研究の歩みを振り返るべく書かれたものである。

本題に入る前に、ロシア史研究会創立三〇周年と四〇周年の時にそれぞれ開かれたシンポジウムの記録を手がかりに、当時と現在の違いについて考えてみたい。三〇周年記念集会の記録[*1]をみると、五〇周年とは明らかに時間感覚の違いのようなものがあるように思うからである。創立からの三〇年間といえば、スターリン批判に始まり、六〇年安保、ヴェトナム戦争、中ソ論争、中国文化大革命、チェコスロヴァキア事件（「プラハの春」およびワルシャワ条約機構軍による軍事介入）、日本の全共闘運動を含む世界各国の学生運動、ソ連のアフガニスタン介入、ポーランド「連帯」運動、そしてペレストロイカ開始に至るという、実に波乱に富んだ年月だったが、そのように長い時間ではあっても、最初期を若手として担った人々は三〇年後にもまだ現役であり、そうした人たちの個人的記憶として三〇年全体を何とか見渡すことができたということがシンポジウム記録から感じられる。これに対し、四〇周年の場合、当日の録音が悪かったために講演が雑誌に収録されず、その代わりに和田春樹の「ロシア史研究会発足の頃」[*2]という文章が載せられたという事情があり、単純に三〇周年と比べることはできないが、ともかくこの文章は四〇年全体を見渡すというよりも、既に記憶から遠ざかりつつある発足時のことを改めて記録に残すという性格のものとなっている。

さて五〇周年であるが、これほどの長期間になると、ますます一個人の記憶としてその全体を見渡すことは至難となる。私自身は創立メンバーと若手の中間の世代に属するが、草創期のことは直接の記憶としては全く知らないし、他方、最近の若手の感覚は何とか理解しようと努めてはいるものの、だんだん隔たりを感じるようにもなっており、一人の人間がこの五〇年の全体を実感的につかむことの難しさを痛感する。そうである以上、一個人の記憶に基づいた直観的・実感的把握ではなく、歴史家にふさわしく、ロシア史研究会および日本のロシア史研究の歩みを「一個の歴史的対象」と突き放してみて、いわば科学史・科学社会学研究[*3]や思想史・精神史研究の一つの応用のようなつもりで検討する必要があろう。もっとも、純然と外に立っての分析ではなく、その中にいたこともある当事者としての、一種の参与観察としての性格ももつことになる。

日本におけるロシア史研究は、一九五六年のロシア史研究会創立以前にもある程度行なわれていたから（満鉄調査部など）、そうした古い時期にさかのぼることも思想史研究の観点からは興味深い課題だが、とにかく研究が本格化したのは研究会創立後なので、ここではその後の時期に議論を絞る。「日本におけるロシア史研究の歩み」と「ロシア史研究会の歩み」とはもちろん同じではないが、前者の大きな部分を後者が占めていることは明らかであり、後者を中心としながら、より広く前者についてもみていくことにしたい。とりあえず三つの時期に分けてみるが、この区分はごく大まかなものであり、画然と区切られるわけではない。私自身の対象との関わりが時期によって一定でないので、その点について簡単に断わっておくなら、第一期には直接参加していないので「純粋の歴史」、第二期になると自分自身が関わってくるので「参与観察的な歴史」の性格が濃くなり、そして第三期はあまりにも最近なので、まだ十分歴史としてみることができず、新しい動向の印象論的な観察を述べるにとどまる。

主な論点としては、①概観（研究者の世代論を含む）、②学問研究と思想の関係、③主に取り組まれたテーマ、対象時期、方法、理論など、④国際交流、⑤研究の制度化（隣接学会・研究会の動向を含む）などが考えられる。時期によって各論点の意義が異なっているので、以下の各節を形式的に全て同じ形にそろえることはしないが、大きな意味ではこの五点に沿ってみていくことにする。なるべくロシア史研究の全体像を視野に入れるよう心がけるが、私の視野の限界から、どうしても近現代史に力点がおかれがちになることについてはお許しを請いたい。

1　第一期――一九五〇－六〇年代

ロシア史研究会は一九五六年一月二一日に創立が決定され、二月二五日に最初の例会が開かれた。この五六年二月二五日という日は、まさしくソ連共産党第二〇回大会の最終日、フルシチョフのスターリン批判秘密報告が行なわれたのと同じ日だということはよく知られている。[*4] もちろん、この一致自体は偶然の産物である。会の創立を準備していた人たちがフルシチョフ秘密報告を予期していたはずもないから、創立はソ連におけるスターリン批判の影響によるものではない。ただ、ともかくこのような日取りの一致は、当時の時代状況を象徴してはいる。

この時期の顕著な特徴として、中心メンバーの若さを挙げることができる。大半のメンバーが一九二〇－三〇年代生まれで、創立当時に二〇歳代の終わりか三〇歳代だった。発起人的な役割を果たしたのは、相田重夫、倉持俊一、田中陽兒、米川哲夫の四人であり、その後しばらくして、菊地昌典、庄野新、和田春樹らが次々と加わったようだ。少数の「大先生」(創立に当たって招かれたのは飯田貫一、宇高基輔、江口朴郎、金子幸彦の四人で、このうち江口が一九八六年まで長期にわたって会長を務めた）はいわば顧問格にとどまり、彼らが指導するというよりも、若手が実質的イニシャチヴをとった会だった。

もう一つの大きな特徴は、研究と思想の相対的な近さである。会の創立とスターリン批判の合致自体は偶然のなせるわざだが、大きな時代潮流としては、ある種の呼応関係があった。一九五〇年代初頭の日本の歴史学に色濃くみられた政治との密着が種々の意味で行き詰まりを経験したことへの反省の機運があり、それが会の創立につながったと考えられる。[*5] つまり、ソ連におけるスターリン批判をうけてというのではなく、その直前から内発的な模索があったところにスターリン批判の報が届いたという関係になる。更に、もう少し後までみるなら、六〇年安保から大学闘争へという時代状況が第一期を彩っている。

こうした時代状況から当然ながら、ソ連正統イデオロギーへの同調という要素はもはや有力でなく、むしろそれに対する批判的姿勢が当初から優越していた。ただ、「正統社会主義イデオロギー批判を通じて、社会主義の本来の意義を明らかにする」といった姿勢は、全員とはいえないまでもかなり多くの人たちに共有されていたように思われる。ロシア革命が世界史的意義をもつという認識（単純にいえば、スターリンはともかくレーニンは高く評価する）もほぼ共通のものであり、それ故に、革命史研究が大きな位置を占めた。

第一期の末期における一つのエピソード的事件——しかし、会にとっての意味は大きく、重かった——として、菊地昌典の著書『ロシア革命』[*6]が多数の誤りを指摘され、絶版処置をとらざるを得なくなったという事件があった。創立期の研究会がディレッタンティズムからの脱皮とプロフェッショナリズムの深化を旗印に掲げていながら、その推進者の一人がその姿勢に徹し切れていなかったことを示したという意味で、これは菊地一人に限らず、会全体に深刻な衝撃をもたらしたようである。[*7] これを契機に、菊地は会の活動からも実証的ロシア史研究からも次第に離れていくことになる。
もう一つの時代背景として、一九六〇年代末の大学闘争との関わりが挙げられる。もちろん、それぞれの研究者の関わり方は各人各様だったろうが、とにかく大きく揺さぶられた点は大多数の人に共通していたと思われる。特に長尾久の場合、その関与が本格的だっただけに、運動収束後の転換も急角度のものとならざるを得なかった。この時期の日本のロシア革命研究の集大成ともいうべき長尾の著作のあとがきには、次のように記されている。

「私は、こうして、ロシヤ革命の限界ということを強く意識せざるをえない。〔中略〕。「ロシヤ革命の限界」というとき、私はこのように、現代の日本の進路についての根本的な疑問と結びつけている。問題は、ロシヤ革命の悪口を言うことではなくて、現在の日本に対する批判である。〔中略〕。さらに言うなら、そもそも私のやってきたことはロシヤ革命それ自体の研究とは言えない。ソ連人とのつき合いもなく、ソ連に行ったこともなく、ソ連に行く気もほとんど起こしたことのない私が研究してきたのは、「日本の中のソ連」以外の何物でもなかったように思う。マルクス主義と社会主義運動を通じて、日本の中には確かにソ連があるのだ。だが、私にとって、かつて大きな重みをもっていたソ連の限界を、その原点であるロシヤ革命にまでさかのぼって、ともかく掴んだ今、「日本の中のソ連」は私にとってはずっと小さくなってしまった」[*8]。

このように書いた長尾はこの後、ロシア史研究から離れ、日本の中の民族問題へと関心を移動させた。このように研究対象自体を思い切って変更した例は少数であり、長尾の個人的選択だが、「日本革命への関心から発したロシア革命への関心」という研究態度は、菊地の場合を含めて、この頃までは決して少なくなかった。そして、それがこのような形で突き詰められたということは、この後の研究者の態度決定に一つの選択――「日本の中のソ連」（マルクス主義や社会主義運動への関心）ではなく、ロシア・ソ連そのものを研究対象とするのかどうか――を突きつけたように思われる。

一九六〇年代末には、大会・例会もあまり開かれず、雑誌も刊行が滞る（六七年に第一六号が刊行された後、七〇年の第一七号、七二年の第一八号と飛ぶ）など、一種の空白の時期がやってきた。大学闘争のあおりも大きかっただろうし、総力を集中していた論文集『ロシア革命の研究』[*9]の刊行（一九六八年）を経て、次の方向の模索に時間がかかったというような事情もあったのかもしれない。会の運営と関係して特殊に重みを持ったのは、菊地昌典、長尾久という六〇年代ロシア史研究を代表していた人たちがそれぞれに離れていくことで、一つの時期が終わったことである。「［この時期に］第一次ロシア史研究会は終った」と言われたのは、[*10]このような状況を念頭におけば十分理解しうる。

テーマないしジャンルとしては、経済史、革命運動史、思想史あたりが当時の研究の中心だった。経済史や思想史も革命の前提を明らかにするという意義づけを与えられることが多かったから、全体としてロシア革命研究に集約される研究が主流をなしていたといってよい。一九六八年の論集刊行は、そうした研究の集大成であると同時に、それまでの研究に一区切りをつけることで、その後の研究が革命集中型から離脱していく契機をもなした。[*11] 対象時期としては帝政ロシアから一七年革命までが中心であり、なかなかその先には進まなかった。これはロシア革命研究に問題意識が集中していたからという事情もあるが、それだけでなく、革命からまだ半世紀程度しか隔たっていない時点においては、それ以後の時代は現在に近すぎて十分歴史になりきっていないという感覚もあったように思われる。ロシア史に限らず、現代史の下限は第一次世界大戦ないしその直後くらいまでだということが一般に言われていた時代だった。もちろん例外はあり、溪内謙は当時からソヴェト期（一九二〇年代）の研究に取り組んでいたが、これはロシア史研究全体からはやや孤立していたようにみえる。もっとも、第一期も終わりに近づくようになると、次第に、「ロシア革命終着駅型」の克服ということが言われるようになり、[*12] それが第二期以降につながることになる。

理論ないし方法としては、マルクス主義および古典的実証史学が二本柱をなしていた。但し、マルクス主義というものも決して一枚岩ではなく多様であり、その批判的再検討も始まりつつあった。偶然にもせよスターリン批判とともに生誕した会であり、研究対象がロシア・ソ連である以上は、その研究対象を無批判に美化するような態度をとり続けられるはずもなく、現存社会主義への批判的な視座はむしろ他の分野よりも早めに広まりつつあったように思われる。ただ、当時アメリカから輸入されて一部で流行しつつあった「近代化論」に対する反撥は強かった。今日では「近代化論」をめぐる当時の論争の意味はやや縁遠くみえるが、当時はロシア史に限らず、歴史学一般で大きな位置を占めていた。[*13] ロシアと日本は「近代化」後発国の典型例として、広い歴史学一般でも議論の焦点をなしていたから、ロシア史研究者がこの論争に参加することは広い歴史学一般への接合という意味をもってもいた。当時の日本の歴史家の多数派はアメリカ流「近代化」論に対抗して、大なり小なりマルクス主義的傾向を示したが、だからといってイデオロギーに安易に寄りかかるというのではなく、むしろ古典的実証史学の手法も尊重し、実証的研究によってこそ思想的立場も裏付けられるという発想をとる例が——その成否は別問題だが——多かったように思われる。

他分野との交流としては、経済学・経済史（講座派および大塚学派が主流だったが、中山弘正のように宇野学派の影響下で研究を進めた人もいた）が重要であり、また歴史学の中ではドイツ史や日本史との接点が相対的に大きかったようにみえる。前述したように、日本社会変革の理念探求から出発してロシア革命に教訓を求める発想は、今日の目からみれば過剰な政治主義とも見えるが、当時の文脈においては、ロシア史研究を孤立したものとさせず、日本の歴史学・社会科学全般と触れあわせる意味をもってもいた。文学者的気質の人が少なくなかったせいもあり、ロシア文学研究との接点も大きかった。政治学の影響はあまり強くなかったようだが、和田春樹のロシア革命論には篠原一の『ドイツ革命史序説』（岩波書店、一九五六年）の影響がある。法学関係の研究は孤立気味だったが、藤田勇らが一貫した研究を蓄積し、弟子たちを養成した。

国際交流についていうと、第一期には直接的な意味での交流は乏しかった。もっとも、文献を読んでの吸収は、スターリン批判後のソ連の革新的潮流についてであれ、欧米の研究についてであれ、熱心に行なっており、諸外国の研究水準への「立ち遅れ」は当時でもそれほど大きかったわけではない。ただ、文献吸収以外の形での接点は非常に小さく、後に流行する表現でいえば「受信」には熱心でも「発信」は極めて乏しかった（これはロシア史だけの問題ではなく、当時の日本社会全体の状況の反映でもある）。ソ連への留学ルートは、制度的に確立した形ではほとんど存在しておらず、ルムンバ大学留学組を別にすれば、米川哲夫、藤田勇、袴田茂樹など、ごく少数だった。アメリカへの留学は早い時期の岩間徹に外川継男、木村汎、長谷川毅らが続き、イギリスには溪内謙（はじめアメリカ、後イギリスへ）が先鞭をつけて、後の時期のことになるが荒田洋、今井義夫らが続いた。英米以外のドイツ・フランス・イタリア・東欧諸国などの研究の吸収は語学の壁もあり、あまり活発ではなかったが、皆無ではなかった。

研究の制度化という観点からいうと、「創立直後」という事実そのものが、当時の研究会の性格を根本において規定していた。半ば同人的な雰囲気が残り、制度化された学会とは縁遠かった。ただ単に「発足後まもなかったから」というだけでなく、「在野精神」をよしとし、エスタブリッシュされたアカデミズムへの同化を意識的に拒否していたような面もあった。といっても、純然たる素人談義で満足するということではなく、むしろアマチュアリズムを超えてプロフェッショナリズムを目指すという志向は、当初から強く保持されていた。悪しき形式主義・権威主義を排して、高次の学問的探求を目指す志向ともいえる。ただ、それが既存のものとして確立しているわけではなく、むしろ「これからつくり出されるべきもの」という性格を帯びていた点が特徴的だった。

隣接学会・研究会としては、日本ロシヤ文学会が一九五〇年に創立されていたほか、六一年には関西地方の研究者たちによるロシア研究会が発足した（七八年にロシア・東欧研究会と改称）。社会科学関係では、ソヴェト法研究会（五六年発足）が七〇年に社会主義法研究会と改称して活動を拡大し、七一年から『社会主義法研究年報』を刊行した（後に《社会体制と法》研究会に改称）。六三年には社会主義経済研究会が創立された（六六年に社会主義経済学会、九三年に比較経済体制学会と改称）。時間的には次の時期のことになるが、七二年にはソ連・東欧学会が創立された（九三年にロシア・東欧学会と改称）。

これらの学会・研究会のうち、社会主義経済学会および社会主義法研究会は主にマルクス主義系統の人たちが結集したのに対し、ソ連・東欧学会はアメリカ流近代化論の人たちが中心という対比があり、単純化していえばイデオロギー上の左右対立図式がこういうところにも現われていた。もっとも、イデオロギーの相対化も徐々に始まっており、後から想像されるほど単純に凝り固まっていたわけではないように思われる。北海道大学スラブ研究センター（一九五五年に先ず法学部付属スラブ研究所として発足、五七年からスラブ研究施設、七八年からスラブ研究センター）の場合、顧問格として、東大の江口朴郎、京大の猪木正道を擁していたが、この二人は東京と関西の人脈をそれぞれ代表すると同時に、当時の左右両翼をも代表しており、それでいて両者が一堂に会して和気藹々と語り合う雰囲気を創り出していたということが後々まで語り継がれている。ロシア・ソ連研究というものは、当時の知的文脈ではイデオロギー問題から超然としていることは決してできなかったが、そのことを痛いほど知るからこそ、少なくとも直接それに振り回されることだけは避けようという志向も徐々に育ちつつあったように思われる。

2　第二期――一九七〇‐八〇年代

一九六〇年代末の大学闘争の熱気が冷め、大学が「正常化」に向かう中で、研究会の活動も一九七〇年代初頭の頃に再建に向かったようだ（私自身は、その少し後に参加した）。この時期には、第一期を中心的に担った一九二〇‐三〇年代生まれの世代に続いて、一九四〇‐五〇年代生まれの世代（いわゆる団塊の世代を含む一群）が参入した。いうまでもなく、後者は前者の「弟子」という関係に当たる。ほぼ同世代の若手が中心をなしていた第一期と比べ、会員の中での世代差の拡大がこうして始まった。

この時期には、政治や思想と歴史研究の距離が次第に広がってきた。思想的問題意識が完全になくなったわけではないにしても、少なくとも研究の表面には直接出さないという意味で、研究の相対的自立性が強まった。その背景として、一つには、六〇年安保から全共闘運動に至る「政治の季節」が去ったこと、またもう一つには、世界全体もソ連も大事件が乏しく、相対的安定の時代だったことが考えられる。確かにソ連のアフガニスタン侵攻やポーランド「連帯」運動などの事件があり、ソルジェニツィンの『収容所群島』刊行もあったが、五六年のスターリン批判とハンガリー事件、六八年の「プラハの春」に比べるならば、既にソ連の理想視が減退していた後のことなので、衝撃力はそれほど大きくなかったように思える。ペレストロイカ期には一時的興奮があったが、これも比較的短期のものとして終わった。前節末尾で、社会主義経済学会とソ連・東欧学会のイデオロギー的対抗図式のことに触れた。そうした対抗図式は第二期の前半くらいまではかなり残っていたが、やがて時間とともに相対化され、第二期の終わり頃までにはかなりの程度薄らぎつつあったように思われる。もちろん、政治とかイデオロギーとかが完全に意味を失ったわけではないが、それは各人ごとの選択の問題であり、学会単位での色分けではないという風になりつつあった。この傾向は次の第三期に完成の域に達することになる。*14

研究テーマについていえば、多様化と拡散の開始が特徴をなす。この時期に特に広まったのは、民衆運動史、民族問題、社会史などである。また、現代史の対象時期としては、「ロシア革命終着駅型」を明確に超えて、ソヴェト期が歴史研究の対象になり出した。先ず活発になったのは一九二〇年代研究であり、次いで三〇年代も次第に視野に入り出した。このように時代とともに現代史研究の下限が少しずつ動いていくのは現代史研究というものの一般的傾向であり、西洋史や日本史でもほぼ同様の傾向がみられる。ただ、ロシア・ソ連史に関しては、研究の前提条件整備の困難性から、より新しい時期の研究に取り組むタイミングが他国史よりもやや遅れがちになる傾向があるように思われる。ともあれソビエト史研究会がこの時期に発足した（後述）ことは、ソヴェト時代研究活発化を象徴している。

理論ないし方法に関しても第一期より幅が広がり、アナル学派、社会史、国制史、他国の民族・エスニシティ問題研究等々がさまざまな形で摂取されだした。他分野との交流としては、第一期の延長上の諸分野の他、社会史興隆と関係して文化人類学なども意識されるようになった。これらは視野の拡大として歓迎される特徴だが、雑多な方向への拡散は研究者間での相互理解を困難にする面もあった。こうした傾向は次の第三期にも一層拡大する。

第一期に極めて乏しかった国際交流は、この時期に漸次的に拡大し始めた。待望久しかったソ連への留学ルートが、ようやく一九七四年に日本学術振興会の交換事業として始まった（もっとも、当時の日ソ関係の低調さに制約されて、円滑には程遠かったが）。一九七三年には日ソ歴史学シンポジウムが始まり、以後、隔年に、東京とモスクワで交互に開催されるようになった。当初は、まだソ連側の制約が大きく、隔靴掻痒の感があったが、ペレストロイカ期になると雰囲気が一変し、活発な交流が可能となった。政府間の交換留学制度（日本側としては文部省による学生派遣事業）はもっと遅れて、ようやく一九八九年に開始された。

欧米との交流も徐々に拡大した。個別の留学経験も増大し、特にバーミンガムのロシア・東欧研究センターとのつながりは次第に太くなった。そうした個別の経験とは別に、アメリカで教鞭を執ったことのある長谷川毅が北大スラブ研究センターに着任し（一九八三年から九一年まで）、アメリカの研究環境・研究条件をヴィヴィッドに伝えたことは大きな刺激となった。毎年の全米スラヴ学会（AAASS）や、五年おきのソ連・東欧研究世界大会（後に中東欧研究世界大会と改称）に日本人研究者が参加して報告することも八〇年代から次第に増大した。欧文誌 *Japanese Slavic and East*

European Studies が一九八〇年に創刊され、また北大の *Acta Slavica Iaponica* も八三年に創刊された。

研究の制度化についていうと、一九八五年にロシア史研究会規約の整備と委員会制度の発足があった（翌八六年の三〇周年記念集会を期に、長らく会長だった江口朴郎が退任した）。ある時期の日本の政界で「普通の国」か「小さくともきらりと光る国」かという論争が盛んだったことがあるが、それになぞらえていえば、「小さくともきらりと光る研究会」から「普通の学会」への移行が進み始めたという風にでも表現できよう。もっとも、そうした変容は一気に進んだわけではない。設立当初の「在野」的発想を維持し、形式張った「普通の学会」になるのを潔しとしないという気風もまだあった。また、創立期に比べれば人数が増えたとはいえ、学会にしては規模の小さい会であるため、会員の間にある程度のコミュニティ意識が、かつてよりは薄まりながらもなお残存していたという事情もあった。私の個人的感覚では、一九八〇年代後半から九〇年代前半くらいは、「普通の学会」への移行期だったような気がする。

こうした過渡的状況を象徴するものとして、三〇周年記念集会における田中陽兒発言と和田春樹発言がある。田中は現状を「従来のアナーキーな運営から秩序やルールを重じる方向」、「同人体制から学会体制への過渡期」と特徴づけ、同時に、マンネリ化、細分化、会の中での「対立と協力の緊張ある雰囲気」の維持の困難性などといった新しい問題を挙げている。田中は「研究水準をあげるとか、研究成果を重視するとかの一種の生産力第一主義が一方的に広がると、研究の質の問題、研究者自身にはねかえってくる問題がおろそかにされるようになり、一種の学問的階層秩序の中に安住してしまうことになりかねない」という警告を発している。[*15] 他方、和田は、「近年制度化が必要になってきた」と指摘し、「もとより制度というものは、すべて、田中氏の御指摘の通り形骸化する可能性をもっているが、それはそれとして対応していくことにして、現在のところは制度化をはかって、多様な世代の協力を可能にすることが必要だと思う」としている。[*16] 田中発言と和田発言は、どちらも制度化を必然の流れとし、そこにおける問題点の認識でも共通しているが、微妙な力点の置き方の差のようなものがある（ニュアンスとして、和田の方がより楽観的であるように思われる）。これはいわば「通常科学」化につきまとう問題であり、[*17] ちょうどその頃からこの問題を考え始めていた私にとっても他人事ではなかった。

隣接学会・研究会としては、ソビエト史研究会が一九七九年に創立された（準備会は一九七八年発足）。その中心になったのは、一九四〇年代後半生まれの、当時の若手だった（呼びかけ人は、石井規衛、内田健二、奥田央、小田博、塩川伸明、下斗米伸夫）。顧問格に溪内謙と荒田洋を擁しつつ、実質的には若手がイニシャチヴをとるという運営スタイルは初期のロシア史研究会と似ていた。東欧史研究会も一九七五年に発足し、雑誌『東欧史研究』を七八年から刊行し始めた。中央アジアについては、以前から東洋史の一角として研究されてきた伝統があり、中国内陸部から中央アジアに至る地域を扱う内陸アジア史学会があった（一九六〇年設立）が、ロシア帝国・ソ連内の中央アジアに力点をおく研究も次第に現われだした。時間的には次の時期のことに属するが、中央アジア研究会が一九九三年、北海道中央アジア研究会（その後、北海道中央ユーラシア研究会と改称）が二〇〇〇年、日本中央アジア学会が二〇〇四年に設立された。地域ごとの研究組織として、以前から関西地域のロシア・東欧研究会があったことは前述したが、一九七〇年には北海道スラブ研究会、八五年には九州地方の研究会が発足した（八九年以降は、西日本地区での研究集会も開かれるようになった）。学会・研究会とは性格が異なるが、民間の研究所として、ソビエト研究所（後にユーラシア研究所）も一九八七年に創立された。

研究の基盤整備という意味では、入門書[*18]および事典[*19]の刊行が大きな意味をもった。前者は今となっては古びた観を否めないが、スターリン批判後約二〇年の間に積み重ねられた資料状況・研究状況に照らした文献概観に力点をおくというスタイルは入門書として正道を行くものであり、その後の研究の基礎づくりに貢献した。精神としてこれを踏襲しつつ、内容的に一新したものをつくることが必要であるように思われる。その他、刊行は次の時期のことになるが、『講座スラブの世界』[*20]は、第二期に積み重ねられた研究の一つのとりまとめとしての意味をもった。

3　第三期——一九九〇年代以降

最も新しいこの時期には、ロシア史研究の通常科学化と制度化が一段と進展し、定着した。そこには、第二期に始まった動きの継続・発展という側面と、ソ連解体に伴う研究環境の変化とが重なっている。

ソ連解体の意味は多方面にわたり、また明るい面と暗い面とが複雑に交錯していて、到底一言で論じ尽くせるものではないが、ともかく各種の政治的制約は確実にゆるみ、現地訪問と資料探索の機会は飛躍的に増大した。留学制度は一時期には過渡的混乱を経験したものの、全体としてはルートが拡大し、若い人が早い時期に研究対象国に留学するという、外国研究として当然の姿がようやく一般化した。それもモスクワやサンクト＝ペテルブルグだけでなく、それ以外の各地への訪問と調査が一挙に増大した。

現地訪問の飛躍的増大および政治的制約の大幅な緩和と関係して、文書館（アルヒーフ）に入って原資料（史料）を探索するという、歴史学にとって基本をなす作業もようやく一般化した。ロシアにおける資料集の編集・公刊や稀覯本の再刊なども急増し、公刊・非公刊を問わず利用可能資料の量は圧倒的に増大した。もっとも、専門外の人がしばしば思い描きがちな「ソ連解体までは全く原資料が見られず、それが一挙に全面公開された」というようなイメージは正しくない。ペレストロイカ以前の時期においても、アルヒーフ文書以外の一次資料の広汎な探索が熱心に行なわれていたことはいうまでもない。またアルヒーフにしても、その利用の機会が外国人研究者に全面的に閉ざされていたわけではなく、ある程度それを利用した研究もあった（日本では保田孝一、欧米ではR・W・デイヴィスやS・フィッツパトリックらが代表的である）。もちろんペレストロイカ以前における文書公開には大きな制約があり、それはペレストロイカ期にゆるみはじめ、ソ連解体後に大きく緩和されたが、それでも完全に自由になったわけではなく、なお制約は残っている（時として揺り戻しもある）。この間における情報公開度の変化を過小評価すべきでないことは当然だが、ともかく非専門家が思い描く「ゼロから一〇〇へ」というような過大評価は明らかに不正確である。また原資料というものは一般に、直ちにセンセーショナルな発見をもたらすものではなく、地道な作業の積み重ね、そしてこれまで知られていた知見との丹念な突き合わせを要するという当然のことも、改めて思い起こす必要があろう。ドイツ史家の栗原優による「いきなり原史料主義」への警告[*21]には、耳の痛いものがある。

大量の原資料（史料）を使いこなすという歴史学本来のあり方の一般化はもちろん大いに歓迎すべきことだが、同時に、ロシア本国の研究者とどのように競うのかという問題が、これまでよりも深刻なものとして浮かび上がってきた。ペレストロイカ以前の時期にあっては、ソ連の研究者が各種の制約下にあってその本領を十分に発揮することができず、その結果、あたかも欧米や日本の歴史家がソ連の研究者に対して優位に立てるかに思いこむことができたが、ロシアの歴史家がそうした制約から解き放たれて精力的に原資料を用いた研究を推進するなら、われわれ外国人研究者はとても彼らに太刀打ちできなくなるのではないかという疑問である。考えてみれば、ドイツ史・フランス史・イギリス史などの研究に携わる同僚たちは、大分以前からアルヒーフ資料に基づく歴史研究を推進し、同時に、それにつきまとう種々の困難性を痛感していたわけだが、ロシア史はようやく彼らと似た地点に立ち、同じ悩みを共有するようになったともいえる。

研究者の世代という観点からいうと、この時期には一九六〇－七〇年代生まれの新世代が参入し、研究会の中の世代の重層化が一段と進展した。単純化していうと、第一期においては大多数が若手で同輩同士の関係が中心であり、第二期にはそこに「師弟関係」が加わったのに対し、第三期に至ると、若手にとって「自分の先生のそのまた先生」まで多数いるという状況になってきた。このような重層性はある意味では成熟の現われだが、新規参入者にとって「上」から「権威」としてのしかかるものが重くなり、それだけ突破が困難になったことを意味しないかという危惧もある。一般論として、研究者の層および研究史の蓄積が厚くなることは学問としての成熟であり、新たに研究を始める人はひとまずこれまでの蓄積の消化から始めねばならないのは当然だが、それがいつのまにか自己目的化したり、新鮮な視野の開拓を困難にするようになっては本末転倒である。万能の処方箋はないが、考え続けるべきことだろう。

世代間の距離の拡大と関連して象徴的なのは、草創期に大きな役割を果たした長老が世を去るという現象がこの頃から目につくようになったことである。この種の現象は、既に確立した分野では常に起きていることだが、もともと伝統が薄く、当時の若手によって創り出された分野では、比較的最近まで「長老が世を去る」ということがほとんどなかった。それが、ここ十年ほど、次々と長老級の先達が逝去し、今更ながら時の経過を感じさせる。ある時期まで、雑誌に追悼文が載ることは滅多になかったが、近年、急激にそれが増えたのはそのことを如実に物語っている。[*22]

研究と思想の分離は第二期から進行しつつあったが、それがこの時期には更に定着した。もちろん、思想的な問題が完全にどうでもよくなったということではなく、研究と直接密着しないレヴェルでは各人それぞれに模索があるのだろうが、ともかく研究自体に思想的立場が投影されることはほとんどなくなった。但し、この点についても、専門外の人たちが往々にして懐きがちなイメージ――「ソ連解体に伴う価値観の転倒、理想の失墜」といった類のもの――については、それが的はずれだということを確認しておく必要がある。ロシア史研究の当事者にとっては言わずもがなのことだが、社会主義理想視に基づく研究でなくなったのはソ連解体よりも大分以前からのことである。これまでも触れてきたように、もともと第一期にスターリン批判的雰囲気の中でソ連正統イデオロギー批判から出発していたし、その時期にまだかなり濃厚だった実践的姿勢も第二期には次第に背後に退いて、研究と思想の相対的分離がかなり進行していた。もちろん、ソ連解体が世界史的規模での大事件である以上、種々の衝撃はありうるが、それは「理想の失墜」というような単純な標語にまとめられるものではないし、各人ごとに異なるものであって、ロシア史研究全体の動向と直結するものではない。ソ連解体の頃に始まる第三期は、確かに研究と思想の分離の一層の進行によって特徴づけられるが、それはこれまでの時期の状況からの突然の飛躍ではなく、むしろ連続的変化の延長上にある。

研究テーマについていえば、多様化・深化・拡散が一層進行した。近年の動向はあまりにも多様なので、簡単にはまとめられないが、一つの特徴は地方史の隆盛(旧ソ連のロシア以外の各国についてであれ、ロシアのさまざまな地方についてであれ)である。「周辺」への関心の広がりはそれ自体としていえば歓迎されることだが、他方、いわば「中心の空洞化」ともいうべき傾向がありはしないかと懸念もされる(これは他の学問領域でもしばしばみられる傾向のようだが)。テーマに関しても、かつて未開拓だったさまざまな領域が活発化する反面で、元来「オーソドックスな」テーマだった革命運動史やハイポリティクスを対象とした政治史研究が比較的乏しいというアンバランスがある。

対象地域に関して補足的にいうと、独立した旧ソ連諸国の研究は「ロシア史」という枠をはみ出し、たとえばバルト三国などは北欧史・西欧史の枠組み（現状分析でいえばEUの新規加盟国という位置づけ）、また中央アジアやザカフカースは「中央ユーラシア史」の枠組みに移行しつつあるようにみえる。また、かつてロシア史と密接な連関を持つ隣接分野とみなされていた東欧史研究の世界では「ロシア離れ」が一段と進行し、ロシア史との接点が乏しくなりつつあるようにみえる（「中欧」と「バルカン」を区別し、「東欧」という概念そのものを無意味とみなす傾向も強まっている）。これにはそれなりの理由があるが、だからといって、隣接・接触関係にある諸地域に関する研究が相互に没交渉であってよいということになるわけではない。一般に地域の区切り方は一義的ではなく、多層的であってよい。[*23]「ロシア屋」がロシア以外の旧ソ連諸国や東欧諸国を「われわれの領分」だと無条件に主張することは「拡張主義」「帝国主義」のそしりを免れないだろうが、それらの地域がよかれ悪しかれ密接なつながりを持ってきたこと自体は否定できない歴史的事実であり、そうした歴史的連関性を研究していくことは今後も大きな課題だろう。

現代史研究の下限は、独ソ戦期から戦後期にまで及ぶようになった。研究者の生きている時代と一定の時間的隔たりをもちながら現代史研究の下限が次第に移動するのは現代史研究の一般的傾向だということはこれまでも見てきたとおりだが、第一期には「ロシア革命終着駅型」、第二期には一九二〇年代からやがて三〇年代研究の活発化、そして第三期になって四〇年代から五〇年代研究の進展という流れは、その模範的な例解のようにみえる。今後の新しい課題としては、ソヴェト史研究と現代ロシア研究の接合という問題が浮かび上がってくるのではないかという予感がある。かつては、ロシア革命があまりにも大きな区切りであるために、革命前のロシア史を研究している人たちとその後のソヴェト史を研究している人たちの間にある種の断層があり、それをどうやって超えるかが大きな課題であり続けた（私のように和田春樹のもとで学んでソヴェト史を専攻してきた者にとって、近代ロシア史とソヴェト史をどのように接合するかという課題は、数十年来の一貫した問題意識だった）。これに対して、今やソ連解体という区切りがあまりにも大きすぎるために、それ以前の時代を研究するソヴェト史とその後を対象とする現代ロシア研究との間をどのように架橋するかが大きな難問として浮かび上がりつつあるように思う。

理論ないし方法の面でもいろいろと新しい動向がある。一概には整理しきれないが、一つの大きな特徴は、以前からさまざまな知的分野で台頭していたポストモダニズムが歴史学の分野にまで押し寄せてきた点だろう。「ニュー・ヒストリー」「言語論的転回」などの言葉があちこちで聞かれるようになった。フーコーの名前は第二期にもときおり言及されていたが、第三期には一層拡大した。社会史的傾向の研究は第二期に続いて更に増大し、ジェンダーの観点を取り入れた研究も活発化してきた。民族問題研究も引き続き盛況だが、これは更に帝国論、ポストコロニアル理論、サバルタン論等々の流行へとつながっている。他の学問分野からの摂取も、多方面にわたって拡大している。もっとも、「馬鹿と鋏は使いよう」であり、ブランドものの鋏（理論）を追い求め、それに振り回されるのは空しい。歴史学は本来鈍重な学問であり、最新流行のファッショナブルな理論をもてあそぶことには適さない。実際、実地の研究をしている人たちの間では、方法論や理論談義に耽ることへの警戒心も強く、ポストモダニズム談義も一部での華々しさのわりにはそれほど実質的な影響を及ぼしてはいないようにみえる。しかし、新しい鋏というものは、適切に使えばやはり有用たりうる。流行に振り回されることの愚はいうまでもないとして、ある程度の関心を払い、適切な範囲で摂取することにはそれなりの意味があるはずである。[*24]

「方法」というよりも手法ないし技術に関わることだが、パソコン利用があっという間に一般化し、IT技術発展が歴史学にまで波及してきたのも近年の特徴である。第一期における技術革新がマイクロフィルムの利用やコピー機の普及開始にあった（コピー機が広く一般化したのは第二期の前半位のこと）とすれば、第二期後半にはワープロ・パソコン利用が徐々に普及し始め、そして第三期に至って、各種IT技術の活用が飛躍的に拡大した。インターネットや電子メールは日常的に不可欠の道具となり、しかも、一昔前には想像もできなかったことだが、それらをロシアでも自由に操れるようになった。あらゆる技術革新と同様、便利さにつきまとう陥穽も危惧されるが（情報の質よりも量が優先され、内容の吟味をおろそかにしたまま情報洪水におぼれる危険性はその最たるものだろう）、ともかく「コンピュータ以前」の時代に帰ることは今では考えられない。

国際交流の本格的拡大と定着もこの時期に一層進展した。この点では特に北大スラブ研究センター（二〇一四年にスラブ・ユーラシア研究センターと改称）の役割――外国人研究者の招聘、年二回の国際研究集会など——が大きい。外国の研究の吸収にはこれまでも熱心だったが、受信にとどまらない積極的発信も次第に増大し、英語やロシア語で論文を書き、発表するのが当然になってきた。ロシア・旧ソ連諸国や欧米諸国だけでなく、韓国をはじめとする東アジア諸国の学界との交流も徐々に進みはじめた。もっとも、国際交流の隆盛を単純に賛美できるのか、なお超えねばならない壁があるのではないかといった問題もあるように思う（社会科学の文脈拘束性をどのように考えるか、アメリカ主導という意味での「グローバル化」の知的世界への浸透にどう立ち向かうか、表面的・儀礼的交際を超えた実質的交流がどこまで進んでいるかなど）。もっとも、私自身はあまり積極的に関わっていないため、この問題にこれ以上立ち入ることはできない。

研究の制度化は第二期に既に始まっていたが、それがこの時期に本格的に定着した。最も大きいのは、一九九九年にロシア史研究会が日本学術会議の登録学術研究団体になったことである（二〇〇五年に学術会議の制度変更により、「協力団体」に移行）。同じ九九年には、ロシア・東欧研究に携わる各種学会・研究会のアンブレラ団体として日本ロシア・東欧研究連絡協議会（ＪＣＲＥＥＳ）が発足し、ロシア史研究会もこれに参加した。その少し前の一九九七年には研究会のホームページが開設され、九八年には学術情報センター（後の国立情報学研究所）の電子図書館に参加した。また、それまでは形の上では全国学会でありながら、事実上全ての大会・例会を東京圏で行なっていたが、九八年以降、数年おきに東京圏以外の地で大会を開くことになった（九八年に大阪大学、二〇〇二年に福岡の西南学院大学、〇四年に北海道大学、その後もほぼ四年おきに各地で開催）。

個別の成果についてはいちいち挙げることができないが、とりまとめ的な作品として、山川出版社から二つの通史が出た。[*25] また『新版・ロシアを知る事典』は旧版（前注19）の全面改訂版だが、[*26] この間に一五年しか経っていないにもかかわらず——そしてまた、旧版自体がペレストロイカの進展をうけてその当時としては最高度の達成を示していたにもかかわらず——その後の変化が如何に大きかったかをまざまざと感じさせるものになっている。

以上、この節でみてきた研究者の世代の多層化、研究と思想の分離の定着、研究環境整備の進展、専門細分化の進行、国際交流の拡大、制度化の進展などは、まとめていえば、「通常科学」化の進展、その定着ということができる。それは確かに「進歩」ないし「成熟」の一種であり、それはそれとして確認しておくに値する。他方、制度化に伴いがちな問題点として、草創期にみられた創造性・熱気の喪失、テーマの細分化に伴う視野の狭隘化、研究会運営のルーチン化などといった点も見過ごすべきではない。先に引用した三〇周年記念集会時の田中陽兒の警告は今一度思い起こすに値するように思われる。

おわりに

最後に、今後の課題に関する若干の思いつきを述べておきたい。専門細分化進展に伴って、ロシア史研究の「内部」においても「外部」（他の学問分野）との関係においても、相互交流の困難化が進行している。専門細分化がいわゆる「タコツボ化」をもたらしやすいという問題自体はロシア史に限らない一般的な傾向であり、ある意味では不可避でもあるが、かといって単純にそのままでよしとするわけにもいかず、何らかの対応を考えないわけにはいかない。

先ず「内部」での相互関係についていえば、同じロシア史の中でも、専門細分化の進行により、対象時期・テーマが違うと話が通じにくいという状況が一段と甚だしくなりつつあるように思う。利用可能資料が急速に増大しているため、原資料に丹念に当たるという実証研究作業の遂行には膨大なエネルギーの投入とテーマの狭い限定が不可避だが、そのことは、各自が当面するテーマ以外の事柄に目を配る余裕を奪いがちである。しかし、そうであるからこそますます、どのようなテーマを選択するか、それにどのような角度から接近するかが重要性を増し、それとの関連で理論や方法をめぐって議論をかわすことも新しい意味を帯びるのではないだろうか。先に「鋏」（理論）の使い方ということに触れたが、誰しも「より適切な鋏の活用法」の模索をしているという点では共通している。とすれば、その意味での対話を、ロシア史内の異なった専攻の間でも、またロシア史以外の諸分野との間でも、試みることができるのではないだろうか。

「外部」との関係では、それに加えて、もう一つ特異な事情がある。日本の知的世界の中で、ロシア史研究は明らかに主流ではなく傍流だったが、それでも「ユニークな傍流」「独自の価値を持つ傍流」としての位置を占め、そのことによって他分野の研究者たちから一定の関心を持たれ、彼らと対話を交わすことが可能だった。しかし、ソ連解体を境に、外部での関心が一挙に低下し、急激な地盤沈下が進行している。これをただ単に寂しいことだといって嘆くだけでなく、外からの関心が低下したからこそ、こちらから積極的に打って出る必要性が増大したのではないかと思われる。

日本人の世界認識は、伝統的に、欧米世界と東アジア世界を二本柱としてきたが、ある時期までは、その二者に次ぐ「第三の柱」の座をロシア・ソ連が占めていた。それは、何といってもソ連が「世界の超大国」の一つであり、また「社会主義」というものが、それへの賛否は別としてとにかく強い関心の対象だったことによる。しかし、ソ連解体は社会主義への関心を決定的に低落させ、また「超大国」の座から滑り落ちたロシアへの関心も凋落した。それにとって代わり、欧米世界、東アジア世界に次ぐ「第三の柱」の座を占めているのは中東イスラーム世界である。このような成り行き自体は、ある意味では不可避のものであり、全体としての逆転は考えにくい。しかし、日本人の世界認識にとって、欧米世界、東アジア世界、中東イスラーム世界が重要な位置を占めているとするなら、ロシア・ユーラシア世界は、その三者のどれとも隣接しており、それらとさまざまな交流・摩擦・相互浸透の関係を持っているという意味で、非常にユニークな空間をなしている。この特徴を生かして、それら隣接世界との相互関係解明という課題にロシア史研究者と他分野の専門家が共同で取り組み、対話を交わすということは、難しくはあってもやり甲斐のある課題ではないだろうか。

（追記）

本章の初出は本書の中で最も古く、現在とは十数年の隔たりがある。本文では一九五六年から二〇〇六年までの半世紀を三つの時期に分けたが、その後の十数年は第四期を構成すると言えるかもしれない。本章で論じた研究テーマおよび観点や方法の多様化、学会などの制度化の進展、国際交流の活発化などといった趨勢はその後も引き続いている。国際交流に関わる一つの大きな画期として、中東欧研究世界大会が二〇一五年に日本ではじめて開催された（千葉県幕張）。東アジア・レヴェルでのスラヴ・ユーラシア研究国際大会も定期的に開催されている。制度化進展の裏面として過度の専門細分化、大胆な討論の困難化などといった問題も依然として指摘され続けているが、それを打破するための工夫も種々の形で提唱されている。時代的対象としては、帝政ロシア史の研究と現代ロシア研究がそれぞれに発展しているのに比して、ソヴェト期に関する歴史研究が相対的に伸び悩んでいるのではないかということが懸念される。

この間に多数現われた新しい研究の全体像を紹介することは到底できないが、代表的な論集として、北海道大学スラブ研究センター編『講座スラブ・ユーラシア学』全三巻、講談社、二〇〇八年、塩川伸明・小松久男・沼野充義編『ユーラシア世界』全五巻、東京大学出版会、二〇一二年、松戸清裕・浅岡善治・池田嘉郎・宇山智彦・中嶋毅・松井康浩編『ロシア革命とソ連の世紀』全五巻、岩波書店、二〇一七年が挙げられる。二〇一七年のロシア革命百周年には数多くの記念行事が行なわれたが、それを機縁とした研究史総括の例として、和田春樹・塩川伸明・宇山智彦・池田嘉郎・長縄宣博・松里公孝「ロシア革命百周年記念討論会」『ロシア史研究』第九九号（二〇一七年）を挙げておく。また、本章初出論文から数年を経た時点で私自身の研究経歴に即した再論として、塩川伸明「《ユーラシア世界》研究と政治学」『国家学会雑誌』第一二六巻第七・八号（二〇一三年）がある。

個別の注目すべき著作も多数出たが、それらはあまりにも多様であり、ここで論評することは到底できない。とりあえず、私自身の研究関心と接点の大きい次の三著について、それぞれ書評的エッセイを書いたことを記しておく。

和田春樹『スターリン批判——1953－1956年』(http://www7b.biglobe.ne.jp/~shiokawa/notes2013-/wadastalin

hihan2.pdf）

池田嘉郎『ロシア革命――破局の八ヶ月』（http://www7b.biglobe.ne.jp/~shiokawa/notes2013-/Ikedayosiro.pdf）

和田春樹『ロシア革命――ペトログラード、1917年2月』（http://www7b.biglobe.ne.jp/~shiokawa/notes2013-/WadaFebruary.pdf）

注

＊1　「ロシア史研究会の三〇年――記念シンポジウムより」『ロシア史研究』第四四号、一九八六年。

＊2　『ロシア史研究』第五九号、一九九六年。

＊3　近年、科学史・科学社会学という分野の研究は急速に進展しているが、その大部分は自然科学を対象としている。では、人文社会系の学問に関して科学史・科学社会学がどのような形で成り立ちうるかという点は興味深い問いである。初歩的な試論だが、塩川伸明「クーン著『科学革命の構造』への読書ノート」（http://www7b.biglobe.ne.jp/~shiokawa/books/kuhn.htm）、および「金森修著『サイエンス・ウォーズ』への読書ノート」（http://www7b.biglobe.ne.jp/~shiokawa/books/kanamori.htm）参照。後注17も参照

＊4　創立期の会の歩みについては、菊地昌典「ロシア史研究会の歴史」『ロシア史研究』第一五号、一九六六年、倉持俊一「ロシア史研究会と私」『ロシア史研究』第一六号、一九六七年、田中陽児「私にとってのロシア史研究会」『ロシア史研究』第一六号、一九六七年、「ロシア史研究会の三〇年――記念シンポジウムより」『ロシア史研究』第四四号、一九八六年、和田春樹「ロシア史研究会発足の頃」『ロシア史研究』第五九号、一九九六年など参照。また、スターリン批判の日本における受容に関しては、塩川伸明「スターリン批判と日本――予備的覚書」（二〇〇七年）（http://www7b.biglobe.ne.jp/~shiokawa/notes/Stalinhihan-p.pdf）参照。

＊5　戦後日本の歴史学の歩みについては、当事者による回顧的な記述がいくつかあるが（網野善彦『歴史としての戦後史学』日本エディタースクール出版部、二〇〇〇年、遠山茂樹『戦後の歴史学と歴史意識』岩波書店、一九六八年〔後に、『遠山茂樹著作集』第八巻、岩波書店、一九九二年に収録〕など）、かなり時間が隔たった今では、近代日本思想史研究の一環として改めて検討する作業が望まれる。とりあえず、小熊英二『〈民主〉と〈愛国〉――戦後日本のナショナリズムと公共性』新曜社、二〇〇二年、第八章参照。

＊6　菊地昌典『ロシア革命』中公新書、一九六七年。

＊7　長尾久および和田春樹による長大な書評（いずれも、『ロシア史研究』第一六号、一九六七年）、また後の回顧として庄野新「菊地昌典さんの思い出――国会図書館時代を中心に」『ロシア史研究』第六一号、一九九七年も参照。

＊8　長尾久『ロシヤ十月革命の研究』社会思想社、一九七三年、五一〇-五一一頁。

＊9　江口朴郎編『ロシア革命の研究』中央公論社、一九六八年。

＊10　『ロシア史研究』第一六号、一九六七年の編集後記（和田春樹）、また「ロシア史研究会の三〇年――記念シンポジウムより」『ロシア史研究』第四四号、一九八六年、一〇七頁に紹介されている田中陽児の言葉。

＊11　「特集『ロシア革命の研究』をめぐって」『ロシア史研究』第一七号、一九七〇年参照。

＊12　「ロシア革命終着駅型」という言葉の早い時期の使用例は、田中真晴「巻頭言――革命と思想」『ロシア史研究』第一三号（一九六五年一一月）に見られる。

＊13　近代化論再考について、塩川伸明『現存した社会主義――リヴァイアサンの素顔』勁草書房、一九九九年、第Ⅲ章第2節、および塩川伸明『《20世紀史》を考える』勁草書房、二〇〇四年、第六章参照。

＊14　やや余談めくが、ロシア史を一部として含む西洋史の分野で一九七〇-八〇年代に大きな足跡を残した雑誌として『社会運動史』があり、小さいながらも独自の一学派をなしていた。この学派の歩みも戦後史学史の中でそれなりに重要な意味を持つ。当事者たちがその経験を数十年後に振り返ったユニークな試みとして、喜安朗・北原敦・岡本

充弘・谷川稔編『歴史として、記憶として――『社会運動史』1970－1985』御茶の水書房、二〇一三年がある（同書への私の書評的エッセイは、http://www7b.biglobe.ne.jp/~shiokawa/notes2013-/shakaiundoushi-p.pdf）。

＊15 「ロシア史研究会の三〇年――記念シンポジウムより」『ロシア史研究』第四四号、一九八六年、一〇七－一〇八頁。

＊16 同上、一〇八頁。

＊17 「通常科学」とは、いうまでもなく、「パラダイム」とセットとなったトマス・クーンの用語である。もっとも、「パラダイム」の語が一躍流行語になったのに対し、「通常科学」の方はそれほど広まらなかったし、「パラダイム」にしても広く使われるわりには立ち入った理解は乏しいように思われてならない。クーン自身は、「社会科学の分野ではパラダイムというものが、はたしてできているかどうかさえまだ問題である」としている。トマス・クーン『科学革命の構造』みすず書房、一九七一年、一八頁。とすれば、社会科学はまだ「通常科学」になっておらず、「パラダイム転換」など話にもならないということになるはずである。「通常科学」以前的段階にある学問分野に携わる人は、一方において「通常科学」化したいという欲求をもちながら、他方では、そう簡単には「通常科学」化しない、またすべきではないという警戒心をもいだき、アンビヴァレンスに引き裂かれざるを得ない。これは人文社会系の学問一般にいえることだが、ロシア史研究はそのなかでも特に出発が遅く、蓄積が浅いだけに、そのアンビヴァレンスの度合いが大きいのではないか。こうした問題について、私はこれまで何カ所かで触れてきた。塩川伸明『ソ連とは何だったか』勁草書房、一九九四年、四九－五二頁、『社会主義とは何だったか』勁草書房、一九九四年、五三－五四頁、また前注3に挙げた二つの読書ノート参照。

＊18 菊地昌典編『ソビエト史研究入門』東京大学出版会、一九七六年。

＊19 川端香男里・佐藤経明・中村喜和・和田春樹監修『ロシア・ソ連を知る事典』平凡社、一九八九年。

＊20 原暉之（編集代表）『講座スラブの世界』全八巻、弘文堂、一九九四－九六年。

＊21　栗原は「一九九五年の歴史学界――回顧と展望」で溪内謙『現代史を学ぶ』を取り上げ、第一次資料の重要性を強調する溪内への敬意と共感を表明した上で、次のように述べている。「原史料利用についてはかなり進捗したドイツ現代史研究の経験から一つだけいわせてほしい。それは、本書の内容をそのまま現在の若い研究者に実行されると、多くの場合、私がひそかに「いきなり原史料主義」と名付けているところのもの、すなわち、現在の研究水準からすると問題になりえないような世界で小さな事実の集積物を作り上げてしまう危険がないであろうかということである」。『史学雑誌』第一〇五編第五号、一九九六年、三六一頁。

＊22　研究会創立四〇年までの間に雑誌に追悼記事が載ったのは、第四〇号の岩間徹（一九八四年逝去、以下カッコ内は没年）、第四八号の江口朴郎（一九八九年）、第五六号の金子幸彦（一九九四年）、第五八号の村山七郎（一九九五年）と、比較的少数かつ間遠であり、しかもそこで追悼の対象となったのは、長らく会長を務めた江口を除けば、会の活動と直接にはあまり関わらない方たちだった。ところが、ここ一〇年ほどは急激に追悼記事が増えて、第六一号に菊地昌典（一九九七年）、第六四号に庄野新（一九九九年）、第七〇号に今井義夫（二〇〇一年）と左近毅（二〇〇二年）、第七一号に田中陽兒（二〇〇二年）、第七五号に溪内謙（二〇〇四年）と続いた。この他、二〇〇〇年に田中真晴、松岡保、山本敏、〇四年に倉持俊一、〇五年に鳥山成人、〇六年に日南田静眞と保田孝一が相次いで世を去った。

＊23　塩川『現存した社会主義』二四七―二四八頁、また山影進『対立と共存の国際理論』東京大学出版会、一九九四年、第Ⅲ部第三章参照。

＊24　「新しい歴史学」については膨大な量の議論がある。それらをどの程度尊重し、どのように摂取すべきかも、持続的に考えていくべき問題である。とりあえずの例示に過ぎないが、リチャード・エヴァンズ『歴史学の擁護』晃洋書房、一九九九年、デイヴィッド・キャナダイン編『いま歴史とは何か』ミネルヴァ書房、二〇〇五年、ピーター・バーク編『ニュー・ヒストリーの現在』人文書院、一九九六年などがある。暫定的私見として、塩川『《20世紀史》

を考える』第Ⅲ編参照。

＊25　田中陽兒・倉持俊一・和田春樹編『世界歴史大系　ロシア史』全三巻、山川出版社、一九九四–九七年、和田春樹編『世界各国史　ロシア史』山川出版社、二〇〇四年。

＊26　川端香男里・佐藤経明・中村喜和・和田春樹・塩川伸明・栖原学・沼野充義監修『新版・ロシアを知る事典』平凡社、二〇〇四年。

第8章　E・H・カーのソ連史研究

はじめに

二〇世紀イギリスを代表する歴史家・国際政治学者エドワード・ハレット・カー（一八九二－一九八二年）はその長い生涯のうちのかなりの部分をソ連史研究に捧げた。両大戦間期の彼は、外交官から国際政治学者へと転じる中で幅広い知的活動を展開していたが、同時代のソ連情勢分析もその一つの構成要素をなした。戦後期になると、彼はソ連史の執筆に本格的に取り組んだ。一九五〇－七八年という長い期間をかけて『ソヴェト・ロシア史』全一四巻という大著を書き[*1]、次いで、その縮約版として『ロシア革命――レーニンからスターリンへ』[*2]を執筆した。長きにわたるカーの知的生涯を両大戦間期と戦後期に分けるなら、前者は「ケインズの時代」、後者は「ケインズ後の時代」とも言うことができる。[*3]本章では、そうした時代状況の中でのカーの知的遍歴およびそこにおけるソ連観・社会主義観について論じてみたい。限られた紙幅と筆者の能力からして、とうてい行き届いた考察にはなり得ないが、とりあえずの素描を試みたい。[*4]

1　両大戦間期から戦後初期にかけて――初期カーのソ連観の形成

E・H・カーは一八九二年の生まれだから、八三年生まれのケインズより九歳年下ということになる。九年というのは長期的視点からいえばそれほど大きな年齢差ではないが、一九二〇年代にはケインズが既に多方面で活躍し始めていたのに対し、カーはまだ外交官になったばかりという世代差があった。その後、三〇年代から第二次世界大戦にかけての時期には二人の人生が重なっているが、戦後期になると、ケインズが四六年に死去したのに対してカーは八二年の死去の直前まで長く研究活動を続けたという対比がある。

一九一四年の第一次世界大戦勃発時にケインズは既に三〇代に入っていたが、カーはまだケンブリッジの大学生であり、社会人になってはいなかった。カーは後年の著作で、この大戦はそれまでに慣れ親しんでいた世界の崩壊という感覚をもたらしたと語っているが、[*5]若い日のこの感覚は一種の「原体験」的な意味をもったように見える。その三年後にロシア革命が起きたとき、外務省に入ってまもなかったカーがいだいた感覚については、次のように振り返られている。周囲のイギリス人とは違って、彼はボリシェヴィキ（後の共産党）政権が意外に長く持ちこたえるのではないかと考えたが、それは単なる直感にとどまっていた。レーニンやトロツキーについては漠然たる印象を持っていたが、マルクスについては聞いたこともなかった。[*6]

一九一九年のパリ講和会議にケインズは大蔵省主席代表として派遣されたが、会議の成り行きに失望し、その職を辞して『講和の経済的帰結』を書いたことはよく知られている。他方、まだ下級職員だったカーは、自由党的な立場からケインズの講和条約批判に共鳴していたとのことだが、この時期に公的な発言をした記録はない。*7

一九二五年にケインズはロシア・バレー団のバレリーナだったロシア人女性と結婚し、彼女の親族と会うためにソ連を短期訪問した経験に基づいて「ロシア管見」を書いた。*8 その論旨は、経済面ではソ連の実験にほとんど意義を認めない――但し、存続し得ないほど非効率的ではないとする――が、その宗教的情熱には一定の意義を認めるというものである。宗教心を失った現代資本主義には内的な団結もなければ強い公共心もないが、それに対比して共産主義の信念には興味深いものがある、というのが彼の観察だった。ちょうどこれと同じ一九二五年にカーはリガ駐在となり（二九年まで）、ロシア語を学んで、ソ連観察を職務とするようになった。

しかし、一九二〇年代後半から三〇年代半ばまでのカーがソ連とか社会主義とかに強い関心をいだいた形跡はあまりない。一九世紀ロシア思想史に関わるいくつかの著作――『ドストエフスキー』、『浪漫的亡命者』、『バクーニン』――を一九三一年から三七年にかけて刊行し、またマルクス伝も書いたが、それらは間接的にロシア革命と関わるにしても、当時のソ連の現実と直接関わるテーマではなかった。この時期のカーは、職務上の必要からも、また自らの出身環境たるイギリスの知的伝統への反抗心からも、ロシア思想史やマルクスに知的関心をいだいたが、それはソ連自体についての強い関心とは結びつかなかったように見える。その一つの理由は、当時のソ連では、初期の革命的熱狂――ケインズが一九二五年に観察した宗教的情熱――が薄れつつあり、とりたてて知的魅力を発揮するものと見えなかったからかもしれない。

カーは一九三六年に外務省を辞して、ウェールズ大学アベリストゥイス校で新設の国際政治講座を担当するようになったが、これはちょうどスターリン統治下のソ連が幻滅の対象となる時期に当たった。それまである程度「親ソ的」だったカーは、この時期に強く「反ソ的」となった（イギリス共産党から入党勧誘をうけたが、少しも興味を示さなかったという）。カーのソ連評価が留保付き肯定から強い否定へと転じたタイミングについては、本人の晩年の回想と協力者デイヴィスの説明の間に若干のズレがあるが、[*9] とにかく三七年の訪ソ時にスターリンの「大テロル」に遭遇したことは決定的な意味をもった。こうして強められたソ連への否定的評価は、その反射的効果として、その後しばらくの対独宥和主義につながった。[*10]

カーが国際政治学者として活躍した一九三〇年代後半は、大恐慌後の長期不況の継続の中で「レッセフェールの終焉」という時代認識が広まった時期だった。この時期に活躍したケインズ、ハイエク、ポラニー、マンハイム、ポッパー、バーリン等々の比較や相互関係はあまりにも大きな問題で、本章で論じられる域をはるかに超えているが、ともかく彼らは共通の時代背景のもとで、自由・市場・社会・国家・個人等の相互関係について思索をめぐらし、またナチ・ドイツとスターリンのソ連のそれぞれに対してどのような態度をとるかを考えないわけにはいかない状況にあったことだけは確認できるだろう。
一九三九年に刊行された『危機の二〇年』初版は、国際政治に関するリアリズムを説き、また対独宥和的な個所を含んでいた作品として知られる。もっとも、カーをリアリズムの祖とする通説的理解に対しては、近年では種々の批判が現われている。また、同じ本の第二版（一九四六年）では、宥和主義をあからさまにした個所が削除されているため、三九年時点の彼が宥和論者だったことがあまりはっきりしないものとなっている。[*11] なお、「自伝的覚書」によるなら、初版を刊行した三九年の時点で、ヒトラーへの譲歩の気持が減る一方、スターリンへの譲歩の気持が増大しつつあったとされている。[*12]
いずれにせよ、カーのソ連観を大きく転換させたのは、一九四一年の独ソ戦開始、そしてそれに伴う「大連合」——ナチズム・ファシズムとの対抗のために結ばれた英米とソ連の提携——の発足である。これ以降、カーのソ連評価は明確に肯定的なものになった。ジョージ・オーウェルがカーはその忠誠心をヒトラーからスターリンへと切り替えたと非難したのは、[*13] やや酷評に過ぎるとはいえ、まんざら当たっていなかったわけでもない。もっとも、「レッセフェールの終焉」という確信からすれば、ともに一九世紀イギリス的自由主義への挑戦者だったナチ・ドイツからスターリンのソ連へと宥和的評価の対象を変えたのは、それほど大きな転回ということではなかったのかもしれない。それに、対独宥和論がナチズムそれ自体の肯定を意味しなかったのと同様、「計画経済の優位性」を信じることはソ連の現実の全面的賛美を意味したわけではなかった。ともあれ、戦時中のカーは、一九三九－四〇年に情報省で働き、一九四一－四六年には『タイムズ』で論説委員をつとめたことに示されるように、眼前で展開する現実政治に直接関わる発言を続けた。

戦後まもなくケインズは死去したが、その直後に「大連合」が崩壊して冷戦が始まるという国際情勢の中で、カーはソ連擁護の論調を張り続けた。それが最も明白にあらわれた作品が『西欧を衝くソ連』（一九四六年）である。カー自身の後年の回想では、これは急いで書いたためバランスを欠いた作品となっており、誇張を含んでいたが、それでも多くの正当な主張を含んでいたとされている。[*14]彼自身がどの部分を「誇張」と考え、どの部分を正当だったと考えたかは推測によるしかないが、たとえばケインズ経済学の主な見地が既にソヴェトの経済政策に実現されていたという個所などは、文字通りの意味では誇張というほかないだろう。もっとも、マルクス経済学よりもむしろケインズ経済学の摂取に立脚して論を立てようとする発想――ケインズ経済学の要点に関する説明も書かれている――は、その後も維持されたかもしれない。産業国有化の意義を説いて、全生産手段が労働者を代表する国家のものだという意識が生産を向上させたと述べ、このようなソ連の経験は西欧にとって有意味だと論じた個所も今では隔世の感を懐かせるが、カー自身は多少の誇張はあっても基本的には正しいと考え続けたかもしれない。[*15]

いずれにせよ、当時の英米における主流的立場があまりにも強く反ソ・反共に偏していたことから、それへの反逆心が彼を逆の方向に傾かせたが、だからといって、ソ連の実態を単純に美化ないし理想化したというわけではない。ソ連に対するカーの高い評価は、初期の革命家たちがいだいていた「人間解放」のユートピア的な理念よりも、むしろスターリンのもとで巨大な犠牲を払いつつ実現されつつあるかに見えた「計画経済」の現実的な力に向けられていた。単純化していうなら、カーは「親ソ的」にはなっても、通常の意味での「左翼」にはならなかった。彼の「親ソ」姿勢は後世から見れば過大評価と評される余地があるが、その時点においては、対独戦争勝利という形でまさしく「現実的」と映っており、それを認識することこそが「リアリズム」と考えられた。[*16]

冷戦絶頂期の一九五一年に刊行された『新しい社会』はソ連について論じたものではなく、より大きな世界史の流れに関する考察である。ここで基調をなしているのは、戦間期以来の持論たる「レッセフェールの終焉」という考えである。カーはそれをいくつかの側面に分けて、市場競争から計画経済へ、夜警国家から福祉国家へ、個人主義から大衆民主主義へ、個人主義的自由主義から社会主義へ、と整理している。ここで、「社会主義」の語でカーが何を意味していたのかという点が問題となる。彼はこの本の中で、「社会主義」概念の系譜を簡単に説明した後、一九二〇年代以降に有力になった用語法として、計画と警察国家が結びついたソヴェト制度を「共産主義」、計画と民主主義的原理維持を結びつける試みを「社会主義」と区別する考えが普通になったとして、自分もこれに従うとしている。そして、イギリスの自由党も保守党もこの意味での「社会主義」に接近している、というのがカーの理解である。[*17]ということは、ここで擁護されている「社会主義」とは、ソ連（=共産主義）とは一線を画した西欧的な社会民主主義を指していたということになる。

この本の中でソ連への直接的言及は少ないが、ソ連の教育政策に触れて、原則的には平等主義をめざす社会でも、やがては世襲的に支配階級がつくりだされるものだと書かれた個所がある。[*18]これはソ連に対して冷たい感じの記述だが、どんな社会でもそういうものだという書き方は「堕落」「後退」を糾弾する議論とは性格を異にしており、むしろ平等主義の徹底はありえないという認識を前提している。もう一つの個所では西欧のロシア革命への態度という問題を取りあげ、ロシア革命には学ぶべきものと拒否すべきものの両面があるというのがもともとの健全な判断だったが、現在（一九五〇年代初頭）では、ソ連に関わる何もかもを否定する態度が広まっていて、これはバランスを失したものだという批判が述べられている。西欧およびアメリカでは、共産主義の弊害よりも、共産主義の幽霊におびえて、それに多少でも似たものをすべて拒否してしまったことの弊害の方が大きいというのが彼の考えである。そして、共産主義への防衛は軍備だけによるべきではなく、欧米社会が一九世紀的秩序に復帰することはできないことを認識して歴史の流れに沿って前進することこそがソヴェト勢力に対する最大の防壁だとする。[*19]ここでは、ソ連は自らが共鳴する対象というよりは、それにどうやって対抗するかを考えねばならないライヴァルとして見られている。本章ではこれまでカッコ付きの「親ソ的」という言葉を使ってきたが、こう見てくるなら、むしろ「反・反ソ」と言い直した方がよいかもしれず、文字通りにソ連を味方とか到達目標とする考え方と異なることは明らかである。

2 『ソヴェト・ロシア史』執筆期のカー（一九五〇－七八年）

カーが大部のソ連史を書こうと決意したのは一九四四年のことであり、翌四五年には出版契約書も交わしていた。つまり、同書の執筆開始は前節末尾で見たような大戦末期から戦後初期にかけてのことであり、上述のような意味での「親ソ的」ないし「反・反ソ的」姿勢がこの課題に取り組む原動力になっていた。もっとも、実際の歴史研究のなかで、そうした立場が直接に内容に反映したわけではない。一九三〇－四〇年代に活発な時事的発言を行なっていたカーは、一九五〇年代以降、アカデミックな歴史研究に沈潜し、時事的発言を慎むようになっていった。一つには、五五年にケンブリッジ大学トリニティ・カレッジのフェローとなって研究専念の条件を得たことも、その背景にあったかもしれない。いずれにせよ、戦間期と違って、大著執筆期のカーは、時代状況との直接的対応を表に出すことなく、いわば淡々たる態度で研究に専念したように見える。それでも、波乱に富んだ三〇年弱の期間にわたって執筆が続けられた以上、時代から完全に超越していたわけではない。この時期のカーが現実政治の動向にどういう態度をとっていたのかを探る手がかりはあまり多くないが、ともかくそれらに目を配りながら、同書執筆期のカーの歩みを追って見たい。[*20]

一九五〇年に刊行された『ソヴェト・ロシア史』第一巻（『ボリシェヴィキ革命』第一巻）の序文で、カーは自分の狙いは革命自体よりもその後の秩序形成にあると書いている。[*21] これは彼の一貫した姿勢だが、革命のプロセスとりわけ大衆運動というものにはあまり深い関心をいだくことなく、むしろ政治エリートによる国家建設の方に彼の主たる関心はおかれていた。イギリスの体制エリート＝インサイダーでありながら同時にアウトサイダーでもあるという両義性――「隠匿された反逆者」[*22]――が、彼をロシア革命およびソ連というテーマに引きつけたが、大衆反乱としての革命そのものに引きつけられたわけではなかった。

ソ連を「敵」と見なす風潮が主流である冷戦期において、カーは英米の言論界で孤立した存在だったが、そういう中で盟友ともいうべき位置にあったのが、年下の友人アイザック・ドイッチャー（一九〇七－六七年）である。カーがドイッチャー夫妻と初めて会った一九四七年から六七年のドイッチャー死去まで、彼らは密接な協力関係にあった（ドイッチャー死後もタマーラ未亡人との交流が続いた）。もっとも、二人の間には共通性とともに、明確な差異もあった。革命自体にあまり関心をいだかないカーに対し、ドイッチャーは元来ポーランド共産党に属した革命家であり、その後も終生、革命精神を失わなかった。この違いは、『ソヴェト・ロシア史』が第四巻（『大空位時代』）まで刊行された段階で発表されたドイッチャーの書評「ボリシェヴィキ体制の歴史家としてのE・H・カー氏」（一九五四年）によく示されている。この書評でドイッチャーは、ソ連の歴史についてはソ連国内でも西欧でもまともな研究書があらわれていない――前者はスターリン体制下の統制のため、後者はロシア革命への無理解のため――という状況のなかでカーは最初の本物の歴史家だという高い評価を示した上で、いくつかの点で違和感を表明している。カーが「国家をつくるものとしての社会」よりも「社会をつくるものとしての国家」に関心を集中していること、国家建設者としてのレーニンにばかり関心を寄せて、国家転覆者としてのレーニン——まして、国家死滅を夢見るレーニン——には無関心であること、制度には強い関心をいだくが、理念には無頓着であること、レーニンとスターリンの近似性を強調する一方、両者の違いを軽視していること、等々である。[*23] ここには、革命的理念を重視するドイッチャーと、空論的理想主義には軽蔑的でリアリズムの観点からソ連を評価しようとするカーの個性の差が明確に示されている[*24]（この書評へのカーの応答については後述）。

一九五六年のスターリン批判およびハンガリー事件は、世界各国の左翼知識人たちに強烈なショックを与える出来事だった。イギリス共産党員だった歴史家エリック・ホブズボームをはじめとして、西欧や日本の知識人でこの衝撃を深く受け止めた人々は少なくない。[*25] それに引き換え、カーがこのときに何らかの反応を示した形跡はなきに等しい。[*26] 私の旧稿では、その理由として、当時既に六〇代半ばに達していたカーは若い世代のように素朴な衝撃を受けることはなかったのだろうと推測したが、[*27] もう少し違った観点を付け加えることもできるかもしれない。もともとカーは一九三〇年代のソ連をリアルタイムで観察しており、スターリンの恐怖政治についても、どこまで詳しくかはともかく、一応承知していた。イギリス共産党への入党勧誘に心動かされなかったことは前述した。そういう彼が三〇年代末以降に「親ソ的」になったのは、理想主義の観点ではなくリアリズムの観点からだった。そういう経緯を思い起こすならば、今頃になってスターリンの残虐行為が暴かれたからといって、特に驚き慌てることはないと考えたのではないだろうか。

いずれにしても、ソ連史研究に関わるカーの基本的態度が一九五六年を境に大きく変化した形跡は認められない。一九五八年に刊行された『ソヴェト・ロシア史』第五巻（『一国社会主義』第一巻）の第一章には、歴史における断絶と連続性に関する一般論がある。そこでは、革命は変化を強調するが、まもなく連続の原理が再生するものだという考えが提示されている。これは革命一般に共通する必然性という捉え方であり、当初の理念が裏切られたといった糾弾の要素は含んでいない。また連続性の復活はあらゆる革命に共通する現象だという把握なので、その限りでは特殊ロシア的としているわけでもない。もっとも、連続性の中身はロシア的伝統の復活として捉えられており、普遍的理念が後退するなかでロシア的後進性が復活したという図式になっている。[*28] 理念の後退、後進性の復活という点だけをとらえるなら、「よきものの堕落」という風に解釈できなくもないが、カー自身はむしろ、当初の理念がそのまま維持されると期待する方が非現実的だという考えに傾いているように見える。

『ソヴェト・ロシア史』執筆途上の副産物ともいうべき『歴史とは何か』（一九六一年）は、古今の多彩な事例を素材として歴史学方法論を論じた書物であり、ソ連史への言及がとりたてて大きな位置を占めているわけではないが、ところどころに関連する記述がある。中でも重要なのは、「進歩」に伴う犠牲という問題を論じた個所である。ここで彼は、イギリスの産業革命は膨大な代償を伴ったが、それでも進歩的だったという結論は動かない、またインドの植民地支配は非人道的なものだったが、それでも長期的結果は進歩的だったという観点を提示して、ソ連における農業集団化および工業化も同様だとしている。これらのどの例においても、コストを担わされた人々と進歩の果実を味わう人々は別々であり、前者の大半は「進歩」を見る前に世を去っていった。歴史の女神は残忍な女神であって、死骸の山を越えて進んでいくのだ、というのである。[*29] これはスターリンの農業集団化および工業化政策を条件付きながらも弁護する観点のように見えるが、それは特に社会主義を擁護するというよりも、イギリスの産業革命や植民地支配についてと同様の観点――どんなに悲惨な副産物を伴ったとしても進歩を否定することはできないという考え――の一例として提示されている。

『歴史とは何か』の中でもう一つ有名なのは、しばしば「歴史における if」の否定として知られている「未練史観（'might-have-been' school of thought）」批判である。その一例として、もしあれこれの条件がなければロシア革命は起きなかっただろうといった類の議論を無意味として退けている個所がある。[*30] これはロシア革命を必然として肯定する議論と見ることができるが、殊更にロシア革命だけを必然としているのではなく、他のさまざまな歴史的事件についてと同様だという議論であり、社会主義革命への心情的肩入れとは性格が異なる。もう一つ注意すべきなのは――この点はカー自身が十分自覚していないように思われるが――「未練」論と「歴史における if」とは同じではないということである。前者は「もし○○だったら、あの出来事はなくて済んだろうに」と嘆くタイプの発想だが、そうした未練論を否定する立場は、「もし○○だったとしても、結果は大差なかったろう」と考えることになるから、別の意味での if を暗黙に前提している。[*31] カーは「未練史観」には強く否定的だったが、それと対の関係にある「勝てば官軍史観」については、手放しにというわけではないにしても事実上肯定的である。歴史は否応なしに成功の物語（success story）になるという書き方に、それがあらわれている。[*32]彼が反対派にあまり強い共感や関心を寄せていないのも、その一つのあらわれといえる（ブハーリンの例について後述）。

一九六七年はロシア革命五〇周年に当たったため、人々がその歴史的意義について振り返る機会となった。カーがこの節目に書いた論文「ロシア革命——その歴史的意義」（『ロシア革命の考察』に収録）は比較的短い文章であり、特定の主題に絞った実証研究の成果というよりは、大きな歴史観の表明という性格が濃い。その骨子はこれまでに見てきたものとあまり変わらないが、いくつか注目すべき点に触れておきたい。冒頭で、どのような革命にも連続性と変化の要素があると論じているのは『一国社会主義』冒頭の考察とほぼ同じだが、この論文ではロシア特有の条件と関係する連続性よりも、世界的に当てはまる変化の要素の方に重点を置くとしている。これは彼の考えが変わったというよりも、前著が特定国・特定時代に関する歴史研究だったのに対し、この論文は世界史的意義を論じるという文章の性格に関わるだろう。そのことと関係して、この論文ではソ連史を詳しく論じるよりも世界史全体の動向が重視されている。「レッセフェールの終焉」という時代認識は彼の長年の持論だが、マルクス主義と区別されるレーニン主義の起源をもっぱらロシア的条件から説明するのではなく、むしろマルクス以降の新しい時代の産物だとして、ルカーチやグラムシのような非ロシア人がレーニン的概念を精緻化したことを例証として挙げているのはやや特異な観察である。[*33]もちろん、ソ連に即した記述も各所にあり、たとえば農業集団化過程における苦難や恐怖を過小評価することはできないが、それでもソ連が五〇年前に比べ大きな経済的進歩を成し遂げたことは否定できないとされている。[*34] より注目されるのは、分業の廃棄とか完全な平等といった目標が放棄されたことに触れて、それを一種の必然として描いている点である。エリートと大衆デモクラシーの緊張関係は現代世界に固有なものだとされ、ソ連の経験は西欧にとっても無縁ではないと論じられている。[*35] 平等主義の放棄を「堕落」とか「後退」として非難するのではなく、むしろ必然視しているあたりは、「親ソ的」ではあっても共産主義の究極目標へのコミットとは距離をおく考えを示している。

このような展望を、同じロシア革命五〇年に際して盟友ドイッチャーが書いた著作と比べるなら、二人の個性の差が明らかとなる。ドイッチャー著の基調は『未完の革命』というタイトル――邦訳書では副題になっている――に示されている。ロシア革命が本来掲げた目標が現実のソ連では実現に程遠いことを指摘しつつ、その目標を達成するための試みは今なお続いているという考えが、その基底にある。[*36] この本へのカーの書評は基本的には肯定的な評価を示しつつも、いくつかの点で微妙な違和感を表明している。一つには、平等化の進展に関するドイッチャーの楽観的展望への懐疑であり、もう一つは対外政策におけるレーニンとスターリンの異同に関わる。カーは、レーニンが塀の上で片側に軽く傾いたところをスターリンはドシンと落ちてしまったという比喩を用いて、両者は確かに違うとはいえ、塀の上にいつまでもとどまり続けることは不可能だった以上、スターリンにもそれなりの言い分があっただろうという論じ方をしている。続いて独ソ不可侵条約について、これを非難するのは容易だが、その非難はどういう根拠に基づくのかと問いかけて、スターリン非難に議論を集約する傾向に疑問を投げかけている。[*37] この少し前に書かれたドイッチャーのトロツキー伝への書評でも、全体としては高い評価を示した上で、いまや二〇世紀の経験の光に照らしてマルクス主義の諸原理を厳しく再検討する時期が来ており、トロツキーの悲劇は古典的マルクス主義がもはや十分でなくなった世界における古典的マルクス主義者だったことにある、という観点を示している。[*38] これらの批評は、カーがドイッチャーほど深くマルクス主義にも革命的理念にもコミットしていなかったことを示している。

ドイッチャーが一九六七年八月に死去すると、カーは直ちに追悼文を書き（これも『ロシア革命の考察』に収録）、二年後には、ドイッチャーの評論集『異端者と裏切り者』第二版への序文を書いた。前者は追悼文という性格上、故人の美点を称えることに終始しているが、後者では二人の間の差異にも触れている。ドイッチャーがカーの大著に寄せた書評（前注23）への回答として、彼は次のように書いている。ドイッチャーはカーが理念やユートピアを軽視していると批判しており、そのような偏りがあるなら自分はそれを正さねばならないが、ドイッチャーは逆の方向に傾いているのではないか。その具体例として、ラパロ条約交渉時（一九二二年）の独ソ関係と独ソ不可侵条約（一九三九年）の間に連続性の要素を見ることはできないというドイッチャーの指摘が挙げられる。一九二二年と三九年の間に大きな違いがあるのは事実だが、もしドイッチャーがラパロ交渉時のやりとりに関わるドイツのアルヒーフ資料を読んでいたなら、あれほど強く断絶面ばかり書くことはなかっただろう。こうしてカーは最後まで二人の間の差異を意識していた。もっとも、同じ文章の末尾でカーは次のように述べて、ドイッチャー的立場への一定の共感を示してもいる。スターリン死後の一五年の間に起きた変化は、スターリンの全体主義によって革命が凍結してしまったというシニカルな見方を反駁しているように見える。革命を経験した力強い国民が単調な停滞に落ち着いてしまうということはありそうにない。革命精神およびそれを育んだユートピア的ヴィジョンが完全に消え失せてしまうということはありそうにないし、そうだとしたらドイッチャー流の楽観主義にも根拠があったということになるだろう。[*39] ここでのカーは、自分とドイッチャーの間の差異を意識し続けると同時に、後者に賛同してもよいのかもしれないという両義的態度を示している。[*40]

歴史の評価が現状認識と相関関係にあることはカー自身が繰り返し指摘しているところだが、ドイッチャー的な理想主義への評価は当時のソ連・東欧圏における改革可能性をどう見るかという問題とも関わりをもっていた。そのことは、いま紹介したスターリン後のソ連の変化可能性への言及にも示されている。これらの文章が公刊されたのは一九六七-六九年のことだったが、それを挟む一九六八年には、チェコスロヴァキアで「プラハの春」と呼ばれる大規模な改革の動きがあり、八月にはワルシャワ条約機構軍がチェコスロヴァキアに侵攻して、改革運動を押しつぶした。この時期のカーは時事的問題について発言することをやめており、公けの態度表明をしてはいないが、ハスラムの伝記に引用されている長文の私信は、彼の反応を物語るものとして興味深い。

軍事介入への評価が否定的なのは当然だが、カーの反応にはいくつかの要素があり、それらを整合的にまとめ上げるのは難しいと自ら嘆いている。第一に、ソ連の政策に革命的要素がほとんどなくなって単なる大国になりおおせたこと、特に軍が決定的な役割を演じていることへの落胆がある。第二に、チェコスロヴァキアの側に同情するのは当然だとしても、その感情的思い入れはあまり強くないということを自認している。カーはこれまでも国際政治において小国が大国によって翻弄される例を多数観察し、それは不幸なことだとはいえ、国際政治とはそういうものだという醒めた目をもっていたから、感情的に同情しても始まらないという気分があったように見える。第三に、白人の小国——ここではチェコスロヴァキア——が蹂躙されたときには大声で抗議するのに、非白人が迫害されていても見て見ぬふりをするという傾向が欧米諸国にはあり、それは偽善だという感覚が表明されている。その点、ヴェトナム戦争についてもチェコスロヴァキアについても同様に抗議する青年たちの運動は英米の政府よりもずっと尊敬に値するとも書いている。そして、国際関係と道徳性という難問に取り組んで長くなるが、この問題が単純明快に見えたのはほんの短時間だったと述懐している。[*41] 結論はあまり明快でないが、沈鬱な気分だったことは明らかである。

先に触れたように、スターリン死後のソ連がともかくも変化の兆しを見せたことがドイッチャー的なユートピア理念にカーが共感を寄せた背景にあったが、チェコスロヴァキアへの介入後のソ連における保守化は、そうした期待感に背くものだった。革命を経験した力強い国民が単調な停滞に落ち着いてしまうということはありそうにないというカーの予見ないし期待に反して、その後しばらくの間のソ連は、後に「停滞の時代」と呼ばれるような保守性が特徴的となる。そういう中で、それでもソ連に何らかの改革可能性を見ようとする書物が英語圏で一九七三－七四年に相次いで発表された。スティーヴン・コーエンのブハーリン伝およびモシェ・レヴィンの『ソヴェト経済論争の政治的底流』がそれである。[*42]前者はそれ自体としては歴史研究であって現状に直接関わるものではないが、その主題設定には、ブハーリン路線——市場を利用し、穏やかな方法で漸進的に社会主義建設を進めようとする——をスターリン体制へのオールタナティヴと捉える観点が示されている。同様の観点をより一層明示化したのが、現代における経済改革論争の歴史的起源としてブハーリンとネップ（新経済政策）を位置づけたレヴィンの著作である。

カーはこの両方の書物に書評を書いているが、その評価はブハーリンに対しても両著者に対しても相当辛口である。カーによれば、ブハーリンは個人としては好人物だったが、好人物がよい政治家になれるというわけではない。レーニンはテロと無慈悲な弾圧なしでは済まされなかった革命と内戦の指導者だったし、トロツキーは子山羊の手袋をはめて革命をやることはできないという有名な文句を吐いた。これに比して、ブハーリンは心優しい人物だったが、そういう人物が革命の渦に巻き込まれたのは不運というほかない。しかし、農民への強制なしで済まそうとするブハーリンの政策は成功可能性を欠いており、彼がスターリンへのオールタナティヴたりえたなどと考えるわけにはいかない。現代のソ連で経済改革について論じる人たちがブハーリンに依拠するなどということはありそうにない。トロツキーは今なおソ連にとって生きている敵だが、ブハーリンは単純に忘れられた存在に過ぎない、というのがカーの評価である。[*43]

「もしスターリンではなくブハーリンが勝者となっていたなら、その後のソ連の歩みはもっとよいものになっていただろう」という発想がコーエンやレヴィンの背後にあり、「未練史観」を無意味とするカーがそれに我慢できなかったのは自然である。もっとも、先にも触れたように、「未練史観」の拒否は「歴史における if」の排除を意味するわけではない。コーエンやレヴィン流の考えを否定するということは、「もしブハーリンが勝ったとしても、しょせん大したことはできなかったろう」と考えることを意味し、これはこれで一種の if-history だからである。もう一つ特徴的なのは、スターリンの最大のライヴァルはトロツキーであってブハーリンではなかったとする評価である。これはトロツキー伝を代表作としたドイッチャーへの共感のなせるわざとみることができる。カーがこのように書いてから十数年後にソ連でゴルバチョフのペレストロイカ（建て直し＝改革）が始まったとき、改革構想の歴史的源流としてトロツキーを思い起こす議論はほとんどなく、むしろ一種のブハーリン・ブームが生じたが（後述）、そのような展開はカーの予想の範囲外にあった。

三〇年近くにわたって書き継がれた大著『ソヴェト・ロシア史』は、一九七八年に最終巻（『計画経済の基礎』第三巻第三分冊）が出ることで完結した。この最終巻の序でカーは、欧米におけるソ連観の変遷を次のように振り返っている。一九二〇年代にはソ連の現実は比較的静かな幕間だったにもかかわらず、欧米では激しい反ソ主義が支配的だった。三〇年代になるとソ連では農業集団化やテロルの悲劇が始まったにもかかわらず、西側では無批判なソ連賛美が高まった。カーが同書執筆を決意した大戦直後には、「大連合」による協力関係が維持されるとの期待があったが、第一巻の出た一九五〇年はまさに冷戦の絶頂だった。五六年のスターリン批判およびフルシチョフの雪融けは歴史家にとって好適な穏和な環境を生み出したが、それは一〇年くらいしか続かず、六八年を境に再び激しい対抗関係に移行した。こうした短期変動の繰り返しの中で、自分はできるだけそうした動きから自己を切り離そうと努めてきたが、それがどこまで成功したかは自分で判断すべきことではない。ともかく自分はロシア革命を、フランス革命についてと同様、真っ白でもなければ真っ黒でもないものとして描こうとしてきた。このようにカーは自己の研究経過を振り返っている。[*44]

同じ巻の末尾におかれた終章は、この巻の主題が対外関係であるという事情もあって、世界革命の展望が後退したことを重視し、その中で生まれた「一国社会主義」論および「上からの革命」が革命の性格に微妙な変化をもたらしたことを論じている。先進国革命の展望はほとんどなくなる一方、[*45]リベラル・デモクラシーの定着した西欧諸国では反感を招くような強引な方法も後進的な非資本主義諸国では受容される余地があり、ロシア革命の影響は後者でより強く感じられ続けた。ロシア革命の目標は達成されるには程遠く、その記録は欠陥だらけだが、それでもそれは持続的な影響を世界中に及ぼしている、というのが結びの言葉である。[*46]三〇年間にわたって精力を注ぎ込んだ主題が時間を隔てても無意味化することなく、たとえ不完全ではあれ歴史的意義を保持しているとカーが考えたのは自然である。もっとも、ここでいう世界的影響力の中身はあまり明確ではなく、西欧諸国ではほとんど忘れられても後進的な非資本主義諸国ではまだ有意義だろうという漠然たる予感にとどまっている。

『ソヴェト・ロシア史』全一四巻を書き上げた直後に、カーは『ニュー・レフト・レヴュー』誌編集者ペリー・アンダソンのインタヴューに応じた（一九七八年）。同誌にはドイッチャーの影響があったし、ドイッチャー未亡人のタマーラとも協力関係があったから、カーと同誌には広い意味での親近関係があり、だからこそインタヴューに応じたと考えられる。それでいながら、彼はニュー・レフトに対してかなり批判的でもあった。このインタヴューで彼は、右派からのヒステリックな反ソ宣伝に強く反撥する一方で、ソ連についてであれ西欧諸国についてであれ社会主義へと向かう歩みが続くという展望には悲観的であり、ユーロコミュニズムにも『ニュー・レフト・レヴュー』誌にも積極的に与する気分にはなれないことを明らかにしている。[*47] 先に触れたコーエンやレヴィン流の考えへの批判は、当時のソ連内で秘かに改革を志向する動きが高まっているのではないかという観測についても消極的だったことを意味する。カーはまた、西欧での社会主義運動の進展についても悲観的だった。[*48] ハスラム著にも、カーが内心で「ニュー・レフトの政治的ナイーヴさ」に激しく苛立っていたという紹介がある。[*49]

一九六〇―七〇年代の欧米諸国および日本では、スターリン批判後の情勢の中で、さまざまな種類の「ネオ・マルクス主義」や「社会主義改革」論が提起されたが、それらとの対比でいうなら、カーは「先進国革命」論者でもなければ、疎外からの解放を重視する「マルクス主義とヒューマニズムの結合」論者でもなかった。しいていえば、第三世界への期待が大きな位置を占めている――ロシア革命を第一段階とする世界革命の完成段階は植民地人民の反乱という形をとるという仮説を真剣に検討すべきだとしている[*50]――が、これはアジア・アフリカ・ラテンアメリカ諸国の具体的な分析に基づいた議論ではなく、ソ連にも西欧にも期待を持てない以上、第三世界に期待を託すほかないという消極的な性格のものであるように見える。

最晩年の自伝的覚書（一九八〇年執筆）の末尾には、一種の信仰告白めいた文章があり、そこでカーは次のように書いている。人間を冷笑主義者とユートピア主義者に分けるなら、自分は後者の方を好む。西欧社会については、劇的な崩壊ではないまでも没落と衰退以外のいかなる見通しも予見することができない。しかし、今はまだ見えない新しい可能性が水面下で始まりつつあると信じる。それは立証できないユートピアだ。マルクスの洞察は巨大な意義をもっていたが、その展望が科学的に証明可能だと考えるのは幻想だ。現代のわれわれはマルクスやレーニンよりも先に進めるだろうが、ユートピアを明確にすることができるわけではない。それは「社会主義」と呼ぶべきだろうし、その限りでは自分をマルクス主義者だということができるが、その内容を定義できないばかりでなく、それが西欧プロレタリアートによって担われるとは思えないと考える点で、自分はマルクス主義ではない[*51]。国際政治における「リアリスト」として知られるカーがユートピア主義に肯定的に言及しているのが目を引くが、実は、これは特に新しいことではない。もともと『危機の二〇年』もリアリズムのみを一方的に説いたわけではなく、ユートピア主義とのバランスをとろうとした著作だった。言ってみれば――カー自身がこういう言葉遣いをしているわけではないが――リアリズムは「クール・ヘッド」、ユートピア主義は「ウォーム・ハート」を意味し、学問的認識にとっては前者が不可欠だが、人間としては後者も不可欠だという発想がカーにはあり、そうした発想は『新しい社会』や『歴史とは何か』にも見てとれる。そこでは、「歴史の進歩」への信頼が人間は希望なしでは生きていけないという観点から説かれているが、それは学問的論証というよりは一種の信念ないし信仰告白としての性格をもっている。[*52]「自伝的覚書」ではそのような信念としてのユートピアが社会主義と結びつけられているが、それは、少なくとも見通しうる限りではソ連内でも西欧でも実現に向かいそうにないという限定付きのものである。[*53]

3 『ロシア革命――レーニンからスターリンへ』（一九七九年）

全一四巻にのぼる大著『ソヴェト・ロシア史』を書き終えたカーは、その内容を圧縮して一般読者向けの書物とする作業に直ちに取り組んだ。その産物が『ロシア革命――レーニンからスターリンへ、1917-1929年』（一九七九年）である。ここでは、個々の論点にあまり詳しくは立ち入らず、大きな歴史把握に力点をおいて本書の概要を紹介してみたい。[*54]

この本の第一章および終章は対象時期（一九一七－二九年）の大きな特徴や位置づけを考察している。その内容はこれまでにカーが論じてきたことの集大成ともいうべきものである。[*55] 冒頭近い個所では、一九一四年の第一次世界大戦勃発がそれ以前の時代の終わりを画し、ロシア革命はそうした世界史的変動の結果でもあれば原因でもあるという持論が述べられている。続いて、ロシア革命には世界的な意義と特殊ロシア的な条件に根ざした面の双方があると指摘され、後者に関連して帝政ロシアの後進性およびその中で一九世紀末以降に進行した工業化の過程が簡単に説明されている。[*56] 後進的ロシアで起きた革命は、一九〇五年の第一革命にせよ、一九一七年の二月革命にせよ、専制に対するリベラルの反乱という要素と労働者の反乱の要素という二重性をもっており、そのためマルクスの歴史図式でいう「ブルジョア革命」と「プロレタリア革命」の相互関係如何という問題が生じた。当面の主要課題は前者であり後者は将来の展望だと考えるか、それとも前者から後者への急速な転化が課題だと考えるかという選択が問題となる中で、後者を説くレーニンの主張は最初のうち少数派だったが、急速に影響力を増大させた。そういう革命のさなかに執筆された『国家と革命』[*57]は国家の急速な死滅を展望し、党のことにはほとんど触れないもので、レーニンの著作の中で最もユートピア的なものという評価が与えられている。ここで「ユートピア的」という言葉は、とりたてて肯定的もしくは否定的な含意があるわけではなく、革命の高揚時にはこうした発想が大きな役割を果たすものだという認識を示しているように見える。

一〇月革命時に発せられた一連の布告に関しては、古い国家が一掃されつつある熱狂の中では誰も新国家建設の問題に直面しようとはしなかったという指摘がある。世界革命が近いという期待の中で、革命政府の権威の及ぶ空間的範囲も不明確であり、その政権がどのようにしてその目標を達成するかは将来の問題として残されていた。旧政府の打倒は容易だったが、自らがそれにとって代わって新しい社会秩序を建設することはそれよりもはるかに手強い課題だったというのがカーの主要な議論である。

第二章以下の各章では、一九一八―二一年の干渉戦・内戦・戦時共産主義の時期、一九二一年以降のいわゆるネップ（新経済政策）期、そして二〇年代末のネップの危機および「上からの革命」が順次論じられている。そこでは、内政、経済（農業および工業）、社会、対外関係（対西方関係、対東方関係）が手際よく論じられている。それらの中から、大きな歴史の流れと関わって特に注目すべき点に限って紹介するなら、次のような点が挙げられる。

革命直後の内戦・干渉戦・戦時共産主義の時代は短期間だったとはいえ、その後に大きな刻印を残した。形成期のソヴェト政権は軍事最優先という条件下で生き延びなければならなかった。革命政権とその反対勢力は、一方の残虐行為が他方の報復行為を強めるなかで「赤色テロル」と「白色テロル」の応酬を展開した。そういう環境下で経済政策も極度に集権的で強圧的なものとなった。これが緊急事態へのやむを得ざる対応なのか、それとも共産主義的目標へ向かっての突進なのかという解釈上の論争があることも指摘されている。

戦時共産主義の解釈における論争性は、それにとって代わったネップの解釈における論争性へとつながった。戦時状況下で余儀なくされた一時的政策の放棄（＝一種の正常化）なのか、むしろネップの方が余儀ない後退であり、やがて放棄されるべきものなのかという問題である。いずれにせよ、当面は商品交換を認め、農民や小規模商人に譲歩する政策をとるほかなかったが、そのような経済的譲歩は政治面ではむしろ引き締めを伴った。共産党内においては「分派」が禁止され、共産党以外の政党（主にエスエルとメンシェヴィキ）はネップ初期に粉砕された。国家制度としては一九二二年末にソ連邦が結成され、二三年のソ連憲法採択（翌年に正式承認）で統治構造が確定された。共産党機構の整備とも相まって、国家権力は一九一七年の破壊局面から転じて、中央集権的制度の確立へと向かった。

ネップ導入はある程度の経済回復をもたらしたが、失業の増大をはじめ、望ましくない副産物も伴っていたし、復興のアンバランスさは前途への不安を呼んでいた。そうした中でレーニンが一九二二年五月に病気に倒れて二四年一月に死去したことは、最高指導部内での権力闘争を招いた。そこでは、トロツキー、ジノヴィエフ、カーメネフ、スターリンといった最高指導者たちの野心に基づく抗争と、経済をはじめとする政策上の分岐とが複雑にからみあっていた。その背後には、党員数の急増と党機構官僚制の確立に伴う共産党の性格変化があった。下級党組織の指導を管轄する「書記長」というポストに就いていたスターリンがその権力を増大させたのは、そのあらわれだった。この時期に提起された「一国社会主義」論は、それ自体としてはあまり実質的な意味をもつものではなかったが、心理的には大きな意味をもった。世界革命の展望が後景に退き、後進的ロシアでの経済建設が主要課題とされるようになる中で、経済政策の選択が重要性を増した。

ネップ後半期においては、「計画化」――なお、この概念は社会主義とは別個に発生したもので、第一次世界大戦期のドイツで発展し、第二次世界大戦後の「開発経済学」に連なっていくものと捉えられている――が徐々に進展した。困難な条件下での工業化と計画化は健全財政主義と両立困難であり、農民の宥和および市場経済維持を柱とするネップの存続を疑問にさらしたが、そのことは経済政策選択を重大な政治問題とすることになった。とはいえ、政治家たちの抗争と経済専門家たちの論争は直接対応する形で進行したわけではない。政治家たちは権力闘争を有利に進めるため、時期によって異なる政策を主張したし、態度を明白にすることを避けたりもした。最初のうち正面対決を避けていたトロツキーは、次第に明確な反対派の立場に追い込まれた。他方、実務を重視するスターリンは特定の政策へのコミットを避けながら、巧妙に自己の立場を固めていった。一九二七年一二月の第一五回党大会は反対派の敗北の仕上げとなり、トロツキーは国内での追放処分——一年後には国外追放——にあう一方、他の反対派活動家たちは分解していった。

党内闘争に決着がつくのと時を同じくして、穀物調達危機が表面化し、いわゆる「非常措置」が広く適用された。これは農民との合意を重視するネップの枠組みを揺るがす意味をもったが、そのことは最初のうち公言されず、「非常措置」はあくまでも一時的なものと説明された。しかし、いったん強硬措置が発動されると、農民と当局の対抗は不可逆的に高まっていった。農村共同体の決定という形式をとって穀物調達を強行する「ウラル＝シベリア方式」がとられるようになったのは、そのあらわれである。農業面の危機は、工業面における強行突破方式の強まりと対応していた。そのことは労働組合に対する締め付け、「ブルジョア専門家」への警戒、そしてゆっくりしたテンポでの工業化を説く「右派」へのイデオロギー攻勢を伴った。このようなネップの危機がより公然たる形をとるのが次の時期である。

一九二〇年代末——部分的には三〇年代初頭にも及ぶ——はいわゆる「上からの革命」およびその帰結としてのスターリン体制成立の時期である。工業面では、第一次五カ年計画作成が本格化する中で、穏健論が「右派」的なものとして退けられ、より野心的な計画が採択された。これは経済を市場に委ねることなく指令によって運営するという発想の優位化を意味した。野心的な目標は非現実的なものだったが、見方によっては、そうした極度の楽観主義が重工業化の推進力となったとも言えるという微妙な評価が示されている。穀物調達は依然として困難な課題だったが、抵抗する農民に「クラーク（富農）」というレッテルを貼り、その抵抗を排除して集団化を推進する方向に政策は動いていった。「クラーク撲滅」「全面的集団化」という目標は最初から明示されたわけではなくジグザグを伴っていたが、一九三〇年初頭に絶頂に達した。この農業集団化は「ソヴェト史に汚点を残す悲劇の一つ」と評価されている。このような経済政策上の強行突破は、政治面における反対派の全面的排除と独裁制の様式の確立を伴った。二〇年代にスターリンと対抗していた反対派活動家の多くはスターリンの政策転換を歓迎して、政権に接近した。他方、二〇年代にスターリンの同盟者だったブハーリンらの「右派」は無力をさらけ出して、その地位を低下させた。ちょうどこの時期にスターリンの五〇歳の誕生日がやってきたことは、個人崇拝の気運を高める契機となった。彼の粗野で恣意的な権力行使スタイルはその後も拡大し、ソ連史に大きな汚点を残したが、そうした統治のもとで後進的ロシアの工業化・近代化が進展したことも事実であり、後世におけるスターリン評価のアンビヴァレンスのもととなったと指摘されている。スターリンはピョートル大帝以来ロシアに現われた最も残酷な専制者であり、また偉大な西欧化推進者だったというのがカーの評価である。*58

終章では、いったん革命直後にさかのぼり、ロシア革命が混合的な性格をもっていたことが確認される。レーニンは社会主義の基礎となるべき条件が戦時中のドイツで生まれたと考え、それを「国家独占資本主義」と名付けた。それに倣ったソ連の計画化は、資本主義への挑戦である以上、社会主義でないとは言えないが、マルクスのいう「生産者の自由な連合」ではなかった。ソ連における産業革命と農業革命は労働者たち自身の事業ではなく「上からの革命」だったし、それを遂行したスターリンの党はその後ますますあからさまに独裁的になっていった。目標が社会主義的と称されるとしたら、それを達成するために用いられた手段は社会主義の正反対だった。その後の過程は矛盾に満ちており、数多くの惨禍――但し、そのすべてがスターリン独裁のせいではなく、ドイツから仕掛けられた戦争のせいでもあった――を伴ったが、一九六〇年代までには工業化・機械化・計画化の成果が熟しはじめた。いろいろな遅れがあるにしても、生活水準は向上したし、スターリンの抑圧も除去された。体制の厳しさと残酷さを否定することはできないが、その成果もまた現実的だった、というのが国内面に関する総括的評価である。続いて、国際面での評価が述べられているが、この個所は先に紹介した『ソヴェト・ロシア史』最終巻終章の末尾と同じ内容のものである。一言で言って、西欧の労働者階級はソ連の経験を受け入れないだろうが、後進的な非資本主義諸国ではその反響はまだ続いているという観点である。

全体を振り返っていうなら、本書は政治制度、権力闘争、工業と農業にわたる経済政策および経済実体の動向、社会および文化の動向、西方と東方にわたる外交政策および国際共産主義運動といった多岐にわたる論点を巧みにかみあわせ、革命後十数年のソ連の軌跡を多角的に、かつ手際よく描き出している。そこで起きたことの多くは、結果的に言えば、革命時に熱狂的に期待された願望とはかけ離れたものだった。その意味では『ロシア革命』というタイトルはややミスリーディングであり、むしろ革命後の現実的プロセスがいかにして当初の期待から離れていったかを叙述した書物だという観もある。だが、カーはそこに「裏切り」「堕落」「後退」といった言葉を付けることなく、どちらかといえば淡々とした歴史叙述に徹している。あちこちの個所で、政治家の権謀術数や首尾不一貫性、結果としての大量の犠牲や残虐性などが語られているが、それが避けられたはずだというニュアンスがこめられているわけではない。『歴史とは何か』でイギリスの産業革命やインドの植民地化も巨大な惨禍を伴ったが、それでも進歩だったとした観点がここでも引き継がれているように見える。

4　カー死後、そしてソ連消滅後

カーは『ソヴェト・ロシア史』と『ロシア革命――レーニンからスターリンへ』を書き終えた後、八〇歳代後半に入りながら休みもせず、一九三〇年代のコミンテルン史に取り組んで『コミンテルンの黄昏』および『コミンテルンとスペイン内戦』を書き（ともに死後の刊行）、一九八二年に九〇歳で死去した。その数年後にゴルバチョフが登場してペレストロイカが始まり、更に数年後にはソ連国家そのものが消滅した。この間における歴史の変動は巨大なものであり、その中で、死後のカーへの評価も種々の変化をこうむった。

ペレストロイカの一時期、ソ連ではネップおよびブハーリンへの評価が急激に高まった。そのすべてが手放しのブハーリン賛美というわけではなく、一定の留保を伴いながらではあるが、とにかくスターリン体制への重要なオールタナティヴとしてネップおよびブハーリン路線を想定する議論が広まった。[*59] カーと協力関係にあった歴史家ダニーロフもその一角をなした。[*60] 将来のソ連の歴史家がブハーリンを再評価することはないだろうというカーの予見は外れたことになる。もっとも、まもなくそのブハーリンも、レーニンやトロツキーともども投げ捨てられ、どのような潮流にもせよおよそマルクス主義・社会主義と結びつくものすべてを否定する気運がその後のロシアでは主流となった。

ソ連解体後、社会主義総否定論ともいうべき風潮が高まる中で、冷戦期に対ソ強硬論の代表格だったリチャード・パイプスは概説的なロシア革命論で、自らの先見の明を誇る調子で、次のように書いた。ソ連史は膨大な規模で種々の惨禍を生みだしたが、そのような前例をみない惨禍を、感情に動かされることなく見ることができるだろうか、また見るべきだろうか。歴史は怒りと熱狂をもって書かれねばならない。[*61] ここでパイプスは批判の対象を名指していないが、カーが主要標的として念頭におかれているのは確実である。

ロシア革命の世界史的意義を説き続けたカーの見地がソ連解体後の情勢下で不利な位置におかれるようになったのは驚くべきことではない。もっとも、だからといって彼の業績が全面的に否定されたり、忘却されたりしたというわけではない。一九九九年にはハスラムによる浩瀚な伝記が出て、彼への関心を再び高めた。これと相前後して、国際政治学・国際関係論の領域におけるカーの位置を振り返る著作が相次いで刊行された。[*62] これらにすぐ続いて、『危機の二〇年』が長文の序文および各種付録を付して再刊され、『歴史とは何か』も同様に長文の序文付きで再刊された。[*63] 国際政治および歴史学方法論の領域でカーを改めて振り返る議論は二一世紀に入っても続々と現われており、一種の「カー・ルネサンス」とさえいえる状況になっている。これまでのところ、そうした「ルネサンス」はカーのソ連論と有機的に結びついていないが、国際政治・歴史学方法論・ソ連史研究の三分野はカーにおいて密接な一体をなしていたから、それらを総体として振り返る作業の必要性は残っている。[*64]

このような中で、日本でもカーのソ連論・社会主義論をめぐってある種の論争が起きた。カーから直接の薫陶を受けた溪内謙は、ソ連解体直後の精神的パニックとシニシズムの蔓延の中でカーの業績は一時的に投げ捨てられかけたと指摘した上で、その後の時間の経過の中で、ソ連史への全面否定と全面肯定を超えたカー的な観点が復活しようとしていると述べ、その現代的意義を強調する見地を提出した。[*65] 他方、中兼和津次はこれに反論して、「カーや溪内が高く評価する「計画」の思想」はロシア革命の産物ではないし、いまでは多くの当事者たちによって投げ捨てられていると論じて、カー＝溪内の見解には賛同し得ないと結論した。[*66] 本章の見地は、ある時期以降のカーを著しくドイッチャーに引きつけて解釈する溪内とも、カーと溪内の観点を同一視する中兼とも異なるが、いずれにしても、カーのソ連史論・社会主義論の評価は、ポスト社会主義という今日の情勢の中で、なおも人々の関心を惹く論争対象であり続けている。

おわりに

本章はカー自身が旧時代の終わりを告げる画期と見なした一九一四年の第一次世界大戦勃発から始めて、カー死後かつソ連解体後の今日に至る約一〇〇年を扱ってきた。この一〇〇年をごく大づかみに振り返るなら、戦間期から第二次世界大戦にかけての時期は自由主義および市場経済への信頼が揺らぎ、何らかの意味での計画化への関心が高まった――必ずしもソ連型社会主義そのものの肯定ではないにしても、ともかく広義の社会主義に関心がもたれた――時代だった。これがまさにケインズの時代であり、カーの歴史観もこの時期に原型が形成された。その後、両体制の競争的共存のなかで社会主義の長期的衰退傾向が始まり、遂にはソ連解体に至るという経過の中で、「計画から市場へ」というかけ声が有力になり、ハイエク・ルネサンスが生じた。これはいわば三〇年代の流れの逆転であり、ケインズもカーも「敗者」の側に追いやられたかに見えた。しかし、それから二〇年以上の時間が経つうちに、市場原理主義批判の声が高まり、世界的な長期不況もあって、一時期の市場ユーフォリア（多幸症）は過去のものとなった。だからといって社会主義再生の気運が高まっているというわけでもなく、一種の混迷の時代が訪れているようにみえる。[*67]

いま略述したような長期的なパースペクティヴの中でいうなら、戦間期のカーは彼が「時代の潮流」と信じるものに沿って、いわば流れに棹さして思想形成していたのに対し、戦後期とりわけ六〇年代以降の彼は、むしろ時流に抗する形で大著を書き継いだと言えそうである。とはいえ、そのことは彼の仕事を単純に「時代遅れ」として片付けることを正当化するわけではない。それは二重の意味においてである。

第一に、「歴史の審判」とは、どこかの時点で「最終審」が出るものではなく、数十年ごとに「再審」にさらされる可能性をもつものと考えられる。カー自身、『新しい社会』の一節で、一九世紀の評価に関して、現在（一九五一年）の歴史家よりも二〇〇〇年の歴史家の方が有利な立場に立つだろうが、それも絶対というわけではなく、二五〇〇年の歴史家はまた別の見解を出すかもしれないと書いていた。[*68] この筆法に倣っていうなら、一九三〇年代に基礎を据えられたカーの歴史観とりわけ社会主義評価が一九八〇－九〇年代に少数見解になったのは驚くに値しないが、それがすべての決着ということではなく、一時的に勝ち誇ったネオリベラリズムが動揺する中で、市場経済についての見方も再度の変容を遂げつつある。おそらく、これから先も種々の変転が繰り返されるだろう。

第二に、歴史家を突き動かす原動力としての歴史観・世界観と、その産物たる著作そのものの評価とは区別して考える必要がある。自分の信じる「時代の流れ」に棹さすにせよ、逆に「時流に抗する」にせよ、それはあくまでも仕事の原動力ということであって、そこから生まれた仕事がどこまで高い達成をなしたかは別の問題である。一九五〇－七八年に書き継がれた『ソヴェト・ロシア史』にせよ、七九年に刊行された『ロシア革命――レーニンからスターリンへ』にせよ、序論や結論的な部分で開陳された歴史観は今日の若い世代にとっては理解しがたいところがあるだろうが、そのことを超えて、その内容は対象時期のソ連史に関する最良の叙述として今なお残っている。個々の個所については、その後の研究によって乗り越えられた部分があり、今後も乗り越えられていくだろうが、全体としてみたとき、その包括性、バランスの良さ、あらゆる論点について当時可能だった限りの原資料に立脚していること、そして資料批判の厳密性といった点において、二〇世紀に生み出された現代史研究の最高峰の一つとしての位置を占め続けている。

注

＊1　E. H. Carr, *A History of Soviet Russia*, 14 Vols., Macmillan, 1950-78. 各部分ごとのタイトルは、*The Bolshevik Revolution, 1917-1923*, 3 Vols., Macmillan, 1950-53（『ボリシェヴィキ革命』全三巻、みすず書房、一九六七－七一年）、*The Interregnum, 1923-1924*, Macmillan, 1954; *Socialism in One Country, 1924-1926*, 3 Vols. in 4 parts, Macmillan, 1958-1964（第一巻および第二巻の邦訳『一国社会主義／経済』、『一国社会主義／政治』みすず書房、一九七四－七七年）、*Foundations of a Planned Economy, 1926-1929*, 3 Vols. in 6 parts, Macmillan, 1969-1978.

＊2　E. H. Carr, *The Russian Revolution: From Lenin to Stalin, 1917-1929*, Macmillan, 1979（カー『ロシア革命――レーニンからスターリンへ、1917-1929年』（岩波現代選書、一九七九年、改訳版、岩波現代文庫、二〇〇〇年）。

＊3　本章はもともと東京大学社会科学研究所紀要『社会科学研究』第六七巻第一号（二〇一六年二月）における「ケインズとその時代を読むⅡ」という特集への寄稿として書かれた。私自身はケインズ研究から縁遠いが、本章が「ケインズの時代」という問題設定にこだわっているのはそうした事情による。なお、この特集はその後、大幅に改訂された縮約版が単行本として刊行され、私も簡略版を寄稿した。「E・H・カーのソ連史研究――戦間期から戦後期へ」大瀧雅之・加藤晋編『ケインズとその時代を読む――危機の時代の経済学ブックガイド』（東京大学出版会、二〇一

七年）。本章は簡略版ではなく、元の長いヴァージョンの方に依拠している。

＊4 私はこれまで何度かカーについて論じてきた。塩川伸明『《20世紀史》を考える』勁草書房、二〇〇四年、第11－12章、同「E・H・カーの国際政治思想」（塩川『民族浄化・人道的介入・新しい冷戦――冷戦後の国際政治』有志舎、二〇一一年所収）。本章はそれらとの重複を最小限に抑え、カーのソ連史研究に関する社会思想史的考察を試みる（結果的に、いくつかの点で旧稿の評価を改めた個所がある）。なお、カーの生涯については、ハスラムの手になる伝記（Jonathan Haslam, *The Vices of Integrity: E. H. Carr, 1892-1982*, Verso, 1999;『誠実という悪徳』現代思潮新社、二〇〇七年）が包括的であり、また年譜としては、Michael Cox (ed.), *E. H. Carr: A Critical Appraisal*, Palgrave, 2000, pp. 339-343がある。伝記的事項については主としてこれらによる。

＊5 E. H. Carr, *From Napoleon to Stalin and Other Essays*, Macmillan, 1980, Introduction, pp. vii-viii（カー『ナポレオンからスターリンへ』岩波書店、一九八四年、はじめにiii-iv頁）、またE. H. Carr, "An Autobiography," in Cox (ed.), *E. H. Carr: A Critical Appraisal*, pp. vii-xv（カー「自伝的覚書」『思想』二〇〇二年一二月号、五一－五三頁）も参照。この「自伝的覚書」はところによっては韜晦気味の観もあり、「客観的事実」ととるには慎重を要するが、晩年の彼が若い頃をどのように振り返っていたかを知る上で貴重な材料である。

＊6 Carr, "An Autobiography," p. xv（邦訳、五三－五四頁）。またHaslam, *The Vices of Integrity*, p. 20（邦訳、三八－三九頁）も参照。

＊7 Carr, "An Autobiography," pp. xv-xv（邦訳、五四頁）。なお、ハスラム著の第二章は種々の非公刊文書に基づいてこの時期のカーの思索を追っているが、その多くは「民族自決」の実行における困難性に関わっている。これは後年の彼の一つの主題たるナショナリズムの問題と関わっているが、本章では立ち入らない。

＊8 後に、『説得論集』に収録された。『ケインズ全集』第九巻、東洋経済新報社、一九八一年。

＊9 「自伝的覚書」に従うなら、一九三〇年代前半のカーはソ連に対してあまり強い関心を持たず、漠然たる好意的

評価にとどまったが、三五年初め頃から幻滅を強めたという。Carr, "An Autobiography," pp. xviii-xix（邦訳、五七頁）。他方、デイヴィスはカーが当時書いた小品を丹念に跡づけて、一九二九年以降の世界恐慌の中でカーのソ連観は急速に肯定的なものとなり、飢饉や抑圧といった否定面を知ってはいたものの、全体としては三六年までその評価を維持したとして、幻滅への転換をもう少し遅い時期に見ている。R. W. Davies, "Carr's Changing Views of the Soviet Union," in Cox (ed.), *E. H. Carr: A Critical Appraisal*, pp. 95-101（デイヴィス「E・H・カーの知的彷徨——変化するソ連観」『思想』二〇〇〇年一一月号、二九–三四頁）。

＊10　Carr, "An Autobiography", p. xix（邦訳、五七頁）。また、Haslam, *The Vices of Integrity*, pp. 75-78（邦訳、一一四–一一八頁）参照。

＊11　塩川「E・H・カーの国際政治思想」二九九–三〇二頁参照。

＊12　Carr, "An Autobiography", p. xix（邦訳、五八頁）。

＊13　Haslam, *The Vices of Integrity*, p. 100（邦訳、一四九頁）。カーはこのような言葉を浴びせかけられても、オーウェルを高く評価し続けたという。

＊14　Carr, "An Autobiography", p. xx（邦訳、五九頁）。

＊15　E. H. Carr, *The Soviet Impact on the Western World*, Macmillan, 1946, pp. 33-35, 54-55（カー『西欧を衝くソ連』社会思想研究会出版部、一九五〇年、七九–八一、一一五頁）。

＊16　なお、『危機の二〇年』の第二部でカーが空想的ユートピア主義として批判した主たる標的は、レッセフェールが自動的に利益調和をもたらすという古典的自由主義の信念だった。ある時期以降、計画経済が社会全体の利益を増進させるという社会主義の信念が非現実的ユートピア主義として批判されるようになるが、カーにとっては古典的自由主義こそが批判されるべきユートピア主義だったのであり、計画経済擁護論はリアリズムの立場と考えられていた。

＊17　E. H. Carr, *The New Society*, Macmillan, 1951, pp. 32-34（カー『新しい社会』岩波新書、一九五三年、四九–五

〇頁)。なお、この本の最終章は「自由への道 (The Road to Freedom)」と題されているが、これはハイエクの『隷属への道 (The Road to Serfdom)』(一九四四年) への対抗意識を秘めたものと考えられる。

＊18 *Ibid.*, pp. 23-24 (邦訳、三五―三六頁)。

＊19 *Ibid.*, pp. 88-89, 98-99 (邦訳、一二八―一二九、一四三―一四四頁)。

＊20 『ソヴェト・ロシア史』に関する簡潔な紹介として、中嶋毅の論考がある (樺山紘一編『現代歴史学の名著』中公新書、一九八九年所収)。

＊21 E. H. Carr, *The Bolshevik Revolution, 1917-1923*, Vol. 1, Pelican Books, 1966 (originally published by Macmillan, 1950), p. 5; カー『ボリシェヴィキ革命』第一巻、みすず書房、一九六七年、一頁)。

＊22 Haslam, *The Vices of Integrity*, p. 66 (邦訳、一〇二頁)。また、塩川「E・H・カーの国際政治思想」二九六―二九八頁も参照。

＊23 この書評は Isaac Deutscher, *Heretics and Renegades and Other Essays*, H. Hamilton, 1955, second edition with a new introduction by E. H. Carr, Jonathan Cape, 1969 および Isaac Deutscher, *Russia in Transition and Other Essays*, New York, 1957 に収録されており、後者には邦訳がある (ドイッチャー『変貌するソヴェト』みすず書房、一九五八年)。なお、『一国社会主義』第一巻へのドイッチャーの書評「スターリニズムにおける歴史のアイロニー」(Isaac Deutscher, *Ironies of History: Essays on Contemporary Communism*, Oxford University Press, 1966; ドイッチャー『現代の共産主義――歴史の逆説』番町書房、一九七四年に収録) でも同様の観点が示されている。

＊24 カーとドイッチャーの対比については、Michael Cox, "E. H. Carr and Isaac Deutscher: A Very 'Special Relationship,'" in Cox (ed.), *E. H. Carr: A Critical Appraisal* が主題的に論じているほか、タマーラ・ドイッチャーによる回想 (Tamara Deutscher, "E. H. Carr: A Personal Memoir," in E. H. Carr, *The Comintern and the Spanish Civil War*, Pantheon Books, 1984; カー『コミンテルンとスペイン内戦』岩波書店、一九八五年に収録)、および Haslam,

The Vices of Integrity, p. 172（邦訳、二五〇－二五一頁）も参照。

＊25 Eric Hobsbawm, *Interesting Times: A Twentieth-Century Life*, Allen Lane, 2002, pp. 205-206（ホブズボーム『わが20世紀・面白い時代』三省堂、二〇〇四年、二〇五頁）。さまざまな知識人によるスターリン批判受容のあり方に関して、塩川伸明「和田春樹『スターリン批判——1953－1956年』を読む」（http://www7b.biglobe.ne.jp/~shiokawa/notes2013/wadastalinhihan2.pdf）も参照。

＊26 Haslam, *The Vices of Integrity*, p. 177（邦訳、二五八頁）。

＊27 塩川「E・H・カーの国際政治思想」三〇八頁。

＊28 E. H. Carr, *Socialism in One Country, 1924-1926*, Vol. 1, Pelican Books, 1970 (originally published by Macmillan, 1958), pp. 13-32（カー『一国社会主義／経済』みすず書房、一九七七年、八－二二頁）。

＊29 E. H. Carr, *What Is History?*, Second edition edited by R. W. Davies, Macmillan 1986 (originally published by Macmillan, 1961), pp. 74-76;（カー『歴史とは何か』岩波新書、一九六二年、一一六－一一八頁）。

＊30 *Ibid.*, pp. 90-102（邦訳、一四一－一六一頁）。

＊31 この問題について詳しくは、塩川『《20世紀史》を考える』第11章参照。

＊32 Carr, *What Is History?*, pp. 120-127（邦訳、一八七－一九八頁）。

＊33 E. H. Carr, *1917: Before and After*, Macmillan, 1969, p. 20（カー『ロシア革命の考察』みすず書房、一九六九年、三〇頁。二〇一三年の新版もあるが、ここでは旧版を利用した）。

＊34 *Ibid.*, pp. 7-8（邦訳、一五－一六頁）。

＊35 *Ibid.*, pp. 22-25（邦訳、三三－三六頁）。

＊36 I. Deutscher, *The Unfinished Revolution, 1917-1967*, Oxford University Press, 1967（ドイッチャー『ロシア革命五十年——未完の革命』岩波新書、一九六七年）。

＊37　Carr, *1917: Before and After*, pp. 172-173, 174-175（邦訳、二四三―二四四、二四五―二四七頁）。

＊38　*Ibid*., pp. 165-166（邦訳、二三四頁）。

＊39　E. H. Carr, "Introduction," to Isaac Deutscher, *Heretics and Renegades and Other Essays*, second edition, 1969, pp. 3-4, 6.

＊40　溪内謙はこの両義的な文章のうち、カーのドイッチャーへの接近を示す部分を特に重視している。「E・H・カー氏のソヴィエト・ロシア史研究について」（カー『ロシア革命――レーニンからスターリンへ、1917-1929年』岩波現代文庫、二〇〇〇年）、二九三―二九四頁。

＊41　Haslam, *The Vices of Integrity*, pp. 250-251（邦訳、三七二―三七三頁。若干の誤訳がある）。カーから離れた余談となるが、アメリカのヴェトナム戦争とソ連のチェコスロヴァキアへの軍事介入の双方に抗議すべきだという考えは、当時、日本の知識人たちが発表した共同声明（『世界』一九六八年一〇月号）の基調にある発想と似ている（なお、この共同声明のテキストは坂本義和の手になるものであり、『坂本義和集』第二巻、岩波書店、二〇〇四年に収録されている）。

＊42　Stephen Cohen, *Bukharin and the Bolshevik Revolution: A Political Biography, 1888-1938*, Alfred A. Knopf, 1973（コーエン『ブハーリンとボリシェヴィキ革命』未来社、一九七九年）、Moshe Lewin, *Political Undercurrents in Soviet Economic Debates: From Bukharin to the Market Reformers*, Princeton University Press, 1974.

＊43　レヴィン著への書評はノーヴ著への書評と組み合わせた形で、またコーエン著への書評は単独で、いずれも『ナポレオンからスターリンへ』に収録されている。Carr, *From Napoleon to Stalin*, pp. 103-107, 154-164（邦訳、一四六―一五一、二〇七―二二二頁）。

＊44　E. H. Carr, *Foundations of a Planned Economy, 1926-1929*, Volume Three - III, Macmillan, 1978, pp. vii-x. なお、この序には、『一国社会主義』冒頭で述べた歴史の連続性はやや強調されすぎていたという個所があるが、詳しい説

明を伴っておらず、どの程度、どういう連続性／断絶を念頭におくのかという問題に立ち入ってはいない。溪内謙はこの個所に重大な意味を読み込んで、カーがドイッチャーの批判を全面的に受け入れて、見解を大きく変えたかに解釈している（「E・H・カー氏のソヴィエト・ロシア史研究について」二九五頁）。しかし、カーの「自伝的覚書」には、大著執筆の初期以降、いくつかの点でバランスは変化したが、全体にわたる見解はかなり一定しているとある。Carr, "An Autobiography," p. xx（邦訳、五九頁）。

＊45　この関連で、カーはスターリンが一九一八年の時点で西欧には革命運動などないと発言してレーニンから批判されたことに言及しているが、それに続く個所では、その後の西欧諸国では革命運動の展望がなくなっていったことを指摘し、結局のところ、そうした推移はスターリンの一九一八年の発言を少なくとも当面は正当化することを助けたと論じている。Carr, *Foundations of a Planned Economy, 1926-1929*, Volume Three - III, pp. 1018-1019. 溪内謙はこのうちのレーニンとスターリンの相違という部分にもっぱら注目し、カー自身が先進国革命の可能性について悲観的になっていった点は軽視している。「E・H・カー氏のソヴィエト・ロシア史研究について」二九五頁。

＊46　Carr, *Foundations of a Planned Economy, 1926-1929*, Volume Three - III, pp. 1017-1021.

＊47　Carr, *From Napoleon to Stalin and Other Essays*, pp. 267-275（邦訳、三三三―三三六頁）。

＊48　西欧先進諸国における社会主義運動に関する悲観的な見解は、早くも一九六〇年段階で書かれたG・D・H・コールの著書への書評に見られる。Carr, *From Napoleon to Stalin and Other Essays*, pp. 219-224（邦訳、二六七―二七四頁）。

＊49　Haslam, *The Vices of Integrity*, p. 285（邦訳、四二一―四二二頁）。

＊50　Carr, *From Napoleon to Stalin and Other Essays*, p. 275（邦訳、三三五頁）。

＊51　Carr, "An Autobiography", pp. xxi-xxii（邦訳、六〇頁）。

＊52　Carr, *What Is History?*, pp. 113, 126-127（邦訳、一七七、一九七頁）。また、塩川『《20世紀史》を考える』二三六―二三七頁参照。

＊53　渓内謙はこの両義的な文章から、カーが自己をユートピア主義者、社会主義者、マルクス主義者と特徴付けた部分に力点をおいて紹介している。「Ｅ・Ｈ・カー氏のソヴィエト・ロシア史研究について」三〇六頁。

＊54　本章初出論文のこの個所では、掲載誌の編集部から与えられた課題がこの書物の紹介だったことから、かなり詳しい内容紹介を行なった。しかし、それほど厚くない文庫本という形で邦訳書があることを考慮して、今回はこの部分は大幅に簡略化することにした。

＊55　この二年前のロシア革命六〇周年時にカーが書いた論考「現代史とロシア革命」（『世界』一九七七年八月号）はこの本の第一章および終章の準備稿ともいうべきものであり、かなりの部分がそのまま再現されている。

＊56　この本ではあまり詳しく触れられていないが、カーが帝政ロシアにおけるリベラリズムの成功可能性をきわめて低く評価していたことは、ジョージ・フィッシャーのロシア・リベラリズム論への書評（一九五八年）に示されている。Carr, *From Napoleon to Stalin and Other Essays*, pp. 60-67（邦訳、八五－九五頁）。これは、ソ連時代に関してブハーリンおよびネップ継続の可能性について低い評価をしたことと呼応関係にある。

＊57　ブルジョア革命がプロレタリア革命へと連続的に転化するという永続革命の理論は、元来トロツキーのものだった。一九一七年のレーニンが事実上トロツキーの考えに歩み寄ったといえるかどうかという問題は第一章では直接論じられていないが、第八章に簡単な言及がある。また、ドイッチャーのトロツキー伝への書評も参照。Carr, *1917: Before and After*, pp. 143-144（邦訳、二〇二－二〇三頁）。

＊58　『西欧を衝くソ連』では、ピョートルとスターリンを比較するのは適切でないとされていたが（Carr, *The Soviet Impact on the Western World*, p. 109; 邦訳、二〇八頁）、ここではその観点を翻している。

＊59　塩川伸明『終焉の中のソ連史』朝日新聞社、一九九三年、補論Ｂ参照。

＊60　ヴェ・ペ・ダニーロフ「協同組合・集団化・ペレストロイカ」東京大学『経済学論集』第五四巻第三号、一九八八年、一三〇－一三六頁。またR. W. Davies, *Soviet History in the Yeltsin Era*, 1997, pp. 14-16（デイヴィス『現代ロ

シアの歴史論争』岩波書店、一九九八年、二四－二七頁)、奥田央「ダニーロフ、ヴェ・ペ——一九二〇年代ロシア農民史研究のために」(1) 東京大学『経済学論集』第六四巻第四号、一九九九年、九九頁、西山克典「V・P・ダニーロフ再読——批判的継承に向けて」(Ⅱ) 静岡県立大学『国際関係・比較文化研究』第一〇巻第二号、二〇一二年、五五頁など参照。ダニーロフはブハーリンだけでなくトロツキーの復権にも尽力したが、それは不当な非難を排除して歴史の真実を回復すべきだという一般論のあらわれであり、トロツキーの政策にオールタナティヴを見るものではなかった。

＊61 リチャード・パイプス『ロシア革命史』成文社、二〇〇〇年、四〇四－四〇五頁。

＊62 Charles Jones, *E. H. Carr and International Relations: A Duty to Lie*, Cambridge University Press, 1998; Tim Dunne, Michael Cox and Ken Booth (eds.), *The Eighty Years' Crisis: International Relations 1919-1999*, Cambridge University Press, 1998; Cox (ed.), *E. H. Carr: A Critical Appraisal* など。塩川「E・H・カーの国際政治思想」も参照。

＊63 E. H. Carr, *The Twenty Years' Crisis 1919-1939: An Introduction to the Study of International Relations*, reissued with a new introduction and additional material by Michael Cox, Palgrave, 2001 (日本でも井上茂による改訳版が一九九六年、原彬久による新訳版が二〇一一年に、いずれも岩波文庫から出た)。『歴史とは何か』の新版は、E. H. Carr, *What is History?*, with a new introduction by Richard J. Evans, Palgrave, 2001.

＊64 本章の初出論文の後に、山中仁美『戦争と戦争のはざまで——E・H・カーと世界大戦』(ナカニシヤ出版、二〇一七年)、同『戦間期国際政治とE・Hカー』(岩波書店、二〇一七年) が相次いで出た。この著者は私との対話が始まりかけた直後に夭折した。いまはただ冥福を祈るほかない。

＊65 溪内「E・H・カー氏のソヴィエト・ロシア史研究について」二九九－三〇六頁。この文章は元来、カー『ロシア革命』の邦訳が岩波現代選書として一九七九年に刊行されたときに付された解説の増補版であり、本文で紹介した

のは二〇〇〇年の補筆個所である。

＊66　中兼和津次『体制移行の政治経済学――なぜ社会主義国は資本主義に向かって脱走するのか』名古屋大学出版会、二〇一〇年、六二－六四頁。なお、中兼は「計画」の思想はもともと第一次大戦期のドイツに由来するし、その後の日本や欧米各国も採用し、「開発独裁」諸国も同様だと論じている。この指摘自体は正しいが、これは皮肉なことにカーの認識と合致しており、カー批判にはならない。

＊67　塩川伸明「現代史のパースペクティヴにおけるソ連およびロシア」塩川伸明・池田嘉郎編『東大塾　社会人のための現代ロシア講義』東京大学出版会、二〇一六年所収参照。

＊68　Carr, *The New Society*, p. 13（邦訳、一九－二〇頁）。

第9章　ロシア革命はどう記念されてきたか

——アニヴァーサリー・イヤーの歴史

はじめに

かつては「ロシア革命〇十周年」という機会にその歴史的意義を振り返るのはごくありふれたことだったが、今はそうではない。もっとも、一〇〇周年（二〇一七年）という区切りは八〇周年とか九〇周年とかに比べればより大きな区切りであることから、これを機にロシア革命やそれにまつわる関連事項を考えてみようという気運も一応はある。だが、そこにおいて「ロシア革命」とはそもそも何を指すのか、それはロシアという特定の国で特定の時点で起きた出来事にとどまるのか、何かそれ以上の意味をもつのかといった点について、今では全く合意がない。もともとそんな合意などなかったのだという考えもあり得るが、ある時期まではとにかく合意らしきものがあるという暗黙の感覚がかなりの程度分かちもたれていたのに対し、そんなものはないということがあからさまになったのが最近の情勢ではないかと思われる。

だとすれば、どのようにしてそうした変化が進行したのかということそれ自体を一個の歴史的な問いとして立てて、「ロシア革命と呼ばれる事象はどのように振り返られ、記念されてきたのか」ということを歴史的に考える作業にもそれなりの意味があるのではないかと思われる。

そのための一つの手がかりとして、本章ではいくつかのアニヴァーサリー・イヤー（「〇十周年」）をとりあげ、それぞれの時代状況について考えてみたい。本来なら、革命一〇周年の一九二七年から始めて一〇年刻みで論じるべきかもしれないが、それでは話が複雑になりすぎるので、ここではとりあえず一九三七、一九五七、一九六七、一九八七、一九九七、二〇〇七年という区切りを取り上げ、最後にそれらとの対比で二〇一七年の状況について考えてみたい。

1　一九三七年

先ず、革命二〇周年たる一九三七年から考えてみたい。いうまでもなく、これはソ連国内ではスターリン独裁と「大テロル」が絶頂に達した年であり、他方、ヨーロッパ諸国では《ファシズムvs人民戦線》という枠組みが多くの人をとらえていた時期だった。そこにおいては、ソ連を「反ファシズムの砦」とし、民主主義の守り手とする言説がかなりの範囲に流通していた。

もっとも、その当時のヨーロッパがスターリン独裁の実態をまるで知らなかったというわけではない。後の歴史研究によって明らかにされるような情報が十分になかったのは確かだが、非道な、あるいは少なくとも疑わしいことが起きているようだという情報は大なり小なり諸外国に伝えられ、多くの人に知られていた。そこから、ヨーロッパ知識人のソ連観におけるアンビヴァレンスが生じた。

有名な例として、アンドレ・ジッドとかジョージ・オーウェルといった文学者たちは、当時の「進歩派」にありがちなソ連賛美論に与することなく、批判的言論を張ったことが知られている。ジッドの場合、一九三六年にソ連を訪問したときの観察から、「ソヴェトへの希望は、すべて裏切られた感がある」という結論を引き出し、『ソヴェト旅行記』および『ソヴェト旅行記修正』を一九三六－三七年に相次いで刊行した。[*1] この旅行記は直ちに各国語に翻訳され、世界的なベストセラーとなった。日本でも三七年のうちに最初の訳が出て、戦前期に相当広く読まれた。こうした例に示されるように、当時のソ連の現実が公式プロパガンダの説くようなものでないことは、この段階で既にかなり広い範囲で知られていた。

もっとも、他方では、ウェッブ夫妻やロマン・ロランのようにソ連擁護の論陣を張る人たちがいたのも事実である。だが、彼らにしても、ソ連の現実を何も知らなかったはずはない。なにがしかの疑念を秘かにいだきつつも、ソ連が「反ファシズムの砦」である以上、それを貶めてはいけないという意識が彼らを拘束していたものと考えられる。そこには「時代の磁場」ともいうべきものが作用していた。

いずれにせよ、この頃までは、まだロシア革命はあまりにも新しすぎる、あるいは生々しすぎる出来事であり、距離をおいた歴史研究の対象とすることはほとんど考えられなかった。ソ連の歴史は、ソ連国内では体制護持のイデオロギーに従属させられていたし、欧米諸国では、主として亡命ロシア人によって「誰が悪かったのか」といった政治論争の主題とされがちだというのが当時の状況だった。

2　一九五七年

次に、四〇周年たる一九五七年について考えてみよう。これはスターリン批判およびハンガリー事件の起きた一九五六年の翌年ということになる。この両事件が巨大な衝撃と幻滅を世界の左翼知識人に与えたことはよく知られている。イギリスの歴史家エリック・ホブズボームは約半世紀後に当時のことを回顧して、これは「今から振り返っても息詰まる思いのするトラウマの年」であり、イギリス共産党員たちはいわば集団的神経衰弱に瀕していたと回想している。[*2] 彼以外にも、西欧や日本の知識人でこの衝撃を深く受け止めた人々は少なくない。

ソ連国内の反応についてみると、スターリン批判を「解放」と受け止める人たちがいる一方、無用の混乱を引き起こしたと考えてイデオロギー引き締めを強めようとする動きもあり、それらの諸潮流の間で複雑な駆け引きと攻防が展開された。[*3]

スターリン批判はソ連の歴史における大きな汚点を明るみにさらし――その暴露がどこまで徹底していたかという問題もあるが、ここではその点はひとまずおく――、その意味でソ連の威信を深く傷つけたことは明らかである。だが、他面では、むしろそのことによって、ソ連および社会主義体制が汚点から浄化されて、新しい発展に向かうのではないかという期待感をも生みだした。

ソ連国内では、フルシチョフはこの年の「反党グループ」事件[*4]に勝利して権力基盤を固め、宇宙開発の成功裡の進展――同年一〇月に世界最初の人工衛星が打ち上げられた――にも鼓舞され、また革命四〇周年という祭典の雰囲気も手伝って、一段と大胆な姿勢をとるようになった。このときに訪ソした毛沢東はソ連指導部の平和共存路線を牽制する意味も込めて「東風は西風を圧倒する」と語ったが、ソ連指導部も中国から「弱腰」といわれないために壮大なヴィジョンを打ち出す必要があった。

他方、いくつかの東欧諸国では、スターリン批判後に――部分的にはその前夜から――大衆反乱が繰り返された。もっとも、その多くは、最初のうち社会主義の全否定ではなく、スターリン主義的汚点からの浄化と社会主義の再生という発想に立つ運動が主流だった（東欧の反体制運動が純然たる社会主義離れを示すようになるのは、もう少し後のことである）。

このような状況の中で、社会主義圏の外では、広い意味で体制批判的な立場に立つ知識人たちが、ソ連の権威から距離をおいてマルクス、エンゲルス、ローザ・ルクセンブルク、ルカーチ、グラムシ等々の著作を再解釈する作業を展開するようになり、マルクス主義の多様化が進行した。一九六〇年代は「イデオロギー終焉」の時代といわれたが、他面では、マルクス・ルネサンスの時代でもあった。

歴史研究の観点からいうと、この時期以降のソ連では、それまで非公刊だった資料の公刊がある程度進みだし、批判的観点に立つ歴史研究もスターリン批判的雰囲気のもとで、曲折をかかえながらも進展し始めた。こうした動向は欧米や日本のロシア史研究にも刺激を与えた。その動きが実を結び始めるのが、次の五〇周年ということになる。

3　一九六七年

一九六七年は革命五〇周年という大きな区切りだったから、それまでの半世紀を振り返るのに好適な時期だった。いま触れたように、スターリン批判以降のソ連で徐々に可能となった本格的なロシア革命史研究がこの頃までに実を結び始めたことも、それを助けた。といっても、その作業はまだ緒についたばかりであり、それほど大量だったわけではない。

当時の状況を網羅的に検討するいとまはないが、とりあえず代表的な研究者として、E・H・カーとアイザック・ドイッチャーの名を挙げることに異論は少ないだろう。カーは両大戦間期には、まず外交官、次いで国際政治学者としてソ連を同時代的に観察していたが、戦後の一九五〇年以降、歴史家として『ソヴェト・ロシア史』（全一四巻）の執筆に取り組んだ。一九六七年までには、そのうちのおよそ半分に当たる八巻（『ボリシェヴィキ革命』三巻、『空位時代』一巻、『一国社会主義』三巻四分冊）が刊行されていた。

そのカーがロシア革命五〇周年を期して書いた「ロシア革命——その歴史的意義」は、革命の意義を世界史的文脈で論じたものである。[*5] その内容は多岐にわたるが、かいつまんでいえば次のような議論が中心となっている。まず農業集団化における苦難や恐怖を過小評価することはできないが、それでもソ連が五〇年前に比べれば大きな経済的進歩を遂げたのは明らかだと述べた個所がある。これは今日から見ればソ連に対して甘い評価とも見えるが、当時においては自然な見方だったのかもしれない。カーはソ連がその目標の達成に向けて前進していると考えたわけではなく、分業の廃棄とか完全な平等といった目標はもともと非現実的だったという見地に立っている。そして、西ヨーロッパではマルクス的な意味での革命運動の展望は有意味でなくなりつつあるという考えを示している（この観点はその後に一層強められることになる）。他方で彼は、アジア・アフリカの後進的植民地には社会主義の影響力が広がりつつあると指摘して、ロシア革命はレーニン、トロツキーが期待したようなヨーロッパ革命の突破口ではなく、むしろアジア・アフリカ革命の先駆といえるかもしれないと示唆している。

ドイッチャーの『ロシア革命五十年』は、この邦題の示すとおり、ロシア革命以降の五〇年を歴史として振り返ろうとした著作――もともとはケンブリッジ大学での講演――である。[*6] この本の基調は、「未完の革命」という副題――英語の原著ではむしろこちらの方がメイン・タイトルだった――によく示されている。ロシア革命はそれが目覚ました希望を実現したかという問いに、彼は「失敗と成功、挫折した希望と実現した希望とが混じり合っている」と指摘して、これはまだ完成されていない革命だとする。経済発展、教育の普及、科学技術発展などの達成があった一方、精神的・政治的生活は、スターリン時代に比べれば改善されたとはいえ、その変化は遅々としていると彼はいう。否定面の主たる要因は「体制の官僚的堕落」に求められているが、それは革命の成果を無にするには至っていないとして、革命の継続に期待を託す姿勢が明示されている。

カーとドイッチャーの間には共通点と微妙な差異とがある。共通するのは、ソ連の歴史と現状における汚点――その代表として農業集団化時における農民の苦難と一九三七年をピークとする「大テロル」――を指摘し、ソ連の公的イデオロギーに示される自画自賛的認識に対しては明らかに批判的だが、ロシア革命および社会主義に何の意義も認めないという保守派の立場にも反対して、多くの苦難にもかかわらずそれは「進歩的」だったとする考えである。

他方、二人の差異は、その「進歩」観の中身に関わる。ドイッチャーがマルクス主義的革命論の信念を捨てていないのに対し、カーの方は、完全な平等化などありえないとか、ソ連の社会主義建設は労働者階級の自己解放とは異質だったし、西ヨーロッパでもそれは起きそうにないといった指摘に見られるように、マルクス的革命論とは距離をおいていた。彼がソ連を高く評価したのは、革命的ユートピア主義の観点ではなく、むしろリアリズムの観点――後世から見ればどこまでリアルだったか疑われるにしても、当時はリアルであるかに見えた――によっていた。[*7]このように両者の間には微妙な差異があったが、とにかくソ連をイデオロギー的に美化することなく、その汚点を見つめた上で、同時に、広義の社会主義に何らかの「進歩」性を見出すという点では両者に一定の共通性があった。これはその当時における広義の「左翼」知識人の歴史観を代表するものだったといえるだろう。

日本では、その翌年に『ロシア革命の研究』と銘打った分厚い論文集が中央公論社から刊行された（元来、革命五〇周年を期して準備されたものが、やや遅れて出たもの）。[*8]同書には、あわせて二〇人の執筆者――その大半が当時新進気鋭で、その後の日本のロシア史研究の主力部隊となった――による多数の論文が収録されている。これは本格的な歴史研究としてのロシア革命研究の礎石を築く意味をもった。

4　一九八七年

革命七〇周年にあたる一九八七年は、ゴルバチョフ政権下のペレストロイカが始まってまもない時期に当たった。言論統制が緩められ、ソ連の新聞・雑誌は次第に活気を帯びるようになり、歴史解釈をめぐっても活発な論争がかわされるようになりつつあった時期のことである。

そういうなかでゴルバチョフが革命七〇周年の式典でどのような演説を行なうかは、ソ連内外で多くの人の関心を引きつけていた。私自身も、この演説の内容がどういうものになるかを固唾を飲んで見守っていた記憶がある。

結果的には、事前の期待が大きすぎたせいか、ゴルバチョフ演説（一一月二日）はそれほど画期的なものとはならず、やや「肩透かし」の印象を与えた。この演説は、この七〇年間には「英雄的なことも悲劇的なことも、偉大な勝利も苦い失敗も」あったと述べ、具体的な「誤り」の例としては、「行政的・指令的システム」の中央集権化の行き過ぎ、農業集団化における誤り、スターリンのもとでの大量の抑圧などに触れた。もっとも、そうした「誤り」の分析はそれほど深いものではなく、全体としてはロシア革命は人類の進歩の里程標だという従来の公式見解を再確認した。[*9]

この演説が事前の期待ほどラディカルでなかったことは、一部の人たちに幻滅を呼び起こした。もっとも、これはまだペレストロイカ初期段階ともいうべき時期であり、当時における政治指導部内での意見分布に制約されて、書記長演説も折衷的であるしかない時期の産物だったとみることもできなくはない。より重要なことは、それまでのソ連の常識とは違って、この記念日演説が唯一絶対の指針とされるのではなく、歴史論争はこの後も拡大し続けたことである。

ゴルバチョフ演説の直後に『イズヴェスチャ』紙は、ソ連共産党中央委員会付属マルクス゠レーニン主義研究所長スミルノフをはじめとする著名な歴史家たちの発言を掲載したが、そこでは、この演説は歴史研究を制約する枠ではない、ここから少しも逸れてはいけないと考えるのは旧式の考えだなどといった意見が表明された。[*10] その意味では、この記念日演説はそれほど大きな区切りをなしたわけではなく、むしろ、これが「公式見解」として歴史家に押しつけられなかったという事実にこそ、大きな意味があった。

実際、一九八七年段階で中途半端なものにとどまっていた「歴史の見直し」は、一九八八–九〇年に怒濤のような勢いで進展した。スターリン時代の諸側面に関わる情報が飛躍的に増大しただけでなく、スターリンを超えてレーニンをも批判したり、マルクス主義やロシア革命自体についても批判的に捉え直す議論が大量に噴出するようになった。[*11]

従来のソ連で最大の祝典だった一〇月革命記念日（一一月七日）も、一九八九年や一九九〇年には体制批判勢力が登場して革命賛美論と論争しあう場となり、一九九一年（ソ連解体決定の前夜）にはとうとう祝典自体が取りやめとなった。*12

このような情勢の中で、ロシア革命史・ソ連史に対する見方は多様化した。もっとも、欧米や日本ではそれ以前からもさまざまな見地からの歴史研究が積み重ねられていたから、多様化はこの時期を待って急に始まったわけではない。また、ペレストロイカやソ連解体といった短期的で急激な政治変動は歴史を再び政治争点化することで、冷静で落ち着いた歴史研究をむしろ困難にした面がある。

いずれにせよ、この時期以降、今や始点と終点を持って完結した「ソ連時代」を、遠くから距離をおいた歴史として観察する作業が始まることとなった。

5　一九九七年および二〇〇七年

革命八〇周年および九〇周年に当たる一九九七年および二〇〇七年は、敢えて大雑把にいうなら、ほぼ忘れられかけたアニヴァーサリーだったと言えるだろう。存在しなくなった国の誕生を振り返ること自体にあまり意味を認めることができないという漠たる感覚が広まったためである。

ロシアでは、八〇周年を間近に控えた一九九六年に、それまで一〇月革命記念日とされてきた一一月七日の祭日が「合意と和解の日」へと名称変更された。その背後にあったのは、ロシア革命の評価をめぐって国民の間に意見の大きな分岐があり、そもそもこれを祝うべきか呪うべきかという基本事項さえも論争にさらされている中で、そうした亀裂を超えた国民的合意と和解の形成が重視される社会状況である。

二〇〇四年の祝日法では、一一月七日はとうとう祝日ではなくなり、その代わりに一一月四日を「国民統一の日」とする――一七世紀初頭のポーランドによる支配からの解放を祝うという考えによる――ことになった。革命記念日が国民の祝日ではなくなった代わりに、他国（ポーランド）からの解放を祝う祝日が設定されたということは、「ロシア革命の栄光」が国民統合の核たりえなくなった状況の中で、愛国主義こそが国民統合の核となった情勢を象徴する。この変化は完全に新規なものというわけではなく、ソ連時代後期――特に「大祖国戦争」勝利二〇周年の一九六五年以降――に徐々に進みつつあったものだが、ソ連解体後に一層鮮明なものとなった。

日本の場合、ロシア革命八〇周年にも九〇周年にもあまり大々的な催しはなかった。とはいえ、小さな記念企画がなかったわけではない。私はたまたま八〇周年にも九〇周年にも発言の機会があり、九〇周年に書いた文章は『ユーラシア研究』第三七号に載っている。[*13] そこでは、かつてのような社会主義への過大な注目がなくなったことを踏まえた上で、新しい角度からロシア革命およびソ連史に接近することができるのではないかとの予感を述べた。その後に進んだロシア・ソ連史研究の多様化は、この予感を裏付けているように思われる。

6　二〇一七年

革命八〇周年や九〇周年があまり気づかれることもなく過ぎたのに対し、二〇一七年の一〇〇周年は、さすがに大きな区切りであるだけに、ロシア革命およびソ連史に関連するかなり多数の文献や行事があらわれた。本章の母体となったのもユーラシア研究所主催の一〇〇周年シンポジウムにおける発言だったし、それ以外にも種々の催しがあった。関連著作の刊行はその少し前から現われだし、二〇一七年には一挙に増大した。*14

このように多数の著作や発言が出たとはいえ、そこにおける「ロシア革命」像は、よくいえば多彩、悪くいえば雑多でとりとめないといった様相を呈している。かつてのように、大まかにもせよ多くの人に共有される統一的なイメージらしきものがあった時代に比べると、今昔の感がある。それはある意味では健全なことであり、しいて統一的な像を追い求める必要はないだろう。それにしても、一〇〇年前に起きた出来事――それは単一の出来事というよりも、多面的な要素の複合体と考えられる――がさまざまな形で世界全体の動きに直接・間接に影響を及ぼしてきたことは歴史的事実である以上、その総体をさまざまな角度から探求する作業はなお課題として残っている。

何らかのアニヴァーサリーには集中豪雨的に関心が寄せられ、特集などが組まれたりするが、その年が過ぎた途端にぱたっと忘れられるという現象はロシア革命に限らず、一般にありふれたことである。たとえば大作曲家の生誕〇百周年とか文豪の没後〇百周年などでも、同様の傾向がある。ありとあらゆることに同じように関心を持ち続けることが不可能である以上、それはある程度まで無理からぬことかもしれない。だが、歴史研究に携わる人間としては、アニヴァーサリーを一つのきっかけとしつつも、それだけでは終わらない何かを残し、今後に引き継いでいかねばならないだろう。

注

＊1　アンドレ・ジッド『ソヴェト旅行記・ソヴェト旅行記修正』新潮文庫、一九五九年。

＊2　Eric Hobsbawm, *Interesting Times: A Twentieth-Century Life*, Allen Lane, 2002, pp. 205-206（『わが20世紀・面白い時代』三省堂、二〇〇四年、二〇五頁）。

＊3　和田春樹『スターリン批判――1953－56年』作品社、二〇一六年。同書に関する書評的エッセイとして、塩川伸明「和田春樹『スターリン批判――1953－1956年』を読む」（http://www7b.biglobe.ne.jp/~shiokawa/notes2013-/wadastalinhihan2.pdf）参照。

＊4　モロトフ、カガノヴィチ、ヴォロシーロフといった古参スターリン派とフルシチョフの間の権力闘争。「反党グループ」というネーミングは、敗者となったモロトフらに「負ければ賊軍」的に付けられたもの。

＊5　この論文は、E・H・カー『ロシア革命の考察』みすず書房、一九六九年に収録されている。

＊6　アイザック・ドイッチャー『ロシア革命五十年――未完の革命』岩波新書、一九六七年。

＊7　この点について詳しくは、本書第8章参照。

＊8　江口朴郎編『ロシア革命の研究』中央公論社、一九六八年。

＊9　М. С. Горбачев. Собрание сочинений. т. 8, М., 2009, с. 406-459. 邦訳も数種類ある。

＊10　Известия, 5 ноября 1987 г., с. 3.

＊11　R・W・デイヴィス『ペレストロイカと歴史像の転換』岩波書店、一九九〇年、塩川伸明『終焉の中のソ連史』朝日選書、一九九三年など参照。

＊12　祝典取りやめの経緯については、塩川伸明「ソ連解体の最終局面――ゴルバチョフ・フォンド・アルヒーフの資

料から」『国家学会雑誌』第一二〇巻第七＝八号（二〇〇七年）、一二一頁参照。そこでは一九九一年一一月四日の国家評議会について紹介したが、それに先立つ九月一六日の国家評議会でも関連する議論があった。その場では結論は出なかったものの、共産主義的イデオロギーの国家的祭典は不要だという点で既に一致があった。М. С. Горбачев. Собрание сочинений. т. 28, М., 2018, с. 313-315.

＊13　塩川伸明「ロシア革命90年を考える」『ユーラシア研究』第三七号、二〇〇七年一一月。

＊14　一〇〇周年にやや先立つものとして、斎藤治子『令嬢たちのロシア革命』（岩波書店、二〇一一年）、麻田雅文『シベリア出兵』（中公新書、二〇一六年）など。二〇一七年に出た主な業績については本書第2章の注1に挙げた。

あとがき

本書はここ一〇年前後の間に私が書いた文章のうち、ロシア・ソ連史を大きな歴史的展望の中で考えようと試みたものをいくつか選んで収録した論文集である。この間に私が書いた関連作品はこれ以外にもいくつかあるが、内容上のバランスや全体の分量などを考慮して、このようなまとめ方にしてみた。

各章の初出は以下の通り（「はじめに」および「第二部へのまえがき」は書き下ろし。また第6章は旧稿に大幅な増補改訂を施したので、事実上の新稿となっている）。既出論文の収録を許可してくださった関係各位に謝意を表する。

第1章　『現代思想』青土社、二〇一七年一〇月号（特集「ロシア革命100年」）
第2章　『Nyx（ニュクス）』堀之内出版、第五号（第二特集「革命」、二〇一八年九月）
第3章　東京外国語大学『スラヴ文化研究』第九号（二〇一一年三月）（原題は「《成熟＝停滞》期のソ連社会——政治人類学的考察の試み」）
第4章　東京外国語大学『スラヴ文化研究』第一一号（二〇一三年三月）

第5章　塩川伸明ホームページの「新しいノート」欄（二〇一八年四月）
第6章　塩川伸明ホームページの「新しいノート」欄（二〇一九年二月）（原題は「冷戦史再考――一試論」）
第7章　『ロシア史研究』第七九号（二〇〇六年一一月）（原題は「日本におけるロシア史研究の50年」）
第8章　東京大学社会科学研究所『社会科学研究』第六七巻第一号（特集「ケインズとその時代を読むII」、二〇一六年二月）（原題は「E・H・カーのロシア革命論」）
第9章　『ユーラシア研究』群像社、第五七号（二〇一八年二月）

既発表論文をまとめて一書とする場合、初出当時の原型をあまり変えるべきでないという考え方もあるが、本書の場合、あちこちに小さな改訂を施した。それぞれに固有の機縁で執筆された文章なので、それから時間を隔てて一書にまとめるに当たってそのままでは意味が通りにくいのではないかと感じられるところがあり、説明不足の個所もあったりしたことがその理由である。もちろん、改訂の大半は細部に関わるもので（第6章は上記のように例外）、論旨は変更していない。また、第3、7章は初出の時期が古く、その後の研究状況の変化が大きいことから、それぞれの章末にその点に関わる追記を付した。

本書に収録した諸論文を執筆していた時期に、私はそれと同時並行的に、ソ連国家解体過程の歴史研究を大きな著作にまとめる作業を進めていた。これは「各地域ごとの各論を踏まえた総論」という過度に野心的な狙いを追求しようとしたもので、どこまで行っても完成ということはあり得ない無謀な企てだが、自分の年齢と体力を考慮して、この辺でとりあえず区切りをつけて読者の批判を仰ぎたいと決意して、先ごろ一応の脱稿に至った。あまりにも厚すぎる著作であるため、刊行までになお一定の時間を要する見込みだが、できる限り早い時期の刊行を目指したい。本書がそのためのステップとなるなら幸いである。

本書は私にとって、前著『民族浄化・人道的介入・新しい冷戦——冷戦後の国際政治』に続いて、有志舎から刊行する二冊目の著作ということになる。学術書の出版が苦境にある中で、今回もこのような本を出してはどうかと声をかけてくださった永滝稔氏に厚く感謝する。

二〇二〇年三月（緊急事態宣言下の初校に際して）

著　者

ワ 行

ハ　行

マ　行

ヤ　行

ラ　行

タ　行

ナ　行

索　　引

アルファベット

ア　行

カ　行

サ　行

著者略歴
塩川伸明（しおかわ　のぶあき）
1948年生まれ
東京大学教養学部教養学科卒業。東京大学大学院社会学研究科国際関係論専門課程博士課程単位取得退学
東京大学大学院法学政治学研究科教授を経て、2013年より東京大学名誉教授
主要著書：
『終焉の中のソ連史』（朝日新聞社、1993年）
『現存した社会主義――リヴァイアサンの素顔』（勁草書房、1999年）
『《20世紀史》を考える』（勁草書房、2004年）
『多民族国家ソ連の興亡』全3巻（岩波書店, 2004-07年）
『民族とネイション――ナショナリズムという難問』（岩波書店、2008年）
『冷戦終焉20年――何が、どのようにして終わったのか』（勁草書房、2010年）など
個人ホームページ　http://www7b.biglobe.ne.jp/~shiokawa/

歴史の中のロシア革命とソ連

2020年8月25日　第1刷発行

著　者　塩 川 伸 明
発行者　永 滝　　稔
発行所　有限会社　有　志　舎
〒166-0003　東京都杉並区高円寺南4-19-2
クラブハウスビル1階
電話　03(5929)7350　FAX　03(5929)7352
http://yushisya.sakura.ne.jp
D T P　閏 月 社
装　幀　奥定泰之
印　刷　株式会社 シナノ
製　本　株式会社 シナノ

ISBN978-4-908672-42-2